Doppel-Klick

Servicepaket für den Deutschunterricht 6

Handreichungen

Kopiervorlagen
- zur Differenzierung
- für Deutsch als Zweitsprache (CD-ROM)
- für inklusiven Unterricht (CD-ROM)

Mittelschule Bayern

Erarbeitet von

Susanne Bonora (Scheßlitz),

Martin Küfner (Nürnberg),

Sylvelin Leipold (Burgebrach),

Petra Maier-Hundhammer (München),

Stephanie Meyer (Trostberg),

Andreas Müller (Nürnberg),

Heidi Pohlmann (Gummersbach),

Heike Potyra (Zirndorf),

Birgit Welker (München)

Cornelsen

Verwendete Symbole

⊙ AB zum Fördern

⬤ AB zum Fordern

⊕ Material für den inklusiven Unterricht

🎧 Übungen zum Hörverstehen

Gemeinsam – zusammen – miteinander

Arbeitsblätter zum Fördern und Fordern

Deutsch als Zweitsprache

Hörverstehen: Hörtext mit Übungen

- Erzähltexte verstehen
- Gespräche führen und auswerten

Cornelsen

Nonverbale Formen der Kommunikation verstehen
• Formen der Kommunikation anwenden und bewerten

• Sachtexte und Grafiken verstehen
• Meinungen schriftlich begründen

- Sachtexte verstehen
- Einen Vorgang beschreiben

- Über ein Geschehen berichten
- Ein Kurzreferat vorbereiten, halten und auswerten

Cornelsen

Deutsch als Zweitsprache

Probearbeiten

Von Angst und Mut

* Mündlich erzählen
* Schriftlich erzählen

Arbeitsblätter zum Fördern und Fordern

Deutsch als Zweitsprache

Medien: Blicke in die Welt

Gespräche im Internet

- Mediennutzung reflektieren
- Sich informieren

- Besonderheiten medialer Kommunikationen verstehen
- Sich Gefahren in sozialen Netzwerken bewusst machen

Buch und Film: „Rico, Oskar und die Tieferschatten"

- Ein Buch und seine Verfilmung verstehen
- Darstellungsmittel eines Films untersuchen

Bücher, Bücher, Bücher

- Jugendbücher lesen und verstehen
- Produktionsorientiert mit Jugendbüchern umgehen

Was wäre, wenn …

- Kreatives Schreiben zu Bildern und Texten

Arbeitsblätter zum Fördern und Fordern

Einfach sagenhaft

- Sagen erkennen und verstehen
- Sagen kreativ und produktiv gestalten

Arbeitsblätter zum Fördern und Fordern

Regen, Sonne, Wind – Gedichte

- Gedichte unter-
  suchen, deuten
  und produktiv
  gestalten
- Gedichte vortragen

Arbeitsblätter zum Fördern und Fordern

Deutsch als Zweitsprache

Probearbeiten

Hörverstehen: Hörtext mit Übungen

Arbeitstechniken

Deutsch als Zweitsprache

Rechtschreiben

Arbeitsblätter zum Fördern und Fordern

Rechtschreibstrategien und Regeln

- Das Lernen dokumentieren
- Aufgaben verstehen
- Lesetechniken und Lesestrategien anwenden
- Betont vorlesen
- Erfundene und erlebte Ereignisse anschaulich und zusammenhängend erzählen
- Informationsquellen gezielt nutzen
- Kurzvorträge planen, frei vortragen und kriteriengeleitet bewerten
- Eine Schreibkonferenz durchführen
- Texte überarbeiten

- Regelwissen und Rechtschreibstrategien anwenden
- Fehlersensibilität entwickeln

Deutsch als Zweitsprache

An Fehlerschwerpunkten üben

Deutsch als Zweitsprache

Zeichensetzung

Deutsch als Zweitsprache

Probearbeiten

Grammatik

- Rechtschreib-strategien und Arbeitstechniken nutzen
- Fehlersensibilität entwickeln

Arbeitsblätter zum Fördern und Fordern

Wortarten verwenden

Deutsch als Zweitsprache

Satzglieder verwenden

Deutsch als Zweitsprache

Sätze untersuchen

Deutsch als Zweitsprache

Probearbeiten

Seitenleiste:
- Wortarten unterscheiden
- Satzglieder bestimmen
- Satzarten kennen und situationsbezogen anwenden

1. Konzeption des Lehrwerks

Das **interkulturelle Konzept** von *Doppel-Klick Bayern* ermöglicht durch einen themen- und erfahrungsentfaltenden Deutschunterricht den **gemeinsamen Start** von **allen** Schülerinnen und Schülern. *Doppel-Klick* berücksichtigt durch ein schlüssiges und klar ausgewiesenes **Differenzierungskonzept** individuelle Lernvoraussetzungen der Lernenden beim gezielten Erwerb der vom LehrplanPLUS geforderten **Kompetenzen**. Die Lernenden erhalten vielfältige Angebote zur **Selbstevaluation** und der daraus resultierenden **Lernsteuerung** auf ihrem **individuellen Lern- und Leistungsniveau**.

Doppel-Klick ist ein **integratives Konzept**, das neben einer klaren **Themen- und Kompetenzorientierung** auch **systematische Teile** zur Entwicklung prozessbezogener Kompetenzen enthält.

Prinzipien des Lehrwerks
- Themenorientierung und lockere Verknüpfung von Arbeitstechniken, Rechtschreiben und Grammatik mit thematischen Einheiten
- Kompetenz- und Abschlussorientierung mit transparenter Setzung von Kompetenzschwerpunkten
- konsequente Differenzierung
- vertiefende Förder- und Forderangebote
- Förderung der Lernerautonomie durch Selbstevaluation
- Förderung der Problemlöse- und Sozialkompetenzen durch kooperative Lernformen
- Förderung der Methodenkompetenz
- konsequente Leseförderung mit dem Textknacker
- interkulturelle Bildung und Erziehung
- Berücksichtigung der DaZ-Methodik
- Entwicklung und Förderung der Sprachkompetenz für alle
- Berücksichtigung von Berufsorientierung und Medienbildung von Anfang an

Was bedeutet interkulturelles Lernen?
- gemeinsame Grunderfahrungen nutzen, die auf der ganzen Welt Gültigkeit haben
- Perspektivenwechsel ermöglichen
- Themen orientieren sich an der Lebenswirklichkeit der Lernenden
- Betonen des Gemeinsamen, nicht der Unterschiede
- Vermeiden von Wertungen, Akzeptieren des anderen
- Methoden von Deutsch als Zweitsprache (DaZ) berücksichtigen

Differenzierung
Doppel-Klick wird der Heterogenität der Schülerschaft – Lernstand, Herkunft, Muttersprache usw. – durch **vielfältige und transparent ausgewiesene Differenzierungsmöglichkeiten** gerecht:

- ⊙ **Differenzierung für leistungsschwächere Schülerinnen und Schüler** wird gewährleistet durch einfachere Aufgaben auf einem grundlegenden Anforderungsniveau und insbesondere auch durch konsequente Berücksichtigung der Deutsch-als-Zweitsprache-Methodik (z. B. Worterklärungen, Wörterlisten, Satzschalttafeln), durch Sprachspeicher, Hilfen und Starthilfen.

- ⦿ **Differenzierung für leistungsstärkere Schülerinnen und Schüler** wird angeboten in Form von kniffligeren, zusätzlichen und meist anspruchsvolleren Aufgabenstellungen oder komplexeren Materialien.

- Differenzierung wird außerdem ermöglicht durch **arbeitsteilige Aufgabenstellungen**.

Differenzierung findet auf drei Ebenen statt:

- **Aufgaben:** Ein **differenzierendes Aufgabenangebot** (s. o.) ermöglicht die Erarbeitung der Kompetenzschwerpunkte in den jeweiligen Kapiteln. Dabei unterstützen **Starthilfen** die Lernenden und helfen beim Einstieg in die Lösung von Aufgaben. Die Aufgaben folgen einem **steigenden Anspruch**. Zudem berücksichtigen die Aufgaben unterschiedliche **Lerntypen** und verschiedene **Sozialformen**. Aufgabenstellungen für kooperative Arbeitsformen, Präsentationsaufgaben und dazugehörende Feedbacks gewährleisten die Umsetzung des Prinzips *Think – Pair – Share* für heterogene Lerngruppen.

Autorinnen: Annegret Doll, Kathrin Lang

Doppel-Klick 13

- **Materialien: Sachtexte** werden **differenziert angeboten**, sodass leistungsschwächere Leserinnen und Leser Informationen aus weniger Text entnehmen können, leistungsstärkere Leserinnen und Leser dagegen erhalten vertiefendes Wissen in weiteren Textpassagen.

- **Teileinheiten:** Ausgehend von der Erarbeitung zentraler Kompetenzen und der sich anschließenden **Selbstevaluation** („Teste dich!") bietet das **„Training zum Fördern und Fordern"** ein differenziertes Angebot zum Üben und Festigen (Fördern) bzw. zum Vertiefen (Fordern).

Vielfältige Aufgabenformate (Wissen, Verständnis, Anwendung, Analyse, Synthese, Beurteilung) bilden die Grundlage für ein breit angelegtes, alle Persönlichkeiten und Lerntypen berücksichtigendes Angebot. Die Differenzierung ist tragendes Element in allen Kapiteln – mit Ausnahme der Bereiche Arbeitstechniken und Rechtschreiben. Insbesondere das **Rechtschreiben** versteht sich **als individuelles Angebot** für die Lernenden, die ihre Rechtschreibkompetenz weiterentwickeln müssen.

2. Lernen in inklusiven Bezügen
(Dr. Michaela Greisbach)

Das Recht auf aktive Teilnahme an der Gesellschaft ist ein Grundrecht für alle Menschen. Die „UN-Konvention über die Rechte von Menschen mit Behinderungen", die am 13. Dezember 2006 von der Generalversammlung der Vereinten Nationen verabschiedet wurde, dient dem Schutz und der Umsetzung dieses Grundrechts sowie aller Menschenrechte für Menschen mit Behinderungen. Verstanden werden hierunter Menschen, „die langfristige körperliche, seelische, geistige oder Sinnesbeeinträchtigungen haben, welche sie in Wechselwirkung mit verschiedenen Barrieren an der vollen, wirksamen und gleichberechtigten Teilhabe an der Gesellschaft hindern können" (Artikel 1). Zu den Grundsätzen dieser UN-Konvention gehören neben der Stärkung des Rechts auf „wirksame Teilhabe an der Gesellschaft und Einbeziehung in die Gesellschaft" ebenso „die Achtung vor der Unterschiedlichkeit von Menschen mit Behinderungen und die Akzeptanz dieser Menschen als Teil der menschlichen Vielfalt und der Menschheit" (Artikel 3).

Die Verschiedenheit aller Menschen – in Bezug auf das Geschlecht, die Herkunft, die Religion, die sexuelle Ausprägung, die Interessen und mögliche Beeinträchtigungen – wird als eine Bereicherung im täglichen Umgang miteinander gesehen, von der niemand ausgeschlossen werden soll und darf. Für die Schule wird der gemeinsame Unterricht aller Kinder und Jugendlichen als Chance begriffen, miteinander und voneinander zu lernen. Dies beinhaltet zu dem jetzigen Zeitpunkt allerdings auch den Auftrag, sich noch stärker auf heterogene Lerngruppen einzustellen, als es bislang der Fall war. Didaktische und methodische Gestaltungsmöglichkeiten von Unterrichtsabläufen müssen daraufhin überprüft werden, ob sie gemeinsames Lernen aller an einem gemeinsamen Unterrichtsgegenstand zulassen, ohne einen möglichen individuellen Unterstützungsbedarf zu vernachlässigen oder erneut Schülerinnen und Schüler auszugrenzen.

Im Mittelpunkt inklusiven Unterrichts steht das Bemühen um eine möglichst hohe Passgenauigkeit zwischen den individuellen Lernvoraussetzungen eines Schülers bzw. einer Schülerin und dem Lernangebot. Hieraus leitet sich eines der wesentlichen Prinzipien von Lernarrangements in inklusiven Bezügen ab, nämlich die innere Differenzierung. Allgemein lässt sich sagen, dass die Unterrichtsprinzipien für guten Unterricht ebenso für die Gestaltung von Lernprozessen in inklusiven Settings gelten. Solche Unterrichtsbedingungen sind z. B. nach Hilbert Meyer (2004): eine klare Strukturierung, ein hoher Anteil an echter Lernzeit, ein lernförderliches Klima, inhaltliche Klarheit, sinnstiftendes Kommunizieren, Methodenvielfalt, individuelles Fördern, intelligentes Üben, klare Leistungserwartungen und eine vorbereitete Umgebung.

Sonderpädagogischer Förderbedarf ist nach den Empfehlungen der Kultusministerkonferenz von 1994 „bei Kindern und Jugendlichen anzunehmen, die in ihren Bildungs-, Entwicklungs- und Lernmöglichkeiten so beeinträchtigt sind, dass sie im Unterricht der allgemeinen Schule ohne sonderpädagogische Unterstützung nicht hinreichend gefördert werden können" (Drave, Rumpler & Wachtel 2000, S. 28 f.). Sonderpädagogischer Förderbedarf umfasst die Förderschwerpunkte Lernen, Sprache, emotionale und soziale Entwicklung, geistige Entwicklung, körperliche und motorische Entwicklung, Hören sowie Sehen. Sonderpädagogische Förderung versteht sich als eine ganzheitliche Förderung, bei der nicht die Störung als solche im Vordergrund der Aufmerksamkeit steht, sondern die Gesamtentwicklung der betroffenen Person in Wechselwirkung mit ihrem Umfeld. Die Festlegung eines einzigen Förderschwerpunktes widerspricht dieser ganzheitlichen Sichtweise, wird jedoch derzeit noch so praktiziert. Gerade der am häufigsten zu beobachtenden Überschneidung von Beeinträchtigungen im Lernen und im sozialemotionalen Verhalten wird eine solche Einteilung nicht gerecht.

Autorinnen: Annegret Doll, Kathrin Lang

3. Der Aufbau des Lehrwerks

Doppel-Klick ist in die folgenden Teilbereiche gegliedert:

Sprechen – Zuhören – Schreiben

- integrative Erarbeitung von zwei ausgewiesenen Kompetenzschwerpunkten
- Themen orientieren sich an der Lebens- und Erfahrungswelt der Lernenden unter Berücksichtigung fachübergreifender Aspekte und der interkulturellen Grunderfahrung

Lesen – mit Texten und weiteren Medien umgehen

- integrative Erarbeitung von zwei ausgewiesenen Kompetenzschwerpunkten
- eigene Kapitel mit Schwerpunkten Medienbildung und Erwerb von Medienkompetenz
- Textauswahl dient dem Kennenlernen verschiedener Autorinnen und Autoren und literarischer Gattungen
- Arbeit mit Handlungsbausteinen stellt die Basis für die Textanalyse dar

Arbeitstechniken

- zusammenfassende Präsentation und gezieltes Üben zentraler Arbeitstechniken, z. B. Lernorganisation, Textknacker, Präsentieren, Schreiben
- Verweise auf diese Arbeitstechniken finden sich in den Themen-, Medien- und Gattungskapiteln.

Rechtschreiben

- Grundwortschatzorientierung
- Rechtschreiben unterliegt einem individuellen Prozess, weshalb das Angebot nicht differenziert ist.
- Rechtschreib-Arbeitstechniken bilden die Basis für das Arbeiten, z. B. Partnerdiktat, Abschreiben, Nachschlagen)
- Rechtschreibstrategien und Regeln orientieren sich an der Unterteilung der Mitsprech-, Nachdenk- und Merkwörter. Jede Strategie erhält ein Symbol, das die Anwendung der Strategien in den Trainingseinheiten („Texte lesen – üben – richtig schreiben") in einen inneren Zusammenhang stellt.
- Die Trainingseinheiten können in lockerer Anbindung zu den übrigen Kapiteln gesehen werden. Eine isolierte Bearbeitung ist möglich. Ausgehend von einem Text, in dem unterschiedliche Rechtschreibphänomene enthalten sind, wird über die inhaltliche Arbeit an einzelnen Rechtschreibphänomenen gearbeitet. Die Arbeitstechniken und Rechtschreibstrategien können ausgewiesen durch ihre Symbole angewendet werden. Das Abschreiben bildet als alle Lernkanäle umfassende Strategie einen wesentlichen Bestandteil der Trainingseinheiten.

Grammatik

- Im Bereich Grammatik – also Sprachgebrauch und Sprachreflexion – werden sowohl die Struktur von Äußerungen als auch die Funktion von Äußerungen erarbeitet.
- Jede Einheit wird in einem lockeren thematischen Rahmen angeboten. Eine isolierte Bearbeitung ist möglich.
- Die phänomenorientierten Inhalte werden induktiv erarbeitet und funktional angewendet.
- Hinweise zum Schreiben und konkrete Schreibaufgaben betonen den funktionalen Charakter der Vermittlung von Sprachwissen. Ein wichtiges didaktisches Prinzip ist dabei die Förderung von Sprachbewusstheit.
- Deutsch-als-Zweitsprache-Methoden spiegeln sich z. B. in Wortschatzvorgaben, im geleiteten Schreiben, in der Vorgabe der Artikel in den Wörterlisten mit Nomen, in Satzschalttafeln und in der Gewichtung der Lerninhalte.

Zum Nachschlagen

- Arbeitstechniken, die in den Kapiteln erarbeitet oder angewandt werden
- Wissen der im Schülerband vorgestellten Gattungen
- unregelmäßige (starke) und trennbare Verbformen im Überblick

4. Aufbau und Inhalte des Servicepakets

Das vorliegende Servicepaket bietet umfassendes Material für einen differenzierenden Unterricht:

- Handreichungen zum Schülerbuch
- differenzierende Kopiervorlagen
- CD-ROM

4.1 Die Handreichungen

Die Handreichungen verschaffen Ihnen einen raschen Überblick zu den Inhalten der Schülerbuchkapitel und sind in folgender Weise aufgebaut:

- interkulturelle Grunderfahrung
- Kompetenzschwerpunkte
- alle Materialien und Differenzierung im Überblick, mit Hinweisen zum Arbeitsheft, zu interaktiven Übungen und zum Servicepaket
- Seitenübersicht (bei den Themen- und Gattungskapiteln)
- methodisch-didaktische Hinweise für den Unterricht

4.2 Die Kopiervorlagen

Die Kopiervorlagen bieten Differenzierungsmaterial zu den zentralen Kompetenzen des entsprechenden Kapitels aus dem Schülerbuch. In der Regel gibt es Kopiervorlagen zum Fördern mit mehr Hilfen, Kopiervorlagen zum Fordern mit vertiefenden und erweiternden Inhalten zu den Kernkompetenzen des Schülerbuchs, Kopiervorlagen für den inklusiven Unterricht und Kopiervorlagen für Deutsch als Zweitsprache. So können Sie Ihre Schülerinnen und Schüler individuell fördern.
Die Niveaustufen auf den Aufgabenblättern oben rechts entsprechen den aus dem Schülerbuch bekannten Differenzierungssymbolen (vgl. S. 13).
Der Fokus der Kopiervorlagen liegt auf der Schreib- und Leseförderung.
Die Kopiervorlagen beinhalten:

- Arbeitsblätter
- Vorschläge für Probearbeiten

4.2.1 Arbeitsblätter (AB)

Arbeitsblätter gibt es zu allen Kapiteln des Schülerbuches. Die meisten Arbeitsblätter sind so konzipiert, dass sie auch ohne Einsatz des Schülerbuchs funktionieren.
Auf der CD-ROM finden sich Lösungsblätter für alle Arbeitsblätter, bei denen Lösungen sinnvoll sind.
Die Lösungen sind in die Kopiervorlagen „handschriftlich" eingetragen. So können sie auch als Kopien ausgeteilt werden, wenn sich die Schülerinnen und Schüler gegenseitig oder selbst überprüfen und korrigieren sollen.
Es werden folgende Kategorien von Arbeitsblättern angeboten:

- Arbeitsblätter zur Förderung von leistungsschwächeren Schülerinnen und Schülern
- Arbeitsblätter mit erhöhten Anforderungen, um leistungsstärkere Schülerinnen und Schüler zu fordern
- Basis-Arbeitsblätter für alle Schülerinnen und Schüler
- Arbeitsblätter für inklusiven Unterricht
- Arbeitsblätter für Deutsch als Zweitsprache

Die Arbeitsblätter sind in der Regel nicht parallel einsetzbar.
Des Weiteren werden auf der CD-ROM für alle Schülerinnen und Schüler Arbeitsblätter mit den zentralen Texten aus dem Schülerbuch angeboten. Im Mittelpunkt steht hierbei v. a. die Festigung von grundlegenden Methoden wie dem Textknacker. Diese Arbeitsblätter bieten im Unterschied zum Schülerbuch die Möglichkeit, direkt im Text zu unterstreichen, Randnotizen aufzuschreiben, in den Text hineinzuschreiben etc. Außerdem kann mit Hilfe dieser Arbeitsblätter sprachlich gearbeitet werden (z. B. Verben markieren).
Ergänzend finden Sie auf dem separat zu erwerbenden USB-Stick Checklisten und Beobachtungsbögen.

4.2.2 Vorschläge für Probearbeiten

Zu den zentralen Kompetenzen werden Vorschläge für Probearbeiten angeboten. Grundsätzlich sind die angebotenen Probearbeiten so aufgebaut, dass die Schülerinnen und Schüler zunächst Teilergebnisse erarbeiten, die sie am Ende zusammenführen.

Auf der CD-ROM finden Sie editierbare Lösungsvorschläge für alle Probearbeiten, die Sie entsprechend Ihrem Erwartungshorizont anpassen können. Darüber hinaus werden Lernbegleitbögen geboten, mit deren Hilfe die Schülerinnen und Schüler sich in Kombination mit den Lösungsblättern selbst evaluieren können.

Es werden folgende Vorschläge für Probearbeiten angeboten:

- Einen Sachtext und eine Grafik verstehen
- Einen Vorgang beschreiben
- Einen Bericht schreiben
- Eine Geschichte untersuchen und weitererzählen
- Ein Gedicht untersuchen und deuten
- Rechtschreibstrategien anwenden
- Die Großschreibung von Nomen
- Wortarten verwenden
- Satzglieder verwenden und Sätze formulieren

4.3 Die CD-ROM

Auf der CD-ROM finden Sie folgende Angebote:

alle Materialien der Printausgabe zum Schülerbuch:

- die Handreichungen für den Unterricht (als pdf)
- alle Arbeitsblätter mit Lösungen (als editierbare Word-Dateien und als pdf)
- die Vorschläge für Probearbeiten sowie eine Auswertung (als editierbare Word-Dateien und als pdf)

zusätzliche Inhalte:

- Lösungen zu ausgewählten Aufgaben des Schülerbuchs
- Diagnose und Förderempfehlungen zu den Schülerbuch-Seiten *Teste dich!* (als editierbare Word-Dateien und als pdf)
- Hörtexte (für CD-Player) mit Übungen (als editierbare Word-Dateien und als pdf)
- editierbare Schülerbuch-Texte (als editierbare Word-Dateien)

4.3.1 Diagnose und Förderempfehlungen *Teste dich!*

Die Evaluationsseite *Teste dich!* im Schülerbuch bietet Aufgaben an, mit denen die Schülerinnen und Schüler im Sinne einer Lernfortschrittsüberprüfung selbst überprüfen können, ob sie die im Kapitel erarbeiteten Kompetenzen beherrschen. Da der Selbstevaluation eine wachsende Bedeutung in Unterricht und Lehrplänen zukommt, erhalten Sie hier editierbare Lernbegleitbögen mit Förderempfehlungen als hilfreiches Instrument für Schülerinnen und Schüler.

4.3.2 Hörtexte mit Übungen

Zum Hörverstehen werden Hörtexte mit Übungen angeboten, die in einem lockeren thematischen Zusammenhang mit den Kapiteln des Schülerbuchs stehen, aber jederzeit unabhängig eingesetzt werden können. Beim Hören von Texten werden inhaltliche und sprecherische Aspekte unterschieden: Zum einen üben die Schülerinnen und Schüler das verstehende und das genaue Zuhören, zum anderen bieten die Hörtexte ihnen die Möglichkeit, sich mit den Sprechakten auseinanderzusetzen und Kriterien für gute und gelingende Kommunikation zu entwickeln.

Hörtexte 1 und 2: Einen Weg beschreiben
- Sabine Angelkorte: Sollen Kinder in den Ferien lernen? Aus: Sollen Kinder in den Ferien lernen? Aus: Dein SPIEGEL, 08/2015, S. 14. Gesprochen von Oliver Siebeck.
- Claudia Dalbert: Sollen Kinder in den Ferien lernen? Aus: Sollen Kinder in den Ferien lernen? Aus: Dein SPIEGEL, 08/2015, S. 14. Gesprochen von Oliver Siebeck.

Hörtext 3: Mit den Händen reden – wie sich Gehörlose verständigen
- Nach: Martina Gödel. GEOlino.de. Gesprochen von Ann Vielhaben.

Hörtext 4: Chris Priestley: Onkel Montagues Schauergeschichten
- Chris Priestley: Onkel Montagues Schauergeschichten. Aus dem Englischen von Beatrice Howeg. Bloomsbury, 2011, S. 7–15. Gesprochen von Oliver Siebeck.

Hörtexte 5 und 6: Macht das Internet dumm?

- Dorothee Bär: Macht das Internet dumm? Aus: Dein SPIEGEL, 3/2013, S. 47. Gesprochen von Oliver Siebeck.
- Hans Zehetmair: Macht das Internet dumm? Aus: Dein SPIEGEL, 4/2013, S. 47. Gesprochen von Oliver Siebeck.

Hörtext 7: Die Welt wird kleiner

- Mariana Lichtenstein: Die Welt wird kleiner. Aus: Deutschbuch Erweiterte Ausgabe, Band 6. Seite 156. Gesprochen von Denis Abrahams.

Hörtext 8: Soziales Netzwerk als Treffpunkt – aber Vorsicht!

- Mariana Lichtenstein: Soziales Netzwerk als Treffpunkt – aber Vorsicht! Aus: Deutschbuch, Differenzierende Ausgabe, Band 6, Seite: 154. Gesprochen von Mariana Graffam.

Hörtext 9: Andreas Steinhöfel: Rico, Oskar und die Tieferschatten

- Andreas Steinhöfel: Rico, Oskar und die Tieferschatten. Hamburg, Carlsen, 2008, S. 31–37; Gelesen von Andreas Steinhöfel, © Silberfisch Hamburg; Audiobook: Silberfisch, 2008, ISBN 978-3867420211.

Hörtext 10: Der Kampf mit dem Lindwurm

- Franz Pehr: Der Kampf mit dem Lindwurm. Aus: Pehr, Franz: Kärntner Sagen. Klagenfurt: Johannes Heyn, 1913, S. 9. Gelesen von Oliver Siebeck.

Hörtext 11: Kadmos

- Inkiow, Dimiter: Aus: Inkiow, Dimiter: Die spannendsten Sagen. © ellermann im Dressler Verlag GmbH. Gelesen von Oliver Siebeck.

Hörtext 12: Theodor Storm: Herbst

- Theodor Storm: Herbst. Aus: Storm, Theodor: Gedichte. Kiel: Schwer'sche Buchhandlung, 1852, S. 73. Gelesen von Oliver Siebeck.

Hörtext 13: Theodor Fontane: Mittag

- Theodor Fontane: Mittag: Aus: Fontanes Werke in fünf Bänden. Bd. 1, Berlin, Weimar: Aufbau, 1964, S. 3–4. Gelesen von Oliver Siebeck.

Die Hörtexte auf der CD-ROM sind sowohl mit einem PC/Laptop abspielbar als auch mit einem handelsüblichen CD-Player. Die Hörtexte lassen sich wie bei einer Audio-CD anhören.

Gemeinsam – zusammen – miteinander (Schülerbuch S. 12–27)

Interkulturelle Grunderfahrung

- Kommunikation

Kompetenzschwerpunkte

- **Erzähltexte verstehen**
- **Gespräche führen und auswerten**

Materialien und Differenzierung im Überblick

Unterrichtsverlauf	Lernziele und Kompetenzen	Schülerbuch	Servicepaket	Arbeitsheft
Einstieg (Klassengespräch)	*Vorwissen aktivieren, mit anderen über den Begriff „Gemeinschaft" sprechen*	S. 12–13		
Erarbeitung I	*Eine Erzählung lesen und verstehen über den Inhalt einer Erzählung sprechen, Figuren untersuchen, einen Dialog verfassen, aus der Sicht einer anderen Figur erzählen*	S. 14–15	⊕ Arbeitsblatt 1: Erzähltexte lesen und verstehen ⊙ Arbeitsblatt 2: Eine Geschichte aus anderer Sicht erzählen ● Arbeitsblatt 3: Eine Geschichte aus anderer Sicht erzählen	
Erarbeitung II	*Meinungen äußern, begründen und diskutieren* *Meinungen zuordnen, Qualität von Argumenten erfassen, Behauptungen und Begründungen verwenden, Konjunktionen in Satzgefügen verwenden, Zustimmung und Widerspruch äußern, unangemessene Ausdrucksweisen erkennen und kritisieren, Gesprächsregeln analysieren und definieren, eine Diskussion auswerten*	S. 16–19	⊕ Arbeitsblatt 4: Miteinander: Argumentieren und Diskutieren Arbeitsblatt 5: Eine Meinung mit Argumenten begründen ● Arbeitsblatt 6: Eine Meinung mit Argumenten begründen Arbeitsblatt 7: Miteinander diskutieren (DaZ)	

Unterrichtsverlauf	Lernziele und Kompetenzen	Schülerbuch	Servicepaket	Arbeitsheft
Erarbeitung III	Streitgespräche führen *einen Streit analysieren und nachspielen, Gefühle und Bedürfnisse analysieren und ausdrücken, Lösungsvorschläge und Forderungen formulieren*	S. 20–21	Arbeitsblatt 8: Beobachtungsbogen: Gespräche führen	
Extra Sprache I und II	Mit Worten nicht verletzen, auf Äußerungen eingehen *verletzende Äußerungen erkennen, analysieren und umformulieren, ein Gespräch schreiben, Sprechabsichten erkennen und benennen*	S. 22–23	Arbeitsblatt 8: Beobachtungsbogen: Gespräche führen	
Teste dich!	Gespräche führen, einen Streit schlichten *unsachliche Äußerungen zuordnen und analysieren, Behauptungen und Begründungen sammeln, einen Beobachtungsbogen erstellen, Gesprächsregeln vereinbaren, eine Diskussion vorbereiten und durchführen, eine Diskussion beobachten und auswerten*	S. 24–25	Arbeitsblatt 9: Beobachtungsbogen: Diskussionsleiter/-in Arbeitsblatt 10: Beobachtungsbogen: Diskussionsteilnehmer/-in Lernbegleitbogen (CD-ROM)	
Training zum Fördern	⊙ Miteinander sprechen *das genaue Zuhören üben, die Dialoge mit verteilten Rollen lesen, nachspielen und vergleichen, über das Zuhören nachdenken*	S. 26		

Cornelsen

Unterrichtsverlauf	Lernziele und Kompetenzen	Schülerbuch	Servicepaket	Arbeitsheft
Training zum Fordern	● Diskutieren und Argumentieren *Meinungen und Begründungen analysieren, die Qualität von Begründungen bewerten, Beispiele reflektieren, Begründungen durch eigene Beispiele veranschaulichen, eine Diskussion üben*	S. 27	● Arbeitsblatt 6: Eine Meinung mit Argumenten begründen	
Hörverstehen	Einem Hörtext Informationen entnehmen		Hörtexte 1 und 2 mit Übung: Hörverstehen: Argumentieren und diskutieren (CD-ROM)	

Methoden

- **Szenisches Spiel**
- **Streitgespräche schlichten**
- **Feedback geben**
- **Miteinander diskutieren**

Cornelsen

Seitenübersicht

S. 12 Eingangsseite	S. 13 Eingangsseite
Gemeinsam – zusammen – miteinander *Foto: Schülerinnen und Schüler beim Lagerfeuer* *Wortgruppen zum Thema Gemeinschaft*	**Gemeinsam – zusammen – miteinander** • das Foto beschreiben • über den Begriff „Gemeinschaft" diskutieren und reflektieren • die eigene Klassengemeinschaft beurteilen
S. 14 Erarbeitung I	**S. 15 Erarbeitung I**
Eine Erzählung lesen und verstehen *Hannes fehlt (Erzählung)*	**Eine Erzählung lesen und verstehen** *Hannes fehlt (Erzählung Fortsetzung)* • die W-Fragen anhand des Textes beantworten 🗟 • die Figuren untersuchen 🗟 • über die Darstellung der Figuren reflektieren ● • die Figurenbeziehung erläutern 🗟 • einen Dialog verfassen 🗟 • aus einer anderen Sicht erzählen • die Geschichte zusammenfassen
S. 16 Erarbeitung II	**S. 17 Erarbeitung II**
Meinungen äußern und begründen *Diskussion über den Wandertag* • das Thema der Diskussion erfassen • Meinungen zuordnen ☉	**Meinungen äußern und begründen** • die Qualität von Argumenten vergleichen • Behauptungen und Begründungen zuordnen 🗟 • eigene Behauptungen und Begründungen erstellen ● • Konjunktionen verwenden • Zustimmung und Widerspruch äußern 🗟
S. 18 Erarbeitung II	**S. 19 Erarbeitung II**
Miteinander diskutieren *Streitgespräch über Wandertag* • sinnvolle und störende Äußerungen erkennen • unangemessene Ausdrucksweisen kritisieren • Schlichtungsvorschläge formulieren ●	**Miteinander diskutieren** *Arbeitstechnik: Miteinander diskutieren* • Gesprächsregeln analysieren und definieren 🗟 • überzeugende Behauptungen und Begründungen finden und sinnvoll gliedern ● 🗟 • eine Diskussion auswerten
S. 20 Erarbeitung III	**S. 21 Erarbeitung III**
Streitgespräche führen • einen Streit analysieren • ein Streitgespräch nachspielen 🗟 • Gefühle und Bedürfnisse analysieren und ausdrücken 🗟 • Lösungsvorschläge und Forderungen formulieren 🗟	**Streitgespräche führen** *Arbeitstechnik: Streit schlichten* • ein Streitgespräch fortsetzen 🗟 • ein Streitgespräch nachspielen 🗟 • unterschiedliche Streitgespräche analysieren und vergleichen
S. 22 Extra Sprache I	**S. 23 Extra Sprache II**
Mit Worten nicht verletzen *Sprechblasen mit Formulierungen* • verletzende Äußerungen erkennen und analysieren 🗟 • Äußerungen kontextualisieren und umformulieren ● 🗟 • verletzende Äußerungen umformulieren ☉ 🗟 • ein Gespräch schreiben ●	**Auf Äußerungen eingehen** • Zustimmung und Widerspruch formulieren • Sprechabsichten zuordnen 🗟 • ähnliche Sprechabsichten aufschreiben ● 🗟 • eine Diskussion fortführen ● 🗟

Seitenübersicht

S. 24 Teste dich!	S. 25 Teste dich!
Gespräche führen *Sprechblasen mit unsachlichen Äußerungen* • unsachliche Äußerungen zuordnen und analysieren • Behauptungen und Begründungen sammeln, einen Beobachtungsbogen erstellen, Gesprächsregeln vereinbaren ᨂ • eine Diskussion vorbereiten und durchführen ᨂ • eine Diskussion beobachten und auswerten ᨂ	**Einen Streit schlichten** • einen Beobachtungsbogen erstellen und eine Diskussion vorbereiten ᨂ • eine Diskussion führen und auswerten ᨂ
S. 26 Fördern	S. 27 Fordern
Miteinander sprechen *2 Gespräche* • das genaue Zuhören üben ☉ ᨂ • die Dialoge mit verteilten Rollen lesen, nachspielen und vergleichen ☉ ᨂ • über das Zuhören nachdenken ☉ ᨂ	**Diskutieren und argumentieren** *Sprechblasen* • Meinungen und Begründungen analysieren ● • die Qualität von Begründungen bewerten ● • Beispiele reflektieren ● • eine Diskussion üben ● ᨂ

Name: Klasse: Datum:

Erzähltexte lesen und verstehen

In dieser Geschichte scheinen* sich die Schüler einer Klasse zu kennen. Aber dann entstehen Fragen.

* scheinen:
Es sieht so aus,
als ob es so wäre.

 1 Wende die Schritte 1, 2 und 6 vom Textknacker an:
Bilder, Überschrift, ganzer Text.

Hannes fehlt *Ursula Wölfel*

1 Nach einem Schulausflug wollten sie am Abend mit dem Bus
2 in die Stadt zurückfahren.
3 Aber Hannes fehlte. Der Lehrer merkte es, als er die Kinder zählte.
4 „Weiß einer etwas von Hannes?", fragte er.
5 Aber keiner wusste etwas. Sie sagten: „Der kommt noch."
6 Sie stiegen in den Bus und setzten sich auf ihre Plätze.
7 „Wo habt ihr ihn zuletzt gesehen?", fragte der Lehrer.
8 „Den Hannes? Keine Ahnung. Irgendwo. Der wird schon kommen."
9 Der Lehrer und der Busfahrer suchten auf der Straße.
10 Einer im Bus fragte: „War der Hannes überhaupt dabei?"
11 Doch der Lehrer hatte sie am Morgen beim Einsteigen, am Mittag
12 und nach dem Geländespiel gezählt. Da war Hannes noch da.
13 „Der ist immer so still", sagte einer. „Von dem merkt man
14 gar nichts."
15 „Komisch, dass er keinen Freund hat", sagte ein anderer,
16 „ich weiß auch gar nicht, wo er wohnt."
17 Der Lehrer und der Busfahrer gingen den Waldweg hinauf.
18 „Was ist, wenn dem Hannes etwas passiert ist?", sagte einer.
19 „Was soll dem passiert sein? Meinst du, den hat eine Wildsau
20 gefressen?", rief ein anderer.
21 Alle lachten und begannen über den Ausflug zu reden.
22 Dann fragte einer: „Vielleicht hat er sich verlaufen oder ist verletzt?"
23 „Was du denkst!", sagten die anderen. Doch sie wurden unruhig.
24 Einige stiegen aus, liefen bis zum Waldrand und riefen
25 nach Hannes.
26 Es war kalt. Sie gingen zurück zum Bus.
27 Keiner redete mehr. Sie sahen aus den Fenstern.
28 Dann kamen die Männer mit Hannes. Hannes hatte sich
29 einen Stock geschnitten und war dabei hinter den anderen
30 zurückgeblieben. Dann hatte er sich verlaufen. Aber nun
31 war er wieder da.
32 „Warum seht ihr mich alle so an?", fragte er.
33 „Wir? Nur so", sagten sie.
34 Einer rief: „Du hast ganz viele Sommersprossen auf der Nase!"
35 Alle lachten, auch Hannes.
36 Er sagte: „Die hab ich doch schon immer!"

(nach: Ursula Wölfel „Hannes fehlt". Aus: Die grauen und die grünen Felder. Weinheim (Beltz & Gelberg) 1981.
Text gekürzt und vereinfacht)

Autorinnen: Barbara Maria Krüss, Nina Bähnk
Illustratorin: Dorina Tessmann, Berlin

Doppel-Klick   24
⇨ SB, S. 12–27

Name:	Klasse:	Datum:

Erzähltexte lesen und verstehen

 2 Markiere im Text Hinweise zu folgenden Fragen:
- Was geschieht auf dem Ausflug? (rot)
- Welche Fragen stellen sich die Mitschüler und der Lehrer? (blau)
- Was sagen die Mitschüler über Hannes? (gelb)

 3 Überlege dir eine weitere Frage an den Text.
a. Schreibe die Frage in dein Heft.
b. Schreibe die Antwort darunter.

 4 Untersuche die Personen genauer.
a. In dem Text wird das Wort „sie" verwendet.
Wer ist damit gemeint? Schreibe auf.

_____

b. Welche Personen spielen noch mit? Schreibe auf.

_____   _____   _____

 5 Warum hat nur Hannes einen Namen?
Kreuze die für dich passende Erklärung an.

	Er ist die Hauptfigur.
	Hannes ist ein Außenseiter.
	Hannes ist ein besonderer Junge.
	Die Kinder wissen bis auf den Namen wenig über ihn.

 6 Hannes fragt: „Warum seht ihr mich alle so an?" (Zeile 32)
Warum sehen die Mitschüler Hannes so an?
Schreibe einen Satz in dein Heft.
Die Stichworte in der Randspalte helfen dir.

> → erleichtert
> neugierig
> interessiert
> froh
> gespannt

 7 Beantworte die folgenden Fragen in deinem Heft.
Ordne dazu die Wörter den Fragen zu.
- Wie reagieren die Mitschüler am Anfang auf das Verschwinden von Hannes?
- Wie reagieren sie am Ende, als Hannes wieder auftaucht?

gleichgültig	lustig	freudig	ängstlich	kühl	beruhigt
ablehnend	aufgeschlossen	interessiert	gefühlsarm		

Autorinnen: Barbara Maria Krüss, Nina Bähnk

Doppel-Klick 25
⇨ SB, S. 12–27

Name: Klasse: Datum:

Eine Geschichte aus anderer Sicht erzählen

**Am Abend wollte die Klasse zur Stadt zurückfahren, aber einer fehlte noch.
Die Geschichte „Hannes fehlt" findest du im Schülerbuch auf den Seiten 14–15.
Du kannst die Geschichte auch aus Hannes' Sicht erzählen.**

1 Lies die Geschichte noch einmal.

2 Wie könnte Hannes den Schulausflug erlebt haben?
Bringe die Ereignisse in die richtige Reihenfolge.

___ Als ich schließlich in den Bus einstieg, starrte mich die ganze Klasse an.

_1_ Morgens fuhren wir mit dem Bus los.

___ Im Wald entdeckte ich einen guten Ast für einen Stock.

___ Erleichtert hörte ich die Stimme von unserem Lehrer.

___ Nach einer Stunde erreichten wir den Busparkplatz am Waldrand.

___ Im Gasthaus „Zur Wildsau" aßen wir zu Mittag. Danach spielten wir ein Geländespiel,

wanderten zu einem Aussichtsturm und später zu einem Kletterfelsen.

___ Auf einmal waren alle weg und ich war mutterseelenallein.

3 Wo war Hannes, während die Klasse zum Bus zurücklief? Was tat er?
Schreibe zwei bis drei Sätze in der Ich-Form auf. **Tipp:** Lies noch einmal die Zeilen 34–36.

_____

_____

_____

_____

4 Wie hat Hannes den Ausflug erlebt?
Schreibe im Heft Stichworte zu den folgenden Fragen auf:
– Was sah Hannes auf dem Ausflug?
– Was dachte er, als er sich verlaufen hatte?
– Wie fühlte er sich, als er zum Bus zurückkam?

5 Erzähle die Geschichte aus Hannes' Sicht.
Schreibe ins Heft.
– Verwende deine Ergebnisse aus den Aufgaben 2–4.
– Schreibe in der Ich-Form.
– Verwende das Präteritum.
– Formuliere eine Überschrift für deine Geschichte.

Starthilfe

Während der Wanderung hielt ich immer Ausschau nach einem guten Ast. Dabei kam ich manchmal etwas vom Weg ab.

Autorin: Imke Schmidt

Doppel-Klick 26
⇨ SB, S. 12–27

Name: Klasse: Datum:

Eine Geschichte aus anderer Sicht erzählen

**Am Abend wollte die Klasse zur Stadt zurückfahren, aber einer fehlte noch.
Die Geschichte „Hannes fehlt" findest du im Schülerbuch auf den Seiten 14–15.
Du kannst die Geschichte auch aus Hannes' Sicht erzählen.**

1 Lies die Geschichte noch einmal.

2 Wie könnte der Ausflugstag verlaufen sein?
Bringe die Ereignisse in die richtige Reihenfolge.

___ Die ganze Klasse starrte ihn an, als er in den Bus einstieg.

_1_ Morgens fuhren sie mit dem Bus los.

___ Im Wald entdeckte Hannes einen guten Ast für einen Stock.

___ Erleichtert hörte er die Stimme des Lehrers.

___ Nach einer Stunde erreichten sie den Busparkplatz am Waldrand.

___ Im Gasthaus „Zur Wildsau" aßen sie zu Mittag. Danach spielten sie ein Geländespiel,
wanderten zu einem Aussichtsturm und später zu einem Kletterfelsen.

___ Auf einmal waren alle weg und Hannes war mutterseelenallein.

3 Wo war Hannes, während die Klasse zum Bus zurückging? Was tat er?
Schreibe zwei bis drei Sätze in der Er-Form auf.

_____

_____

_____

_____

4 Wie hat Hannes den Ausflug erlebt?
Was sah er, was dachte er und wie fühlte er sich?
Schreibe Stichworte im Heft auf.

5 Erzähle die Geschichte aus Hannes' Sicht.
Schreibe ins Heft.
 – Schreibe in der Ich-Form oder in der Er-Form.
 – Verwende deine Ergebnisse aus den Aufgaben 2–4.
 – Schreibe im Präteritum.
 – Formuliere eine Überschrift für deine Geschichte.

Starthilfe

Während der Wanderung hielt
er immer Ausschau nach einem
guten Ast. Dabei kam er
manchmal etwas vom Weg ab.

Autorin: Imke Schmidt

Doppel-Klick   27
⇨ SB, S. 12–27

Name: Klasse: Datum:

Miteinander: Argumentieren und diskutieren

Bevor etwas gemeinsam beschlossen wird, werden in einer Diskussion Meinungen ausgetauscht.

1   **a.** Lies den Dialog im Schülerbuch auf der Seite 16.
       b. Worüber diskutieren die Schülerinnen und Schüler?

2   Die Schülerinnen und Schüler der Klasse sind sich **nicht** einig.
     a. Welche Kinder sind **für** den Zoobesuch? Welche Kinder sind **dagegen**?
       Trage die Namen in die Tabelle ein.

Für Zoobesuch:	**Gegen** Zoobesuch:
Joana,	

     b. Welche Kinder sind **für** den Waldwandertag?
       Welche Kinder sind **dagegen**? Trage die Namen in die Tabelle ein.

Für Waldwandertag:	**Gegen** Waldwandertag:
Vadim,	Vadim,

     c. Vadim ist zuerst **gegen** den Waldwandertag.
       Dann ist er **für** den Waldwandertag. Warum ändert er seine Meinung?

_____

3   Eine Meinung lässt sich durch Argumente begründen.
     a. Kreuze an, was die beiden Argumente bedeuten.

	dagegen	dafür
Pro-Argument		
Kontra-Argument		

     b. Unterstreiche die Pro-Argumente für den Zoobesuch rot
       und die Kontra-Argumente blau.

– Im Zoo können wir Informationen für das Reptilien-Projekt sammeln.
– Ein Zoobesuch ist langweilig.
– Im Zoo gibt es einen Streichelzoo.
– Das ist doch was für Babys!

Name: Klasse: Datum:

Eine Meinung mit Argumenten begründen

Viele Schülerinnen und Schüler nutzen das Internet nicht nur zum Chatten, sondern sind auch Mitglied in Onlinegemeinschaften. Die Klasse diskutiert über das Thema.

1 Lies die Diskussion in der Klasse.

Lehrerin: Warum seid ihr Mitglied in Onlinegemeinschaften? Was ist für euch das Besondere daran, „vernetzt" zu sein?

Alexej: Na ja, es geht vor allem darum, mit Freunden in Kontakt zu sein.

Lehrerin: Eure Freunde seht ihr doch jeden Tag in der Schule.

5   **Alexej:** Aber nicht alle. Die von anderen Schulen sehe ich zum Beispiel eher selten.

Sabrina: Ja, oder die, die weiter weg wohnen. Nachdem ich letztes Jahr hergezogen bin, hatte ich Angst, meine alten Freunde zu verlieren. Durch das Internet können wir in Kontakt bleiben.

Lehrerin: Und warum macht ihr das nicht einfach mit E-Mails?

Sabrina: E-Mails schreibe ich immer nur an eine Person. Das dauert zu lange.

10   In den Onlinegemeinschaften kann jeder sehen, was die anderen gerade so machen. Ich kann jeden Tag schreiben, wie es mir gerade geht, und zum Beispiel auch Fotos hochladen.

Lehrerin: Und die kann dann jeder sehen?

Sabrina: Nein, nur meine Freunde.

Dennis: Das kommt darauf an, welche Einstellung man wählt. Manche Leute lassen alle

15   auf ihre Seiten gucken. Das kann ich aber überhaupt nicht verstehen!

Lehrerin: Auf den Seiten gibt es doch sehr viele private Informationen, oder?

Katarina: Also, von mir aus können sich das ruhig alle angucken. Ich finde es toll, wenn die Leute sehen, wie viel Spaß ich in den letzten Ferien hatte.

Sinda: Ach, du willst doch nur angeben!

20   **Zoe:** Ich bin auch der Meinung, dass viele die Internetseiten nur benutzen, um zu zeigen, wie toll sie sind. Und die anderen denken dann, dass ihr eigenes Leben nicht so spannend ist.

Alexej: Du bist doch gar nicht mehr dabei!

Zoe: Nein, ich habe meine Seite wieder gelöscht, weil ich viel zu viel Zeit im Internet verbracht habe. Ich hatte kaum noch Zeit für meine richtigen Freunde und meine Hobbys.

25   Seitdem ich kein Mitglied mehr bin, mache ich wieder viel mehr andere Sachen.

Alexej: Aber dafür hast du meine Party verpasst, weil du die Einladung nicht bekommen hast.

Zoe: Ja, aber ich fand es auch ziemlich traurig, dass du die Party nur im Internet angekündigt hast. Ihr hättet mir ja auch einfach Bescheid sagen können – ich wäre gerne gekommen.

Lehrerin: Für so etwas nutzt ihr die Onlinegemeinschaften also auch? Zum Organisieren

30   von Festen?

Alexej: Ja, klar. Man kann etwas zusammen planen und dann sofort eine Einladung an alle seine Freunde schicken. Das ist sehr praktisch und geht schnell.

Zoe: Dann bin ich also plötzlich nicht mehr deine Freundin, oder was?

Name:	Klasse:	Datum:

Eine Meinung mit Argumenten begründen

2 Welche Schülerinnen und Schüler sind für Onlinegemeinschaften?
Welche Schülerinnen und Schüler äußern sich eher kritisch? Notiere die Namen.

Dafür sind: *Alexej,* _____

Kritisch sind: _____

3 Mit welchen Argumenten begründen die Schülerinnen und Schüler ihre Meinungen?
— Unterstreiche im Text die Argumente für Onlinegemeinschaften mit Blau.
— Unterstreiche die Argumente gegen Onlinegemeinschaften mit Rot.

4 Ordne die Argumente in der Tabelle nach Pro- und Kontra-Argumenten.

Onlinegemeinschaften	
Pro-Argumente	**Kontra-Argumente**
– mit Freunden in Kontakt sein,	

5 Wie kannst du deine Meinung äußern und jemandem zustimmen oder widersprechen?
— Lege in deinem Heft eine Tabelle an.
— Ordne die Sätze und Satzanfänge vom Rand in die Tabelle ein.

Starthilfe

seine Meinung sagen	zustimmen	widersprechen
Ich finde …		

Ich finde/meine/denke …
Ich bin anderer Meinung.
Meiner Meinung nach …
Das sehe ich auch so.
Das denke ich nicht.
Ich bin ganz deiner Meinung.
Da hast du recht.
Das finde ich nicht.
Das sehe ich anders.
Das stimmt!

6 Was ist deine Meinung zu Onlinegemeinschaften?
Schreibe eine Stellungnahme in dein Heft.
— Verwende Sätze und Satzanfänge aus Aufgabe 5.
— Begründe deine Meinung mit passenden Argumenten aus Aufgabe 4.

Starthilfe

Onlinegemeinschaften finde ich gut/schlecht, weil …

Autorin: Imke Schmidt

Name: Klasse: Datum:

Eine Meinung mit Argumenten begründen

2 Mit welchen Argumenten begründen die Schülerinnen und Schüler ihre Meinungen?

    a. Markiere im Text die Argumente für Onlinegemeinschaften mit Blau.
       Markiere die Argumente gegen Onlinegemeinschaften mit Rot.

    b. Ordne sie in der Tabelle in Pro- und Kontra-Argumente.

    c. Ergänze selbst weitere Pro- oder Kontra-Argumente in der Tabelle.

Onlinegemeinschaften	
Pro-Argumente	**Kontra-Argumente**
– mit Freunden in Kontakt sein,	

3 Wie kannst du deine Meinung äußern und jemandem zustimmen oder widersprechen?

    – Lege in deinem Heft eine Tabelle an.

    – Schreibe passende Formulierungen aus dem Text in die Tabelle.

    – Ergänze eigene Sätze und Satzanfänge.

Starthilfe

seine Meinung sagen	zustimmen	widersprechen
Meiner Meinung nach …	Das sehe ich auch so.	Da bin ich anderer Meinung.

4 Was ist deine Meinung zu Onlinegemeinschaften?
Schreibe eine Stellungnahme in dein Heft.

    – Verwende Sätze und Satzanfänge aus Aufgabe 3.

    – Begründe deine Meinung mit passenden Argumenten
      aus der Tabelle in Aufgabe 2.

Starthilfe

Onlinegemeinschaften finde ich gut/schlecht, weil …

Cornelsen

Autorin: Imke Schmidt

Doppel-Klick   31
⇨ SB, S. 12–27

Name:　　　　　　　　　　Klasse:　　　　　　Datum:

Miteinander diskutieren

Jemandem zustimmen oder widersprechen:
So kannst du deine Meinung äußern.

1 **a.** Lies die Sätze im Kasten.
　　b. Ordne die Sätze in die Tabelle ein.

> Ja, genau! • Ich bin anderer Meinung. • Nein, ganz und gar nicht! •
> Das finde ich auch. • Das finde ich nicht. • Ich stimme dir zu.

Zustimmung	Widerspruch
Ja, genau!	

2 Yasmin und Timo diskutieren über eine Klassenfahrt auf eine Insel.

　　a. Lies Yasmins Äußerungen und Timos Antworten.
　　b. Stimmt Timo mit seinem Argument zu oder widerspricht er? Kreuze an.
　　c. Ergänze auf den freien Linien einen passenden Satz aus der Tabelle.

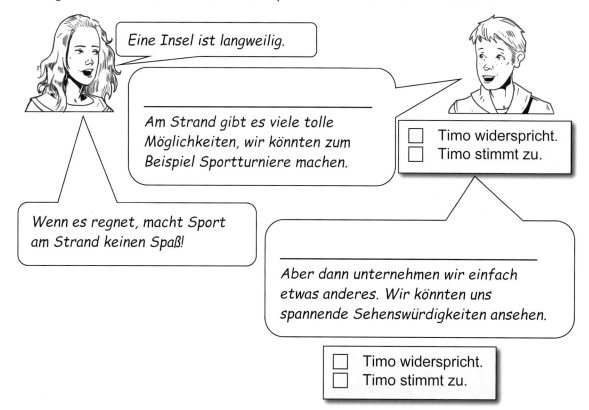

Eine Insel ist langweilig.

Am Strand gibt es viele tolle Möglichkeiten, wir könnten zum Beispiel Sportturniere machen.

☐ Timo widerspricht.
☐ Timo stimmt zu.

Wenn es regnet, macht Sport am Strand keinen Spaß!

Aber dann unternehmen wir einfach etwas anderes. Wir könnten uns spannende Sehenswürdigkeiten ansehen.

☐ Timo widerspricht.
☐ Timo stimmt zu.

Cornelsen

Autorin: Heidi Pohlmann
Illustrator: Rüdiger Trebels, Düsseldorf

Name:	Klasse:	Datum:

Beobachtungsbogen: Gespräche führen

**Der folgende Beobachtungsbogen hilft euch zu überprüfen,
ob ihr Gesprächsregeln bei Diskussionen und Gesprächen einhaltet.**

1 Legt innerhalb der Gruppe der Beobachter fest, wer wen in der Gesprächsgruppe
(im Klassenrat) beobachtet, und tragt die entsprechenden Namen in das Feld
„Beobachtungsbogen für …" ein.

2 Beobachte nun das Mitglied der Gesprächsgruppe genau.
Fülle dann den Beobachtungsbogen aus.

3 Werte den Beobachtungsbogen anschließend aus.

Beobachtungsbogen für _____	ja	nein
• hat andere ausreden lassen	❑	❑
• ist beim Thema geblieben	❑	❑
• ist höflich geblieben	❑	❑
• ist sachlich geblieben	❑	❑
• hat allen Gesprächsteilnehmern zugehört	❑	❑
• hat auf die Anweisungen des Moderators gehört	❑	❑
• hat die Diskussion gestört, anstatt nachzufragen, wenn sie/er etwas nicht verstanden hat	❑	❑

Was hat die beobachtete Schülerin / der beobachtete Schüler besonders gut gemacht?

_____

_____

Gegen welche Regel(n) hat sie/er mehrfach verstoßen?

_____

_____

Welchen Tipp hast du für die Schülerin / den Schüler?

_____

_____

Autor: Michael Strangmann

Gemeinsam – zusammen – miteinander

Name: Klasse: Datum:

Beobachtungsbogen: Diskussionsleiter/-in

Der Beobachtungsbogen hilft euch dabei, die Diskussionsleitung zu beurteilen.

1 Ihr habt die Diskussion in der Klasse vorbereitet und eine Diskussionsleitung gewählt. Jetzt kannst du den Namen in das Feld „Beobachtungsbogen für …" eintragen.

2 Verfolge nun die Diskussion aufmerksam und beobachte genau, wie sich die Diskussionsleiterin / der Diskussionsleiter verhält. Mit Hilfe des Beobachtungsbogens kannst du einzelne Aspekte einer Moderation bewerten. Kreuze an.

Beobachtungsbogen für				
Ablauf der Diskussion				
	ja		**nein**	
• legt vor der Diskussion fest, wer das Protokoll schreibt	❑		❑	
• eröffnet das Gespräch und begrüßt die Teilnehmer	❑		❑	
• beendet das Gespräch und fasst die Diskussion zusammen	❑		❑	
	ja/immer	**oft**	**selten**	**gar nicht**
• notiert sich Wortmeldungen	❑	❑	❑	❑
• erteilt das Wort in der richtigen Reihenfolge	❑	❑	❑	❑
• bezieht schweigsame Teilnehmer mit ein	❑	❑	❑	❑
• greift ein, wenn Gesprächsregeln verletzt werden	❑	❑	❑	❑
• achtet auf die Zeit	❑	❑	❑	❑
Sprache und Ausdruck				
• spricht laut und deutlich	❑	❑	❑	❑
• bleibt sachlich	❑	❑	❑	❑
• ist ruhig und höflich	❑	❑	❑	❑
Mimik und Gestik				
• schaut den jeweiligen Redner an	❑	❑	❑	❑

Gesichtsausdruck (mehrere Kreuze möglich)

❑ neutral   ❑ interessiert   ❑ freundlich   ❑ zustimmend   ❑ abwesend   ❑ genervt

Körperhaltung (mehrere Kreuze möglich)

❑ offen   ❑ gelassen   ❑ selbstsicher   ❑ ruhig   ❑ ablehnend   ❑ nervös   ❑ unsicher

Was ist besonders gut gelungen? Was könnte noch besser gemacht werden?

_____

_____

_____

Autorin: Tanja Pres

Name:	Klasse:	Datum:

Beobachtungsbogen: Diskussionsteilnehmer/-in

Der Beobachtungsbogen hilft euch dabei, den Diskussionsteilnehmer zu beurteilen.

1 Lege fest, welchen Diskussionsteilnehmer du beobachten willst, und trage den Namen in das Feld „Beobachtungsbogen für …" ein. Verfolge die Diskussion aufmerksam und bewerte das Gesprächsverhalten des Teilnehmers mit Hilfe des Bogens. Kreuze an.

Beobachtungsbogen für _____	ja/immer	oft	selten	gar nicht
Diskussionsverhalten				
• wartet, bis sie/er an der Reihe ist	❏	❏	❏	❏
• hört aktiv zu	❏	❏	❏	❏
• schaut die anderen Redner an	❏	❏	❏	❏
• beachtet die Gesprächsregeln	❏	❏	❏	❏
Inhalt der Beiträge				
• geht auf die Beiträge der Vorredner ein	❏	❏	❏	❏
• begründet die eigene Meinung	❏	❏	❏	❏
• verwendet Beispiele und Erläuterungen	❏	❏	❏	❏
• überzeugt die anderen Teilnehmer	❏	❏	❏	❏
Sprache und Ausdruck				
• spricht laut und deutlich	❏	❏	❏	❏
• ist sachlich	❏	❏	❏	❏
• bleibt ruhig und höflich	❏	❏	❏	❏
• drückt Zustimmung oder Ablehnung aus	❏	❏	❏	❏
Mimik und Gestik				

Gesichtsausdruck (mehrere Kreuze möglich)

❏ neutral   ❏ interessiert   ❏ freundlich   ❏ zustimmend

❏ ablehnend   ❏ gelangweilt   ❏ abwesend   ❏ genervt

Körperhaltung (mehrere Kreuze möglich)

❏ offen   ❏ gelassen   ❏ selbstsicher   ❏ ruhig

❏ unsicher   ❏ ungeduldig   ❏ ablehnend   ❏ nervös

Was ist besonders gut gelungen? Was könnte noch besser gemacht werden?

_____

_____

_____

Autorin: Tanja Pres

Sich verständigen – sich verstehen (Schülerbuch S. 28–41)

Interkulturelle Grunderfahrung

- Kommunikation (Benutzung von Zeichensystemen)

Kompetenzschwerpunkte

- **Nonverbale Formen der Kommunikation verstehen**
- **Formen der Kommunikation in Gesprächen anwenden und bewerten**

Materialien und Differenzierung im Überblick

Unterrichtsverlauf	Lernziele und Kompetenzen	Schülerbuch	Servicepaket	Arbeitsheft
Einstieg (Klassengespräch)	*Vorwissen aktivieren, mit anderen über die Bedeutung von Gestik und Mimik sprechen*	S. 28–29		
Erarbeitung I	Ohne Worte „sprechen" *Körpersprache beschreiben, Gestik und Mimik beschreiben, Gefühle pantomimisch darstellen, einordnen und bewerten*	S. 30–31	Arbeitsblatt 11: Sich verständigen – ohne Worte Arbeitsblatt 12: Zeichen verstehen und deuten Arbeitsblatt 14: Sportarten und ihre Zeichen (DaZ)	
Erarbeitung II	Die Meinung ohne Worte zeigen *Körpersprache, Mimik und Gestik beschreiben, nonverbale Signale im Text analysieren und deuten, ein Rollenspiel mit Regieanweisungen aufschreiben, vorspielen und auswerten, Elemente von gelungener Kommunikation erkennen, Bedingungen für erfolgreiche Gruppenarbeit identifizieren*	S. 32–35	Arbeitsblatt 13: Gemeinsam arbeiten Arbeitsblatt 14: Sportarten und ihre Zeichen (DaZ) Arbeitsblatt 15: Checkliste: Regeln für die Gruppenarbeit (CD-ROM)	

Cornelsen

Doppel-Klick 36
⇨ SB, S. 28–41

Unterrichtsverlauf	Lernziele und Kompetenzen	Schülerbuch	Servicepaket	Arbeitsheft
Extra Sprache I und II	Gefühle mit Worten ausdrücken, bildhafte Sprache verstehen Gefühle in einem Gedicht analysieren und pantomimisch darstellen, ein Gedicht laut vorlesen, Gefühlen Wörter und Wortgruppen zuordnen, Gefühle in sprachlichen Bildern deuten, Geschichten zu sprachlichen Bildern schreiben, weitere sprachliche Bilder sammeln und erklären	S. 36–37		
Teste dich!	Sich verständigen Mimik und Gestik beschreiben, ein Rollenspiel vorbereiten, durchführen und auswerten	S. 38	Arbeitsblatt 13: Gemeinsam arbeiten Lernbegleitbogen (CD-ROM)	
Training zum Fördern	☉ Sich verständigen einen Text mit dem Textknacker lesen, Mimik, Gestik und Betonung üben	S. 39		
Training zum Fordern	● Sich verständigen Fragen zum Text stellen und beantworten, Inhalte zusammenfassen, Gefühle durch Mimik, Gestik und Tonlage ausdrücken, über Doppeldeutigkeit nachdenken, Gebärdensprache üben	S. 40–41		

Methoden

- **Beobachtungen beschreiben und analysieren**
- **Szenische Spiele durchführen**
- **Rollenspiel durchführen**
- **Pantomime**

Seitenübersicht

S. 28 Eingangsseite	S. 29 Eingangsseite
Sich verständigen – sich verstehen *Fotos: Schülerinnen und Schüler beim Gestikulieren*	**Sich verständigen – sich verstehen** • Gestik und Mimik beschreiben • über mögliche Situationen spekulieren • die Bedeutung von Körpersprache erkennen
S. 30 Erarbeitung I	**S. 31 Erarbeitung I**
Ohne Worte „sprechen" *Fotos: Körpersprache von Schülerinnen und Schülern* • Körpersprache beschreiben ⊙ • Wirkung von Gestik und Mimik beschreiben ● • Gefühle pantomimisch darstellen ஃ	**Ohne Worte „sprechen"** *Fotos: Körpersprache von Schülerinnen und Schülern* • Körpersprache beschreiben ⊙ ஃ • Mimik und Gestik beschreiben und in einen Kontext einordnen ● ஃ • Situationen pantomimisch darstellen und das Spiel bewerten ஃ
S. 32 Erarbeitung II	**S. 33 Erarbeitung II**
Die Meinung ohne Worte zeigen *Foto: Körpersprache von Schülerinnen und Schülern* *Text: Gruppenarbeit ist ganz schön schwer* • Körpersprache, Mimik und Gestik beschreiben	**Die Meinung ohne Worte zeigen** *Text: Gruppenarbeit ist ganz schön schwer (Fortsetzung)* • nonverbale Signale im Text analysieren und deuten ஃ
S. 34 Erarbeitung II	**S. 35 Erarbeitung II**
Die Meinung ohne Worte zeigen • einen Text mit verteilten Rollen lesen ஃ • nonverbale Signale im Text analysieren und deuten ஃ • ein Rollenspiel vorbereiten und durchführen; dabei auf Mimik, Gestik und Betonung achten ஃ • das Rollenspiel auswerten ஃ	**Die Meinung ohne Worte zeigen** • ein eigenes Gespräch mit Regieanweisungen aufschreiben, vorspielen und auswerten ஃ • Elemente von gelungener Kommunikation erkennen ⊙ • ein Plakat mit Gruppenregeln gestalten
S. 36 Extra Sprache I	**S. 37 Extra Sprache II**
Gefühle mit Worten ausdrücken *Wunder des Alltags (Gedicht)* • Gefühle in einem Gedicht analysieren • ein Gedicht pantomimisch darstellen • ein Gedicht betont und mit der entsprechenden Gestik und Mimik laut vorlesen ⊙ ஃ • Gefühlen Wörter und Wortgruppen zuordnen ●	**Bildhafte Sprache verstehen** *Illustrationen: Gefühle* • Gefühle zuordnen ⊙ • sprachliche Bilder deuten ● • Emotionen in sprachlichen Bildern analysieren • eine Reizwortgeschichte zu einem sprachlichen Bild schreiben ● • weitere sprachliche Bilder beschreiben und in der Klasse vorstellen ஃ
S. 38 Teste dich!	**S. 39 Fördern**
Sich verständigen *Fotos: Gestikulierende Schülerinnen und Schüler* • Mimik und Gestik beschreiben • ein Rollenspiel vorbereiten, durchführen und auswerten ஃ ஃ	**Sich verständigen** *Text: Sich verständigen – mit und ohne Worte* • einen Text mit dem Textknacker lesen ⊙ ஃ • Mimik, Gestik und Betonung üben ⊙

Seitenübersicht

S. 40 Fordern	S. 41 Fordern
Sich verständigen *Text: Sich verständigen – mit und ohne Worte* • Fragen zu einem Text stellen und beantworten ● ᏚᏚ • den Inhalt eines Textes zusammenfassen ● • unterschiedliche Gefühle durch Mimik, Gestik und Tonlage ausdrücken ● • über Doppeldeutigkeit nachdenken ● ᏚᏚ	**Sich verständigen** *Text: Sich verständigen – mit und ohne Worte (Fortsetzung)* • Fragen zum Inhalt des Textes beantworten ● • über ein Thema recherchieren ● • Gebärdensprache üben ●

Sich verständigen – ohne Worte

Menschen können sich auch ohne Worte miteinander verständigen.

1   **a.** Sieh dir im Schülerbuch auf der Seite 141 die Darstellung von Buchstaben aus dem Fingeralphabet an.

       b. Buchstabiere folgende Wörter mit den abgebildeten Buchstaben des Fingeralphabets einem Mitschüler.

– EICHE	– EI	– ICH
– ZEICHEN	– NEIN	– HEINZ

Man kann seine Gedanken, Wünsche oder Gefühle ohne Wörter nur mit seinem Körper ausdrücken.

2   Verbinde jedes Foto mit der passenden Bedeutung.

„Ich möchte schlafen!"

„Komm her!"

„Sei leise!"

„Stopp!"

„Du spinnst!"
(Achtung! In der Türkei bedeutet das Zeichen: „Du bist clever!".)

Jürgen Kirchmann, Lübeck

Cornelsen   Autor: Jürgen Kirchmann

Name: Klasse: Datum:

Zeichen verstehen und deuten

Auch Schilder auf der Straße oder in Gebäuden sind Zeichen.
Auch wenn du die Schilder nicht kennst.

1 Die Bedeutung der Schilder könnt ihr auch durch Gestik und Mimik darstellen.
– Wählt jeweils ein Schild aus.
– Stellt die Bedeutung des Schildes durch Gestik und Mimik dar. Die Klasse rät.
– Gebt auch anschließend Feedback: Was konnte man gut erkennen?
   Was müsste deutlicher dargestellt werden?

2 a. Worauf weisen die Schilder hin? Ergänze zu jedem Schild den ersten Satz.
b. Wo könnten die Schilder stehen? Ergänze jeweils den zweiten Satz.
   Tipp: Die Wörter und Wortgruppen aus den Kästen helfen dir.

1    **2**    **3**    **4**    **5**

© Shutterstock/
Schotti U   © Fotolia/
de.photographie   © Fotolia/
markus_marb   © Fotolia/euthymia   © Fotolia/
markus_marb

1 Hier ist ein Parkplatz für Wanderer.

Das Schild steht an Parkplätzen im Wald oder in den Bergen.

mit der Rolltreppe nach oben
verkehrsberuhigter Bereich
Rauchen verboten
ein Parkplatz für Wanderer
getrennter Rad- und Fußweg

2 Hier ist _____.

Das Schild könnte _____

oder _____ hängen.

in einem Einkaufszentrum
im Kino
im Restaurant
am Radweg
in einer Spielstraße
an Parkplätzen im Wald oder
in den Bergen

3 Hier kann man _____

_____ fahren.

Das Schild könnte _____

_____ hängen.

4 Hier ist ein _____

_____.

Das Schild könnte _____ stehen.

5 Hier ist ein _____.

Das Schild steht _____.

Autoren: Werner Bentin, Imke Schmidt

Name: Klasse: Datum:

Gemeinsam arbeiten

Gruppenarbeit ist nicht immer einfach. Wie lässt sie sich verbessern?

1 Die Körperhaltung und der Gesichtsausdruck verraten viel darüber,
wie sich jemand fühlt.
   a. Sieh dir die Schülerinnen und Schüler auf der Zeichnung an.
   b. Lies die Sätze in den Gedankenblasen.
   c. Verbinde die Sätze mit den passenden Schülerinnen und Schülern.

2 Wie lässt sich die Gruppenarbeit verbessern?
   a. Lies die Stichworte im Kasten.
   b. Schreibe passende Empfehlungen für die Schülerinnen und Schüler.

> ein Wörterbuch benutzen • andere nicht ablenken •
> mit der Gruppe zusammenarbeiten

Für Paul: _Du solltest_ _____ .

Für Jasmin und Tarek: _Ihr dürft_ _____ .

Für Micha: _Du kannst_ _____ .

Autorin: Heidi Pohlmann
Illustrator: Rüdiger Trebels, Düsseldorf

Name: Klasse: Datum:

Sportarten und ihre Zeichen

Jede Sportart wird durch ein bestimmtes Zeichen dargestellt.

1   Verbinde die Sportzeichen mit der jeweils passenden Sportart.

| Fußball |
| Skilanglauf |
| Handball |
| Laufen |
| Fechten |

2   **a.** Überlege dir 2 weitere Sportzeichen.
       b. Zeichne die beiden Sportzeichen in die freien Kästchen.
       c. Schreibe die Sportart darunter.

Name:	Klasse:	Datum:

Checkliste: Regeln für die Gruppenarbeit

**Mit einer Checkliste kannst du überprüfen,
ob du bei der Gruppenarbeit an alles gedacht hast.**

1 Schreibe eine Checkliste zur Gruppenarbeit.

    a. Lies die Arbeitstechnik „Regeln für die Gruppenarbeit".

    b. Schreibe zu jedem Schritt Checkfragen in die Liste.

> **Regeln für die Gruppenarbeit**
> - Jedes Mitglied erhält eine Aufgabe.
> - Alle arbeiten gemeinsam.
> - Jedes Mitglied arbeitet mit jeder/jedem zusammen.
> - Keine/keiner lenkt die Gruppe ab.
> - Keine/keiner meckert über ihre/seine Aufgabe.

Checkliste: Regeln für die Gruppenarbeit	ja	nein
Habe ich eine Aufgabe erhalten?	☐	☐
Habe ich	☐	☐
	☐	☐
	☐	☐
	☐	☐

2 Überprüfe deine Gruppenarbeit mit Hilfe der Checkliste.

Autorin: Heidi Pohlmann

Wasser ist Leben (Schülerbuch S. 42–59)

Interkulturelle Grunderfahrung

- **Umwelt**
- **Norm- und Wertorientierung**
- **Ethische Grundprinzipien**

Kompetenzschwerpunkte

- **Sachtexte und Grafiken verstehen**
- **Meinungen schriftlich begründen**

Materialien und Differenzierung im Überblick

Unterrichtsverlauf	Lernziele und Kompetenzen	Schülerbuch	Servicepaket	Arbeitsheft
Einstieg (Klassengespräch)	Vorwissen aktivieren, mit anderen über Wasser und Wasserverbrauch sprechen	S. 42–43	🤝 Arbeitsblatt 16: Wie nutzt du Wasser? 🤝 Arbeitsblatt 17: Sich über Wasser informieren	
Erarbeitung I	Einen Sachtext verstehen Vermutungen über den Text anstellen, den Text überfliegen, Wortgruppen und Schlüsselwörter aufschreiben, unbekannte Wörter klären, den Begriff „virtuelles Wasser" kennen lernen, W-Fragen beantworten, Informationen sammeln und ordnen	S. 44–47	🤝 Arbeitsblatt 17: S ch über Wasser informieren ⁂ Arbeitsblatt 18: Einen Sachtext lesen 🤝 Arbeitsblatt 19: Einen Lückentext ausfüllen ⊙ Arbeitsblatt 20: Einen Sachtext erschließen ● Arbeitsblatt 21: Einen informierenden Text schreiben Arbeitsblatt 22: Verstecktes Wasser (DaZ) Arbeitsblatt 23: Vergleichen: Virtuelles Wasser in Produkten (DaZ)	⊙ ● S. 6–11: Einen Sachtext und eine Grafik verstehen

Cornelsen

Unterrichtsverlauf	Lernziele und Kompetenzen	Schülerbuch	Servicepaket	Arbeitsheft
Erarbeitung II	Eine Grafik verstehen *ein Diagramm einordnen und definieren, Informationen ordnen, ein Diagramm beschriften und bewerten, Bezug zur eigenen Lebensrealität herstellen, einen Informationstext schreiben, Bezug zwischen Text und Grafik herstellen*	S. 48–49	Arbeitsblatt 24: Eine Grafik erstellen (DaZ) Wasser ist alles – alles ist Wasser (editierbarer Schülerbuchtext, CD-ROM)	⊙ S. 6–11: Einen Sachtext und eine Grafik verstehen
Erarbeitung III	Mit einem Flyer Stellung nehmen *Meinungen mit Behauptung und Begründung formulieren, Vor- und Nachteile benennen, sich Gedanken über die Adressaten machen, Konjunktionen verwenden, einen Flyer am Computer gestalten*	S. 50–52		● S. 14: Meinungen äußern ⊙ ● S. 15–17: Eine Meinung in einer E-Mail begründen
Extra Sprache	Meinungen begründen *Behauptungen und Begründungen zuordnen und mit Konjunktionen verbinden*	S. 53		● S. 14: Meinungen äußern ⊙ ● S. 15–17: Teste dich! Eine Meinung in einer E-Mail begründen
Teste dich!	Einen Sachtext und eine Grafik verstehen *Überschriften zuordnen und Schlüsselwörter markieren, eine Grafik lesen, W-Fragen beantworten*	S. 54–55	Lernbegleitbogen (CD-ROM)	S. 12–13: Einen Text und eine Grafik verstehen
Training zum Fördern	⊙ Den Textknacker anwenden *einen Sachtext erschließen, den Begriff „Wasserfußabdruck" erklären*	S. 56		

Unterrichtsverlauf	Lernziele und Kompetenzen	Schülerbuch	Servicepaket	Arbeitsheft
Training zum Fordern	● Den Textknacker anwenden *einen Sachtext und eine Grafik er-schließen, den Begriff „Wasserfuß-abdruck" erklären, weiterführende Aufgabe zum Baumwollanbau in Usbekistan und Ägypten*	S. 57		
Probearbeit	Zu einer Textaussage Stellung nehmen *Internetartikel zum virtuellen Wasser lesen, einen Informationstext planen, schreiben und überprüfen*	S. 58–59 Fit für die Probe	Probearbeit 1: Stellur g nehmen Probearbeit 1: Diagnose und Auswertung	⊙ ● S. 15–17: Teste dich! Eine Meinung in einer E-Mail begründen
Hörverstehen	Einem Hörtext Informationen ent-nehmen		Hörtext 3 mit Übung: Hörverstehen: Einen Sachtext erschließen	

Methoden

- **Den Textknacker anwenden**
- **Grafiken erschließen**
- **Meinungen begründen**

Cornelsen

Doppel-Klick 47
⇨ SB, S. 42–59

Seitenübersicht

S. 42 Eingangsseite	**S. 43 Eingangsseite**
Wasser ist Leben *Fotos: Wasserverbrauch und Seen*	**Wasser ist Leben** • Bilder beschreiben • den eigenen Wasserverbrauch reflektieren • Informationen sammeln und ordnen
S. 44 Erarbeitung I	**S. 45 Erarbeitung I**
Einen Sachtext verstehen *Text: Wasser ist alles – alles ist Wasser* (Teil 1) • Vermutungen über den Text anstellen • den Text überfliegen, Wortgruppen aufschreiben ⊙	***Einen Sachtext verstehen*** *Text: Wasser ist alles – alles ist Wasser* (Teil 1, Fortsetzung)
S. 46 Erarbeitung I	**S. 47 Erarbeitung I**
Einen Sachtext verstehen *Text: Wasser ist alles – alles ist Wasser* (Teil 2) • den Text genau lesen, Schlüsselwörter aufschreiben • unbekannte Wörter aufschreiben ⊙ • unbekannte Wörter klären ᛥᛥ	**Einen Sachtext verstehen** *Arbeitstechnik: Einen Sachtext mit dem Textknacker lesen* • W-Fragen am Text beantworten ⊙ ● • Informationen sammeln und ordnen ⊙ • einen kurzen Text schreiben ●
S. 48 Erarbeitung II	**S. 49 Erarbeitung II**
Eine Grafik verstehen *Grafik: Der tägliche Wasserverbrauch pro Person 2015: 122 Liter* • ein Diagramm einordnen und definieren	**Eine Grafik verstehen** *Arbeitstechnik: Eine Grafik mit dem Textknacker lesen* • Informationen in einem Diagramm ordnen ⊙ • ein Diagramm beschriften • ein Diagramm bewerten und einen Bezug zur eigenen Lebensrealität herstellen ● • einen kurzen Informationstext schreiben • Bezug zwischen Text und Grafik herstellen ● ⊙ ᛥᛥ
S. 50 Erarbeitung III	**S. 51 Erarbeitung III**
Mit einem Flyer Stellung nehmen • eine Meinung mit Behauptung und Begründung formulieren ᛥᛥ	**Mit einem Flyer Stellung nehmen** • Vor- und Nachteile benennen und ergänzen ● ᛥ • sich Gedanken über die Adressaten machen ᛥ • Informationen sammeln ᛥ
S. 52 Erarbeitung III	**S. 53 Extra Sprache**
Mit einem Flyer Stellung nehmen • Konjunktionen verwenden ᛥ • Informationen sammeln ᛥ • Aufforderungssätze, Überschrift und einen Flyertext formulieren ᛥ • den Flyer gestalten ᛥ	**Meinungen begründen** • Behauptungen und Begründungen zuordnen und mit Konjunktionen verbinden • eigene Argumente mit Konjunktionen aufschreiben ●
S. 54 Teste dich!	**S. 55 Teste dich!**
Einen Sachtext und eine Grafik verstehen *Text: Gründe für den Wassermangel auf der Erde* • Überschriften zuordnen und Schlüsselwörter markieren	**Einen Sachtext und eine Grafik verstehen** *Grafik: Das Wasservorkommen auf der Erde im Jahr 2050* • eine Grafik mit dem Textknacker lesen • W-Fragen beantworten und wichtige Informationen zusammenfassen • die eigene Meinung formulieren

Seitenübersicht

S. 56 Fördern	S. 57 Fordern
Den Textknacker anwenden *Text: Der Wasserfußabdruck* • den Text mit dem Textknacker lesen und Schlüsselwörter erschließen ⊙ • Bedeutungen klären ⊙	**Den Textknacker anwenden** *Grafik: Vergleich Wasserfußabdruck Baumwolle in l/kg* • einen Text mit dem Textknacker lesen ● • W-Fragen beantworten und wichtige Informationen zusammenfassen ● • die Bedeutung von Fachbegriffen klären ●
S. 58 Fit für die Probe	**S. 59 Fit für die Probe**
Zu einer Textaussage Stellung nehmen *Text: Der Wasserfußabdruck: Virtuelles Wasser fließt in Strömen* • eine Aufgabenstellung erschließen • einen Internetartikel mit dem Textknacker lesen	**Zu einer Textaussage Stellung nehmen** *Text: Der Wasserfußabdruck: Virtuelles Wasser fließt in Strömen* • einen Informationstext planen, schreiben und mit der Checkliste überprüfen

Name: Klasse: Datum:

Wie nutzt du Wasser?

Wasser ist für uns Menschen lebensnotwendig. Wir benötigen es jeden Tag.

1 Wo und wofür verbrauchst du Wasser?
Fülle **einen Tag** lang das Protokoll aus.
Tipp: Schätze die verbrauchte Menge.

Wo?	Wofür?				geschätzte Menge		
	trinken	Körper-pflege	etwas ab-waschen	Sonstiges	wenig: ca. 0,2 Liter*	mittel: ca. 1 Liter*	viel: mehr als 1 Liter*

* **ca. 0,2 Liter:** 1 Glas

* **1 Liter:** z. B. Inhalt von einer Milchpackung

* **mehr als 1 Liter:** eine Toiletten-spülung ca. 7 Liter

Name:	Klasse:	Datum:

Sich über Wasser informieren

📖 **1** Wende den Schritt 4 vom Textknacker an:
Schlüsselwörter.

Wasser ist Leben

1 **Ohne Wasser** gäbe es **kein Leben** auf der Erde.

2 Für uns **Menschen** ebenso wie für **Tiere** und **Pflanzen** ist es

3 das **wichtigste Lebensmittel**.

4 Wir trinken es und wir benötigen Wasser, um **Nahrung**, **Güter** und

5 **Energie** zu erzeugen.

6 Das **Leben** selbst entwickelte sich im Wasser.

7 Unser **Körper** besteht je nach Lebensalter zu **50 bis 70 Prozen**t

8 daraus.

9 **Alle körperlichen Funktionen** sind an das Wasser gebunden.

10 Es ist **Lösungs-** und **Transportmittel im Körper** für **Nährstoffe**,

11 **Abbauprodukte** und **körpereigene Substanzen***.

12 Wasser hält den **Blutdruck** aufrecht und reguliert*

13 die **Körpertemperatur**.

14 Ebenso viel Wasser, wie wir durch Schwitzen und Ausscheidungen

15 abgeben, müssen wir wieder durch **Trinken** aufnehmen. Das sind

16 **täglich** ungefähr **zwei bis drei Liter**. Trinken wir zu wenig,

17 vermindert sich unsere körperliche und geistige Leistungsfähigkeit.

(nach: WasserWissen. Die wunderbare Welt des Wassers. Osnabrück. (Deutsche Bundesstiftung Umwelt) 2009)

50 % 70 % 100 %
(% = Prozent)

* **die Substanzen:**
die Stoffe
* **reguliert:**
regulieren: regeln

✏️ **2** **a.** Unterteile den Text in **3 Abschnitte**.
Markiere den **1. Abschnitt gelb**, den **2. Abschnitt blau** und
den **3. Abschnitt grün**.
b. Ordne nun den 3 Abschnitten jeweils eine passende Überschrift zu.
Schreibe vor den Überschriften den passenden Abschnitt (1., 2. oder 3.).

	Die Bedeutung von Wasser für den Körper
	Trinken ist lebensnotwendig
	Kein Leben ohne Wasser

Name: | Klasse: | Datum:

Einen Sachtext lesen

In diesem Sachtext erfährst du, wofür und wie viel Wasser genutzt wird.

1 Wende die Schritte 3 und 4 vom Textknacker an:
Abschnitte, Schlüsselwörter.

Vom Umgang mit dem Wasser

1 **1.** Eigentlich müsste unser Planet „Wasser" heißen. **Wasser kommt auf**
2 **der Erde in den unterschiedlichsten Formen vor:** Eisberge und
3 Gletscher, Flüsse, Seen und Ozeane, Grundwasser und Boden-
4 feuchtigkeit.
5 Als Wolken und Nebel oder als Regen und Schnee umgibt es uns, je
6 nach Jahreszeit und Wetter. Aber **nur ein winziger Teil** des Wassers
7 ist für uns Menschen **nutzbar**, denn 97,5 Prozent des Wassers sind
8 ungenießbares Salzwasser. Als **Trinkwasser** nutzbar ist nur das
9 Oberflächenwasser von Flüssen, Seen und ein kleiner Teil des
10 Grundwassers. Das ist **weniger als ein Hundertstel der gesamten**
11 **Süßwassermenge**.

12 **2.** Den **kleinsten Teil am gesamten Verbrauch** macht das von
13 **Haushalten genutzte Wasser** aus. Der **private Verbrauch** ist in den
14 letzten Jahren in Deutschland sogar **gesunken**. Zurzeit sind das etwa
15 126 Liter pro Person am Tag.
16 Ein Grund dafür ist, dass sich **moderne Technik** durchsetzte:
17 Bäder werden z. B. mit Wasser sparenden Armaturen und
18 Toilettenspülungen ausgestattet. Wir benötigen etwa 45 Liter am Tag für
19 die Körperpflege, 33 Liter für die Toilettenspülung, weitere 30 Liter zum
20 Wäschewaschen, Geschirrspülen und Putzen. Nur fünf Liter benötigen wir
21 zum Kochen und Trinken.

22 **3.** Tausende Liter **Wasser fließen** aber **im Verborgenen**.
23 Ob in Hamburgern, Autos, Jeans oder Papier – Wasser verbirgt sich
24 in fast allen Produkten.
25 Die **Menge an Wasser**, die nötig war, **um Produkte herzustellen**, nennt
26 man **virtuelles* Wasser**. Um unsere tägliche Nahrung herzustellen,
27 müssen 2.000 bis 5.000 Liter aufgewendet werden. Für andere Produkte
28 werden oft noch größere Mengen benötigt.

* **virtuell:** nicht wirklich vorhanden

29 **4.** Der **Süßwasseranteil** der Erde **schrumpft**, während der
30 **Wasserbedarf weltweit steigt**. Die **Verteilung des Süßwassers** auf der
31 Erde ist **nicht gleich**. In **Gebieten**, in denen es **nicht genügend regnet**,
32 fehlt es an Süßwasser. **Kriege um Wasser** könnten die Folge sein.
33 Auch die **Erderwärmung*** erschwert die **Verteilung** des Wassers.
34 **Wüsten** und andere trockene Regionen könnten sich weiter **ausdehnen**.
35 Steigende Temperaturen lassen **Gletscher** und **Eis schmelzen** und
36 den **Meeresspiegel ansteigen**.

* **die Erderwärmung:** Anstieg der Durchschnittstemperatur auf der Erde

Name: Klasse: Datum:

Einen Sachtext lesen

37 Einige **Küstengebiete** könnten dadurch ganz **überflutet** werden.

38 Das **geschmolzene Wasser** fließt **in die Meere** und verbindet sich mit

39 salzigem Meerwasser. Es muss dann **aufwändig** entsalzt **und als**

40 **Trinkwasser aufbereitet werden**. Daher müssen wir den kostbaren

41 Rohstoff* bewusst nutzen und dürfen ihn nicht verschwenden.

                                                     * **der Rohstoff:** ein Naturprodukt vor der Verarbeitung

42 **5. Was heißt es, Wasser bewusst zu nutzen?**

43 Es bedeutet, Wasser möglichst **schonend** zu **nutzen**, sodass es

44 im Klärwerk leicht gereinigt werden kann. Das heißt zum Beispiel,

45 **Reinigungsmittel sparsam zu verwenden und Farben,**

46 **Lösungsmittel* oder Medikamente nicht im Abfluss zu entsorgen,**

47 um die Gewässer zu schützen.

                                                     * **die Lösungsmittel:** teilweise giftige Stoffe

48 Auch zum **Wassersparen** kann jeder täglich beitragen. Hier sind einige

49 **Tipps zum umweltbewussten Umgang** mit dem Trinkwasser: **duschen**

50 statt baden, **Wasser** beim Einseifen **nicht unnötig laufen lassen, Obst**

51 und **Gemüse** in einer **Schüssel waschen** und das benutzte Wasser z. B.

52 zum Blumengießen verwenden.

*(nach: WasserWissen. Die wunderbare Welt des Wassers. Osnabrück. (Deutsche Bundesstiftung Umwelt) 2009.
Text gekürzt und vereinfacht)*

---

2 Wähle zu jedem Absatz eine passende Zwischenüberschrift aus.
Schreibe sie untereinander in dein Heft.
Tipp: Du kannst dir auch selbst Überschriften überlegen.

Der private Wasserverbrauch	Das Wasservorkommen auf der Erde
Das virtuelle Wasser	Tipps zum Umgang mit dem Wasser

Die Verteilung des Süßwassers

---

3 Schreibe die Nummer des passenden Absatzes an die Bilder.
Tipp: Zu einem Abschnitt passen 3 Bilder.

*Anatolly Meshkov/
de.fotolia.com*

WK/de.fotolia.com

SyB/de.fotolia.com

Gina Sanders/de.fotolia.com

Autor: Jürgen Kirchmann

Name:	Klasse:	Datum:

Einen Lückentext ausfüllen

**Du hast auf dem Arbeitsblatt 18 schon viel über das Wasser erfahren.
Das hilft dir beim Ausfüllen der Lücken.**

1 **a.** Lies den Lückentext.
b. Trage die fehlenden Wörter vom Rand ein.

Vom Umgang mit dem Wasser

Nur ein winziger Teil des Wassers auf der Erde ist für uns Menschen

_____. 97,5 Prozent des Wassers sind ungenießbares

_____. Als Trinkwasser nutzbar ist nur

das _____ von Flüssen, Seen und ein kleiner

Teil vom _____.

Den kleinsten Teil am gesamten Verbrauch macht das von

_____ genutzte Wasser aus. Der private Verbrauch

ist in den letzten Jahren in Deutschland sogar _____.

Ein Grund dafür ist die moderne _____.

Der Süßwasseranteil der Erde _____,

während der Wasserbedarf weltweit _____.

Die _____ des Süßwassers auf der Erde ist nicht gleich.

_____ um Wasser könnten die Folge sein.

Durch die _____ können sich _____ weiter ausdehnen,

Gletscher und Eis _____. Das geschmolzene Wasser fließt in die

_____ und verbindet sich mit _____ Meerwasser.

Wir müssen Wasser als kostbaren _____ bewusst nutzen und dürfen ihn

nicht _____.

Wüsten
Salzwasser
Kriege
Grundwasser
Meere
Haushalten
Erderwärmung
Rohstoff
Oberflächen-
wasser
Technik
Verteilung
steigt
schrumpft
schmelzen
verschwenden
gesunken
nutzbar
salzigem

 Autor: Jürgen Kirchmann

Doppel-Klick 54
⇨ SB, S. 42–59

Name: Klasse: Datum:

Einen Sachtext erschließen

**Mit dem Textknacker „knackst" du den Sachtext auf den folgenden Seiten
in wenigen Schritten.**

1. Schritt: Vor dem Lesen

1 Was erzählen dir die Bilder auf den Seiten 2 und 3?
Schreibe zu jedem Bild Stichworte auf. Achte dabei auch auf die Bildunterschrift.

Bild 1: _____

_____

Bild 2: _____

Bild 3: _____

2 a. Lies die Überschrift des Textes auf Seite 2.
b. Worum geht es vermutlich in dem Text? Schreibe einen Satz auf.

_____

_____

2. Schritt: Den Text überfliegen

3 a. Überfliege den Text auf den Seiten 2 und 3.
Du kannst dazu beim Lesen eine Schlangenlinie mit Bleistift
einzeichnen.
b. Decke den Text ab. An welche Wörter oder Wortgruppen
erinnerst du dich? Schreibe sie auf.

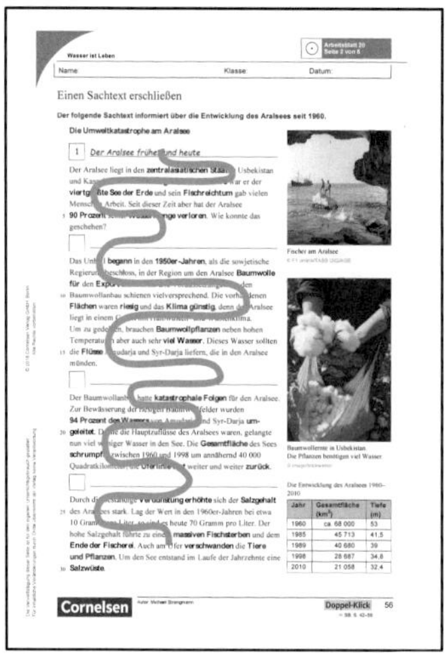

_____

_____

_____

_____

4 Was möchtest du aus dem Text erfahren? Schreibe zwei Fragen auf.

_____

_____

Name: Klasse: Datum:

Einen Sachtext erschließen

Der folgende Sachtext informiert über die Entwicklung des Aralsees seit 1960.

Die Umweltkatastrophe am Aralsee

 Der Aralsee früher und heute

Der Aralsee liegt in den **zentralasiatischen Staaten** Usbekistan
und Kasachstan. Noch **Anfang** der **1960er-Jahre** war er der
viertgrößte See der Erde und sein **Fischreichtum** gab vielen
Menschen Arbeit. Seit dieser Zeit aber hat der Aralsee
5 **90 Prozent** seiner **Wassermenge verloren**. Wie konnte das
geschehen?

Fischer am Aralsee
© F1 online/TASS UIG/AGE

Das Unheil **begann** in den **1950er-Jahren**, als die sowjetische
Regierung beschloss, in der Region um den Aralsee **Baumwolle
für** den **Export** anzubauen. Die Voraussetzungen für den
10 Baumwollanbau schienen vielversprechend. Die vorhandenen
Flächen waren **riesig** und das **Klima günstig**, denn der Aralsee
liegt in einem Gebiet mit Halbwüsten- und Wüstenklima.
Um zu gedeihen, brauchen **Baumwollpflanzen** neben hohen
Temperaturen aber auch sehr **viel Wasser**. Dieses Wasser sollten
15 die **Flüsse** Amudarja und Syr-Darja liefern, die in den Aralsee
münden.

Der Baumwollanbau hatte **katastrophale Folgen** für den Aralsee.
Zur Bewässerung der riesigen Baumwollfelder wurden
94 Prozent des Wassers von Amudarja und Syr-Darja **um-**
20 **geleitet**. Da sie die Hauptzuflüsse des Aralsees waren, gelangte
nun viel weniger Wasser in den See. Die **Gesamtfläche** des Sees
schrumpfte zwischen 1960 und 1998 um annähernd 40 000
Quadratkilometer, die **Uferlinie trat** weiter und weiter **zurück**.

Baumwollernte in Usbekistan.
Die Pflanzen benötigen viel Wasser.
© imago/blickwinkel

Durch die beständige **Verdunstung erhöhte** sich der **Salzgehalt**
25 des Aralsees stark. Lag der Wert in den 1960er-Jahren bei etwa
10 Gramm pro Liter, so sind es heute 70 Gramm pro Liter. Der
hohe Salzgehalt führte zu einem **massiven Fischsterben** und dem
Ende der Fischerei. Auch am Ufer **verschwanden** die **Tiere
und Pflanzen**. Um den See entstand im Laufe der Jahrzehnte eine
30 **Salzwüste**.

Die Entwicklung des Aralsees 1960–2010

Jahr	Gesamtfläche (km²)	Tiefe (m)
1960	ca. 68 000	53
1985	45 713	41,5
1989	40 680	39
1998	28 687	34,8
2010	21 058	32,4

 Autor: Michael Strangmann

Name: Klasse: Datum:

Einen Sachtext erschließen

Die Umweltkatastrophe am Aralsee (Fortsetzung)

Ehemalige **Hafenstädte** liegen heute mitten in der **Wüste**. Ende des Jahres 1989 **zerfiel** der See **in zwei Hauptteile**: den *Kleinen Aralsee* im Norden und den *Großen Aralsee* im Süden. Im Jahr 2000 teilte sich auch der südliche Teil in zwei Becken, die nur

35 noch an zwei Stellen verbunden waren. Ab 2005 verlandete der flachere **Ostteil** immer schneller, bis er im Jahr **2009 fast** vollständig **ausgetrocknet** war.

Der Aralsee heute
© laif/Polaris

Die Wüstenbildung **zerstörte** die **Lebensgrundlage** der Bevölkerung. Allein in der **Fischerei** gingen **60 000**

40 **Arbeitsplätze verloren**. Boote und Schiffe der Fischer liegen heute auf dem Wüstenboden, der einmal vom Wasser des Aralsees bedeckt war. Die frühere Hafenstadt Aralsk liegt inzwischen 100 Kilometer von der Küste entfernt. In den **Baumwollplantagen**[1] wurden zudem **Pestizide** eingesetzt, also

45 chemische Mittel gegen Pflanzenschädlinge, die mit dem Wind auch in die Wohngebiete gelangten. In der Region häuften sich **umweltbedingte Krankheiten**, die **Kindersterblichkeit erhöhte sich** durch vergiftete Nahrungsmittel und verseuchtes Trinkwasser.

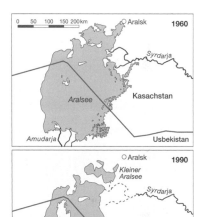

50 Die Austrocknung des Aralsees stellt eine der größten **durch** den **Menschen verursachten** Umweltkatastrophen dar. Der verantwortungslose Umgang mit dem Wasser führte zum langsamen Sterben des Sees und schadete langfristig allen dort lebenden Menschen. Und der Aralsee ist leider **kein Einzelfall**.

55 Weltweit werden 70 bis 90 Prozent des gesamten Wasserverbrauchs für die Landwirtschaft aufgewendet. Bei großen **Wasserprojekten** wird dabei oft nicht ausreichend an die **Auswirkungen** auf die Umwelt gedacht – mit katastrophalen Folgen. Diese von Menschen verursachten **Umweltzerstörungen**

60 bezeichnet man heute mit dem Begriff **Aralsee-Syndrom**[2].

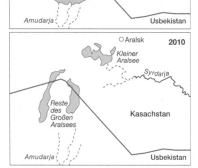

Die Veränderung des Aralsees
1960 bis 2010

---

[1] die Plantage: eine größere Anpflanzung
[2] das Syndrom: ein umfassendes Krankheitsbild, das sich aus verschiedenen Krankheitszeichen zusammensetzt

Autor: Michael Strangmann
Illustrator Karten: Volkhard Binder, Berlin

Doppel-Klick   **57**
⇨ SB, S. 42–59

Name:	Klasse:	Datum:

Einen Sachtext erschließen

3. Schritt: Den Text genau lesen

5 **a.** Lies den Sachtext „Die Umweltkatastrophe am Aralsee" als Ganzes.

b. Worum geht es in dem Text? Schreibe Sätze mit den folgenden Wortgruppen auf.

> Baumwollanbau • Austrocknen des Sees • Folgen für Menschen und Tiere • Wasserverwendung

_____

_____

_____

6 **a.** Nummeriere die Absätze im Text. Trage die Ziffer in das jeweilige Kästchen ein.

b. Was erfährst du in den Absätzen? Schreibe über jeden Absatz
eine passende Überschrift. Wähle aus.

> Der Aralsee früher und heute • Das Austrocknen des Sees • Das Aralsee-Syndrom •
> Beginn des Baumwollanbaus • Die Bewässerung der Felder • Folgen für die Bevölkerung •
> Entstehung der Salzwüste

7 Im Text sind ⌇ Schlüsselwörter hervorgehoben. Schreibe sie zu jedem Absatz auf.

1. Absatz: zentralasiatischen Staaten, Anfang 1960er-Jahre, viertgrößte See der

Erde, _____

2. Absatz: _____

_____

3. Absatz: _____

_____

4. Absatz: _____

_____

5. Absatz: _____

_____

6. Absatz: _____

_____

7. Absatz: _____

_____

Autor: Michael Strangmann

Doppel-Klick 58
⇨ SB, S. 42–59

Name: Klasse: Datum:

Einen Sachtext erschließen

8 In Zeile 60 findest du den Begriff „Aralsee-Syndrom". Das Fremdwort „Syndrom" wird im Text erklärt. Erkläre mit eigenen Worten, was mit dem zusammengesetzten Begriff „Aralsee-Syndrom" gemeint ist.

Als „Aralsee-Syndrom" bezeichnet man _____

_____

_____

9 **a.** Sieh dir die Tabelle unten auf Seite 2 an.
    b. Nenne das Thema der Tabelle in einem Satz. Lies dazu auch die Spaltenüberschriften.

Die Tabelle zeigt _____

_____

10 Welche Entwicklungen kannst du aus der Tabelle von Seite 2 ablesen? Kreuze an.

Die Gesamtfläche des Aralsees hat sich von 1960 bis 2010 …

❏ … um ungefähr 25 000 km² verkleinert.   ❏ … um ungefähr 47 000 km² vergrößert.
❏ … um ungefähr 47 000 km² verkleinert.   ❏ … weder verkleinert noch vergrößert.

11 Die drei Karten auf Seite 3 veranschaulichen die Informationen aus dem Text. Beantworte die folgenden Fragen.
    a. Was ist das Thema der Karten?

Die drei Karten zeigen _____

_____

    b. Wie hat sich die Fläche des Aralsees in den Jahren von 1960 bis 2010 verändert? Du kannst die Wörter vom Rand verwenden.

_____

_____ | geschrumpft
geteilt
verbunden
ausgetrocknet

_____

    c. Was hat sich an der Lage der Stadt Aralsk geändert? Schreibe ein bis zwei Sätze auf.

_____

_____

Autor: Michael Strangmann

Doppel-Klick   **59**
⇨ SB, S. 42–59

Name:	Klasse:	Datum:

Einen informierenden Text schreiben

Der folgende Sachtext informiert über die Entwicklungen am Aralsee. Du schreibst mit Hilfe des Textes, des Bildes und der Tabelle einen informierenden Text.

1 Lies den folgenden Text mit Hilfe des Textknackers. Schaue dir vorher die Überschrift und die Karte an. Schreibe auf, worum es in dem Text gehen könnte.

_____

_____

Wunder in der Wüste – der Aralsee kehrt zurück   _Peter Leonard_

Der Aralsee hatte nach diversen Umweltsünden
90 Prozent seiner Wassermenge verloren. Jetzt bewirkt
ein kleiner Staudamm große Wunder: Wasser aus dem
Zufluss Syr-Darja erweckt zumindest den kasachischen[1]

5 Teil des Sees wieder zum Leben. Hechte und Karpfen
zeugen von neuer Hoffnung. […]
Einst war er das viertgrößte Binnengewässer der Erde.
Dann begann die sowjetische Regierung, seine Zuflüsse
abzuleiten und damit gigantische Baumwollplantagen zu

10 bewässern. Das Ergebnis: Der Aralsee verlor 90 Prozent
seiner Wassermenge und zerfiel in mehrere kleine Teile. […]
Selbst heute […] ist das Unheil bei Weitem noch nicht gestoppt. Satellitenfotos zeigen, dass ein
Teil des Sees allein in den vergangenen drei Jahren um 80 Prozent geschrumpft ist. Usbekistan,
zu dem drei Viertel des Aralsees gehören, hat aufgegeben. Kasachstan versuchte in seinem Teil

15 die Rettung, mit durchschlagendem Erfolg. Ein seit 2001 mithilfe der Weltbank für 88 Millionen
Dollar errichteter Damm zweigt kostbares Wasser aus dem Zufluss Syr-Darja ab, statt es sinnlos
nach Süden rinnen zu lassen, und erweckt allmählich den kasachischen Teil des Sees wieder zum
Leben.
Die einstige Hafenstadt Aral lag zum Schluss 100 Kilometer weit landeinwärts. Jetzt ist

20 der Wassersaum[2] schon wieder bis auf 25 Kilometer herangerückt und dürfte nach Schätzung
der Weltbank in sechs Jahren den Hafen erreicht haben. […]
Der Kokaral-Staudamm […] ist in kaum einer Minute überquert, doch seine Wirkung ist immens.
Der steigende Wasserstand hat das Klima merklich abgekühlt und die Salzkonzentration im See
so weit verdünnt, dass wieder Süßwasserfische darin gedeihen. Der Fang steigt beständig an.

25 Die Anwohner, die seit den 1960er-Jahren vor der Ödnis, dem Salzstaub und der Arbeitslosigkeit in
die Städte geflüchtet waren, haben wieder die Chance auf ein Auskommen.
Das Wunder ist klein verglichen mit dem Schaden, der vielleicht nie mehr rückgängig zu machen
ist. Usbekistan hält am einträglichen Baumwollanbau fest und will zudem unter dem trocken-
gefallenen See nach Erdöl und Gas bohren.

(aus: Welt-Online vom 01.11.2009. Online unter: http://www.welt.de/wissenschaft/article5029503/
Wunder-in-der-Wueste-der-Aralsee-kehrt-zurück.html (gekürzt und verändert))

Der Kokaral-Damm verhindert das Abfließen
des Wassers aus dem kleinen Aralsee.

_____

[1] kasachisch: zu Kasachstan gehörend
[2] der Wassersaum: der Rand des Wassers

Autor: Michael Strangmann
Illustrator Karte: Werner Wildermuth, Würzburg

Name: Klasse: Datum:

Einen informierenden Text schreiben

Eine Frau aus Kasachstan berichtet 2014 über den Dammbau zur Rettung des nördlichen Teils des Aralsees:

„Der Kokaral-Damm hat uns sehr geholfen. Ein kleiner Teil des Sees scheint nun gesichert zu sein, der Wasserstand sinkt nicht weiter. Allerdings müssen, damit der nördliche Teil des Aralsees seine frühere Fläche zurückerhält, weitere Maßnahmen getroffen werden. Zum Beispiel könnte der bestehende Kokaral-Damm um einige Meter erhöht werden, damit der Wasserspiegel insgesamt
5 steigt. Diese Maßnahme ist aber nicht unumstritten, nicht alle glauben daran, dass dies den erhofften Erfolg bringt. Andere befürworten daher die Errichtung eines zweiten Dammes, der das nördliche Becken noch einmal abtrennt, das dann mit Hilfe eines ebenfalls neuen Kanals bewässert werden könnte. Das wäre aber noch einmal deutlich teurer. Manche fragen sich daher, ob es sich wirklich lohnt, das Geld dafür auszugeben. Selbst wenn man den zweiten Damm und den Kanal sofort bauen
10 würde, würde es mehrere Jahre dauern, bis sich das nördliche Becken wieder mit Wasser füllt. Die Menschen, die in dieser Region wohnen, hätten also nicht sofort einen Nutzen davon."

Du kannst nun für eine Projektarbeit zum Thema „Aralsee" einen informierenden Text über das *Problem* und den in den Texten genannten *Lösungsansatz* für die Schulhomepage schreiben.

2 Du möchtest Eltern und Schüler über das Problem und die Lösungsmöglichkeit informieren. Unterstreiche wichtige Informationen im ersten Text.
Benutze für Informationen zum Problem Gelb, für Informationen zum Lösungsansatz Grün.

3 Der zweite Text informiert über den Aralsee ein paar Jahre später. Unterstreiche im Text wieder das dargestellte Problem und die unterschiedlichen Lösungsmöglichkeiten.
Benutze für Informationen zum Problem Gelb, für Informationen zum Lösungsansatz Grün.

4 Plane deinen Text. Beantworte dazu folgende Fragen. Arbeite nun auf einem extra Blatt.
   a. Wie könnte eine geeignete Überschrift für deinen Text aussehen?
   b. Schreibe eine geeignete Gliederung mit ca. vier bis fünf Schritten auf.

5 Welche Informationen geben die Karte von Seite 1 und die Tabelle von Seite 2 zusätzlich zu den Texten? Schreibe zwei Sätze auf.

6 Schreibe nun einen informierenden Text.
   a. Formuliere eine passende Überschrift.
   b. Verfasse eine Einleitung, die das zentrale Problem verdeutlicht und die zum Weiterlesen anregt.
   c. Verfasse den Hauptteil mit Hilfe der Gliederung aus Aufgabe 4.
      Verwende auch Informationen aus der Karte von Seite 1 und der Tabelle von Seite 2.
   d. Schreibe nun einen Schlusssatz, der deutlich macht, ob der Staudamm deiner Meinung nach zur Rettung des Aralsees ausreicht.

Wassermenge des Aralsees 1960–2010

Jahr	Volumen (km^3)[1]
1960	ca. 1040
1985	468
1989	181
2010	ca. 124

1 km^3: Ein Kubikkilometer ist ein Maß für das Volumen. 1 km^3 entspricht dem Volumen eines Würfels mit einem Kilometer Kantenlänge.

Name: Klasse: Datum:

Verstecktes Wasser

Tim hat täglich mit vielen Produkten zu tun.

der Döner:	die Tomate:	das T-Shirt:	die Packung Milch:
2465 Liter	13 Liter	4100 Liter	1000 Liter

1 Was hat Tim mit den Produkten
auf den Bildern zu tun?

a. Sieh dir die Bilder an.

b. Schreibe Sätze auf:
- Du kannst die Satzschalttafel verwenden.
- Du kannst auch eigene Sätze aufschreiben.

Tim Er	trägt kauft trinkt isst	einen/den Döner. ein/das T-Shirt. eine/die Tomate. eine/die Tüte Milch.

_____

_____

_____

_____

In allen Produkten stecken viele Liter Wasser. Man kann das Wasser nicht sehen.

2 Wie viele Liter Wasser stecken in jedem Produkt?

a. Sieh noch einmal unter den Bildern nach.

b. Schreibe Sätze zu den Produkten auf.

der Döner	→ in dem Döner
das T-Shirt	→ in dem T-Shirt
die Milch	→ in der Milch

In dem _____ *stecken* _____ *Liter Wasser.*

_____

_____

_____

Cornelsen

Autorin: Heidi Pohlmann
Illustrator: Rüdiger Trebels, Düsseldorf

Doppel-Klick   62
⇨ SB, S. 42–59

Name: Klasse: Datum:

Vergleichen: Virtuelles Wasser in Produkten

Tim vergleicht das virtuelle Wasser in verschiedenen Produkten.
Er staunt: Ein Ei enthält mehr virtuelles Wasser als eine Tomate!

| der Döner: | die Tomate: | das T-Shirt: | die Packung Milch: |
| 2465 Liter | 13 Liter | 4100 Liter | 1000 Liter |

| das Ei: | das Käsebrötchen: | der Hamburger: | die Tüte Chips: |
| 200 Liter | 142 Liter | 2400 Liter | 185 Liter |

1 a. Sieh dir die Informationen zu den verschiedenen Produkten an.
   b. Vergleiche: Welches Produkt enthält weniger oder mehr virtuelles Wasser?
      Streiche jeweils die falsche Antwort durch.

Ein Käsebrötchen enthält **weniger / mehr** virtuelles Wasser **als** ein T-Shirt.

Eine Tüte Chips enthält **weniger / mehr** virtuelles Wasser **als** ein Ei.

Ein Döner enthält **weniger / mehr** virtuelles Wasser **als** ein Käsebrötchen.

2 Vergleiche selbst verschiedene Produkte. Schreibe Sätze auf.

| mehr ... als |
| weniger ... als |

_____ *enthält* _____ *virtuelles Wasser* _____

_____ *eine Packung Milch.* _____ *enthält*

_____ *virtuelles Wasser* _____ *ein Ei.*

_____ *enthält* _____ *virtuelles Wasser* _____

_____

_____

Cornelsen
Autorin: Heidi Pohlmann
Illustrator: Rüdiger Trebels, Düsseldorf

Name:	Klasse:	Datum:

Eine Grafik erstellen

Wie viel virtuelles Wasser steckt in den verschiedenen Produkten?

1 Liter Milch: 1000 Liter	1 Kilo Käse: 5000 Liter
1 Kilo Schweinefleisch: 5000 Liter	1 Kilo Äpfel: 700 Liter
1 Jeans: 11000 Liter	1 Ei: 200 Liter

1 **a.** Sieh dir an, wie viel virtuelles Wasser in den Produkten steckt.

b. Beantworte die folgenden Fragen in ganzen Sätzen:

- Welches Produkt enthält am meisten virtuelles Wasser?
- Warum enthält 1 Kilo Schweinefleisch so viel Wasser?

_____

_____

_____

_____

2 Stelle den virtuellen Wasserverbrauch in einem Balkendiagramm dar:

- Schreibe die Produkte untereinander an den linken Rand.
- Ergänze an der unteren Achse die Literzahlen bis 11000 Liter.
- Ergänze die Balken für die Produkte in der richtigen Länge: 1 cm = 1000 Liter.
- Male die Balken farbig aus.

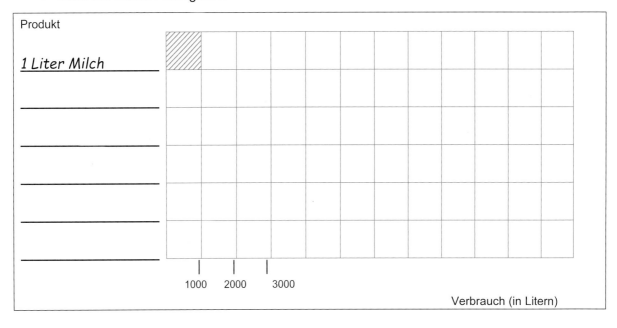

3 Schreibe zu deiner Grafik einen informierenden Text für die Schülerzeitung.

Name: Klasse: Datum:

Probearbeit: Stellung nehmen

**Ihr habt euch in der Klasse mit dem Thema „Umweltschutz im Alltag"
beschäftigt. Für eine Informationsbroschüre kannst du eine Stellungnahme
zur Verwendung von Plastiktüten schreiben.**

1 Lies den folgenden Sachtext.

Plastiktüten in Deutschland verbieten?

Kaum jemand weiß, dass es in einigen Ländern, zum Beispiel in Australien und
Bangladesch, ein generelles Verbot von Plastiktüten gibt. Auch andere Länder,
wie China und Großbritannien, tun etwas gegen den vielen Plastikmüll: Dort dürfen
Plastiktüten zumindest nicht mehr kostenlos abgegeben werden. Nun fragen sich viele,
5 warum nicht auch in Deutschland auf Plastiktüten beim Einkaufen verzichtet wird.
Ist den Menschen hierzulande die Plastiktüte wichtiger als der Umweltschutz?
Umweltschützer beklagen, dass eine Plastiktüte durchschnittlich nur eine halbe Stunde
lang benutzt wird, aber bis zu 400 Jahre braucht, um zu verrotten[1]. Und selbst dann
verschwindet sie nicht vollständig, sondern zerfällt in kleine Teile. Bei der Herstellung
10 wird Erdöl verbraucht, ein kostbarer, nicht nachwachsender Rohstoff. Viele Tiere,
darunter Wale und Robben, sterben, weil sie die Plastiktüten verschlucken.
Abwasserkanäle verstopfen, weil Plastiktüten achtlos weggeworfen werden.
Was spricht also gegen ein Verbot?
Plastiktüten bieten viele Vorteile: Sie sind preiswert, wasserdicht und stabil und haben
15 ein geringes Gewicht. Zu ihrer Herstellung werden nur wenige Chemikalien und relativ
wenig Energie benötigt. Viele Tüten werden mehrfach verwendet und anschließend
recycelt[2].
Das Umweltbundesamt möchte Plastiktüten nicht verbieten. Denn anders als in vielen
anderen Ländern wird in Deutschland der Müll, also auch die Plastiktüten, gesammelt
20 und recycelt. Selbst wenn sie einmal nicht in die Gelbe Tonne oder den Gelben Sack[3]
geworfen werden, landen sie nicht auf Deponien[4], sondern zusammen mit dem Restmüll
in der Müllverbrennungsanlage.
Dennoch empfiehlt das Umweltbundesamt für den Einkauf eine Einkaufstasche,
einen Rucksack oder einen Korb, die umweltfreundlicher als Wegwerftüten sind.
25 Dem Einzelhandel wird empfohlen, die Tüten nicht kostenlos abzugeben. Seit man
in den meisten Supermärkten die Tüten bezahlen muss, ging der Verbrauch
stark zurück.

2 Welche Argumente für und gegen ein Verbot von Plastiktüten werden
im Text genannt?

   a. Markiere die Argumente für und gegen ein Verbot mit unterschiedlichen
      Farben im Text.

     /10 P.

[1] verrotten: zerfallen
[2] recyceln: wiederverwenden
[3] Gelbe Tonne / Gelber Sack: Behälter zum Sammeln von Plastikmüll und anderen Recyclingstoffen
[4] die Deponie: der Abladeplatz für Müll

Name: Klasse: Datum:

Probearbeit: Stellung nehmen

b. Übertrage die Tabelle in dein Heft und ordne die Argumente
in die Tabelle ein.   ☐ /10 P.

c. Ergänze jeweils ein eigenes Argument für und gegen ein Verbot.   ☐ /2 P.

Argumente für ein Verbot	Argumente gegen ein Verbot
_____	_____

3 Wann und wozu benutzt du selbst Plastiktüten?
Was benutzt du statt einer Plastiktüte? Nenne einige Beispiele.   ☐ /2 P.

_____

_____

_____

4 Sollen Plastiktüten verboten werden?
Schreibe deine Meinung in einem Satz auf.   ☐ /1 P.

_____

_____

Für eure Broschüre „Umweltschutz im Alltag" sollst du den Beitrag schreiben.

5 Schreibe eine Stellungnahme.
Bist du für oder gegen ein Verbot von Plastiktüten?   ☐ /8 P.
 – Schreibe im Einleitungssatz, worum es geht und was dein Anliegen ist.
 – Formuliere deine Meinung und begründe sie mit überzeugenden Argumenten.
 – Führe einige Beispiele zu deinen Argumenten an.
 – Fasse am Ende dein Anliegen noch einmal zusammen.

6 Überprüfe und überarbeite deinen Text mit Hilfe der Checkliste.   ☐ /6 P.

Checkliste: Zu einer Textaussage Stellung nehmen	ja	nein
Habe ich den Artikel genau gelesen?	○	○
Habe ich wichtige Informationen entnommen?	○	○
Habe ich die wichtigsten Informationen in meinem Text dargestellt?	○	○
Habe ich meine Meinung aufgeschrieben und begründet?	○	○
Habe ich Beispiele aufgeschrieben?	○	○
Habe ich alles richtig geschrieben?	○	○

Gesamt:
☐ /39 P.

Autorin: Kathleen Breitkopf

Doppel-Klick   66

Name: Klasse: Datum:

Probearbeit: Eine Meinung schriftlich begründen

Diagnose und Auswertung

Aufgabe	Teilkompetenzen	Lösungen/Erwartungen	Diagnose
2 a	Argumente in einem Text heraussuchen	Argumente *für* ein Verbot: Plastiktüte nur eine halbe Stunde benutzt; 400 Jahre, um zu verrotten; verschwindet nicht vollständig; bei der Herstellung wird Erdöl verbraucht; Tiere sterben; Plastiktüten werden verschluckt; Abwasserkanäle verstopfen Argumente *gegen* ein Verbot: preiswert, wasserdicht und stabil; geringes Gewicht; Herstellung wenige Chemikalien und relativ wenig Energie; mehrfach verwendet, gesammelt, recycelt	Teilkompetenz erreicht ☐ teilweise erreicht ☐ nicht erreicht ☐
2 b	Argumente nach Pro und kontra in eine Tabelle einordnen	Argumente *für* ein Verbot: werden durchschnittlich nur eine halbe Stunde benutzt; verschwinden nicht vollständig; bei der Herstellung wird Erdöl verbraucht; Tiere können Plastiktüten verschlucken und daran sterben; Abwasserkanäle können verstopfen Argumente *gegen* ein Verbot: wasserdicht, stabil, geringes Gewicht; zur Herstellung werden nur wenige Chemikalien und wenig Energie benötigt; Plastiktüten sind mehrfach verwendbar und können recycelt werden	Teilkompetenz erreicht ☐ teilweise erreicht ☐ nicht erreicht ☐
2 c	Eigene Argumente finden	Argument *für* ein Verbot: Es sieht hässlich aus, wenn in der Gegend Plastiktüten herumliegen. Argument *gegen* ein Verbot: Es ist praktisch, dass es überall Plastiktüten gibt, wenn man seine Tasche vergessen hat.	Teilkompetenz erreicht ☐ teilweise erreicht ☐ nicht erreicht ☐
3	Beispiele zu einer Fragestellung finden	Plastiktüten: für Sportsachen, beim Einkaufen statt Plastiktüten: eine Brotbüchse für das Pausenbrot, ein Rucksack auf Ausflügen	Teilkompetenz erreicht ☐ teilweise erreicht ☐ nicht erreicht ☐
4	Die eigene Meinung formulieren	Ich finde nicht, dass Plastiktüten in Deutschland verboten werden sollen, weil sie sehr praktisch sind.	Teilkompetenz erreicht ☐ teilweise erreicht ☐ nicht erreicht ☐
5	Einen treffenden Einleitungssatz formulieren; die eigene Meinung formulieren, mit überzeugenden Argumenten die eigene Meinung begründen und Beispiele zu den Argumenten finden; eine präzise Zusammenfassung des Anliegens als Schluss entwickeln	Im folgenden Text möchte ich zu dem Thema, ob man Plastiktüten in Deutschland verbieten soll, Stellung nehmen. Ich bin der Meinung, dass Plastiktüten in Deutschland nicht verboten werden sollten. Plastiktüten haben viele Vorteile. Sie sind sehr preiswert, weshalb es nicht so schlimm ist, wenn eine Plastiktüte einmal kaputtgeht. Plastiktüten sind vor allem praktisch. Sie haben ein geringes Gewicht, sind stabil und wasserdicht. Deshalb eignen sie sich besonders gut, um nasse Badesachen zu transportieren. Für die Herstellung von Plastiktüten werden nur wenige Chemikalien und wenig Energie benötigt. Außerdem kann man Plastiktüten mehrfach verwenden und auch recyceln. Beispielsweise kann man in alten Plastiktüten Müll sammeln, bevor man ihn in die Mülltonne wirft. Deshalb bin ich dagegen, Plastiktüten in Deutschland zu verbieten.	Teilkompetenz erreicht ☐ teilweise erreicht ☐ nicht erreicht ☐
6	Den eigenen Text mit Hilfe einer Checkliste überprüfen und überarbeiten		Teilkompetenz erreicht ☐ teilweise erreicht ☐ nicht erreicht ☐

Cornelsen   Autorin: Kathleen Breitkopf   Doppel-Klick

Spiel mit! (Schülerbuch S. 60–75)

Interkulturelle Grunderfahrung

- **Freizeit**

Kompetenzschwerpunkte

- **Sachtexte verstehen**
- **Einen Vorgang beschreiben**

Materialien und Differenzierung im Überblick

Unterrichtsverlauf	Lernziele und Kompetenzen	Schülerbuch	Servicepaket	Arbeitsheft
Einstieg (Klassengespräch)	*Vorwissen aktivieren, mit anderen über das Spielen sprechen*	S. 60–61	⬤ Arbeitsblatt 25: Sich über Spiele verständigen	
Erarbeitung I	Einen Sachtext lesen *den Sachtext überfliegen, genau lesen und zusammenfassen, unbekannte Wörter klären, Fragen beantworten*	S. 62–63		
Erarbeitung II	Eine Spielanleitung verstehen *eine Spielanleitung verstehen und das Spiel ausprobieren, Internetrecherche zu Alternativnamen*	S. 64	Arbeitsblatt 30: Was kommt wohin? (DaZ)	
Erarbeitung III	Eine Spielanleitung schreiben und überarbeiten *eine Spielanleitung schreiben, prüfen und überarbeiten*	S. 65–67	⬤ Arbeitsblatt 26: Aufforderungssätze schreiben ⬤ Arbeitsblatt 27: Eine Spielanleitung schreiben ⊙ Arbeitsblatt 28: Eine Spielanleitung schreiben ⊙ Arbeitsblatt 29: Eine Spielekartei anlegen Arbeitsblatt 30: Was kommt wohin? (DaZ)	⊙ ⦿ S. 18–20: Eine Vorgangsbeschreibung planen ⦿ S: 21: Die Vorgangsbeschreibung schreiben und überarbeiten

Unterrichtsverlauf	Lernziele und Kompetenzen	Schülerbuch	Servicepaket	Arbeitsheft
Extra Sprache I und II	Das Passiv und den Imperativ verwenden *Verben ins Passiv setzen, Funktion des Passivs verstehen, ganze Sätze ins Passiv setzen, Formen des Imperativs bilden, aus Imperativformen Aufforderungssätze bilden*	S. 68–69	✪ Arbeitsblatt 26: Aufforderungssätze schreiben ✪ Arbeitsblatt 27: Eine Spielanleitung schreiben ⊙ Arbeitsblatt 28: Eine Spielanleitung schreiben ⊙ Arbeitsblatt 29: Eine Spielekartei anlegen	
Teste dich!	Eine Vorgangsbeschreibung überarbeiten *eine Spielanleitung überarbeiten und überprüfen, eine Checkliste schreiben*	S. 70	Lernbegleitbogen (CD-ROM)	
Training zum Fördern	⊙ Einen Vorgang beschreiben *ein Spiel beschreiben, einen Spielablauf chronologisch ordnen, einen Vorgang im Passiv beschreiben, die Rechtschreibung überprüfen, eine Spielanleitung vor der Klasse vorstellen*	S. 71–72	Arbeitsblatt 30: Was kommt wohin? (DaZ)	
Training zum Fordern	◉ Einen Vorgang beschreiben *Informationen über ein Spiel recherchieren, eine Spielanleitung im Passiv verfassen, die Anleitung in einer Schreibkonferenz überprüfen und überarbeiten, über weitere Spiele informieren*	S. 73	Arbeitsblatt 30: Was kommt wohin? (DaZ)	

Unterrichtsverlauf	Lernziele und Kompetenzen	Schülerbuch	Servicepaket	Arbeitsheft
Probearbeit	Einen Vorgang beschreiben *eine Aufgabenstellung erschließen, zu einem Spielfeld eine Anleitung schreiben, Stichpunkte sammeln, eine Spielanleitung schreiben und überprüfen*	S. 74–75 Fit für die Probe	Probearbeit 2: Eine Spielanleitung überarbeiten Probearbeit 2: Diagnose und Auswertung	

Methoden

- **Eine Spielanleitung schreiben**
- **Den Textknacker anwenden**

Seitenübersicht

S. 60 Eingangsseite	S. 61 Eingangsseite
Spiel mit! *Illustrationen mit Spielen* • Vorwissen aktivieren	**Spiel mit!** *Illustrationen* mit Spielen • Informationen ordnen • Spiele beschreiben und zuordnen
S. 62 Erarbeitung I	**S. 63 Erarbeitung I**
Einen Sachtext lesen *Text: Der Spiele-Erfinder Wolfgang Kramer* • Vermutungen über den Text anstellen und den Text überfliegen	**Einen Sachtext lesen** *Text: Der Spiele-Erfinder Wolfgang Kramer (Fortsetzung)* • den Text genau lesen und Überschriften aufschreiben • unbekannte Wörter klären ● • Fragen zum Text beantworten ⊙ • den Text zusammenfassen ●
S. 64 Erarbeitung II	**S. 65 Erarbeitung III**
Eine Spielanleitung verstehen *Text: Spielanleitung* • eine Spielanleitung verstehen ⊙ ஃ • sich im Internet informieren ⊙ ஃ	**Eine Spielanleitung schreiben** *Text: Spielanleitung* • ein Spiel mündlich beschreiben ஃ • Informationen ordnen ⊙
S. 66 Erarbeitung III	**S. 67 Erarbeitung III**
Eine Spielanleitung schreiben *Arbeitstechnik: einen Vorgang beschreiben* • einzelne Spielschritte beschreiben ⊙ und eine Anredeform auswählen • eine Spielanleitung schreiben, überprüfen und bearbeiten ஃ	**Eine Spielanleitung überarbeiten** *Text: Spielanleitung* • eine Spielanleitung in der Gruppe kritisieren und überarbeiten ஃ
S. 68 Extra Sprache I	**S. 69 Extra Sprache II**
Das Passiv verwenden *Text: Der Turm von Benares* • Verben im Passiv schreiben ⊙ • die Funktion des Passivs verstehen ● • ganze Sätze ins Passiv setzen	**Den Imperativ verwenden** *Text: Obstsalat – ein Bewegungsspiel* • unterschiedliche Formen des Imperativs bilden • aus unterschiedlichen Imperativformen Sätze bilden ●
S. 70 Teste dich!	**S. 71 Fördern**
Eine Vorgangsbeschreibung überarbeiten *Text: Adriannas Spielanleitung* • eine Spielanleitung überarbeiten und überprüfen ஃ • eine Checkliste schreiben	**Einen Vorgang beschreiben** • ein Spiel beschreiben ⊙ • einen Spielablauf chronologisch ordnen ⊙

Seitenübersicht

S. 72 Fördern	S. 73 Fordern
Einen Vorgang beschreiben • einen Vorgang im Passiv beschreiben ⊙ • die Rechtschreibung überprüfen und der Lerngruppe vorstellen ⊙	**Einen Vorgang beschreiben** • Informationen über ein Spiel recherchieren ⊙ • eine Spielanleitung im Passiv verfassen ⊙ • die Anleitung in einer Schreibkonferenz überprüfen und überarbeiten 🐾 ⊙ • über weitere Spiele informieren ⊙
S. 74 Fit für die Probe	**S. 75 Fit für die Probe**
Einen Vorgang beschreiben • eine Aufgabenstellung erschließen • zu einem Spielfeld eine Anleitung schreiben	**Einen Vorgang beschreiben** • Stichworte sammeln • eine Spielanleitung schreiben und überprüfen

Name:	Klasse:	Datum:

Sich über Spiele verständigen

Spiele gibt es weltweit. In den einzelnen Ländern haben gleiche Spiele oft unterschiedliche Namen.

1 **a.** Wie heißen die Spiele auf den Bildern?
Schreibe jeweils die passende Zahl in das Kästchen.

1 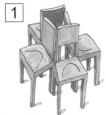 2 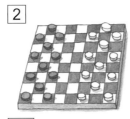 3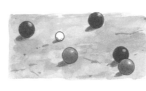

☐ Dame ☐ musical chair* ☐ Boccia**

*musical chair:
gesprochen:
mjusikel tscher

**Boccia:
gesprochen: botscha

b. Aus welchen Ländern stammen die Bezeichnungen der Spiele?
Schreibe das Spiel mit der passenden Länderbezeichnung in dein Heft.

→ Italien
Deutschland
England

2 Hier sind 3 Spielanleitungen durcheinandergeraten.
a. Wähle ein Spiel aus und kreuze die Sätze für das von dir ausgewählte Spiel an.
b. Schreibe die Spielanleitung vollständig in dein Heft.

☐	Beim **Stuhltanz** ordnet man Stühle im Kreis an. In jeder Runde steht ein Stuhl weniger, als es Mitglieder gibt.
☐	Beim **Boccia** geht es darum, seine eigenen Kugeln möglichst nah an eine kleinere Zielkugel zu werfen.
☐	Bei dem Brettspiel **Dame** hat ein Spieler die weißen Steine und der andere die schwarzen Spielsteine.

☐	Die Spielsteine können diagonal* gezogen werden.
☐	Wenn die Musik endet, muss sich jeder schnell auf einen freien Stuhl setzen. Wer übrig bleibt, scheidet aus.
☐	Man versucht, die gegnerischen Kugeln von der Zielkugel wegzuschießen.

☐	Ein Spiel geht bis 15 Punkte.
☐	Das Ziel des Spiels ist, dass der Mitspieler mit keinem seiner Spielsteine mehr ziehen kann.
☐	Das Spiel wird so lange wiederholt, bis ein Teilnehmer den letzten Stuhl erobert hat.

*diagonal:
von Ecke zu Ecke

Cornelsen   Autorinnen: Nina Bähnk, Barbara Maria Krüss
Illustrator: Thomas Binder, Magdeburg

Name: Klasse: Datum:

Aufforderungssätze schreiben

Die Aufforderungsform der Verben heißt Imperativ.
Es gibt sie im Singular (Einzahl) und im Plural (Mehrzahl).

1 Im Schülerbuch auf der Seite 69 stehen viele Verben in der Spielanleitung.
    a. Übertrage die Tabelle in dein Heft.
    b. Trage die Verben vom Rand in die Tabelle ein.

> bilden, fragen, stellen, auswählen, fragen, suchen, nennen, merken, tauschen, finden, gehen, achten

Starthilfe

Infinitiv (Grundform)	Imperativ Singular	Imperativ Plural
bilden	bilde	bildet
…	wähle aus	…

2 **a.** Unterstreiche in der Tabelle von Aufgabe 1 die Endungen der Verben.
     b. Sieh dir die unterstrichenen Endungen an. Was fällt dir auf?
    c. Formuliere eine Regel.

Starthilfe

bilden	bilde	bildet
fragen	frag oder frage	fragt

_____

_____

_____

3 Überlege dir 3 weitere Verben.
Trage sie in den entsprechenden Formen in die Tabelle ein.

4 Bilde mit den 3 Verben Aufforderungssätze.
Schreibe auf.

> laufen
> legen
> trinken

_____

_____

_____

Cornelsen

Autorinnen: Nina Bähnk, Barbara Maria Krüss

Name: Klasse: Datum:

Eine Spielanleitung schreiben

Wichtig ist, dass eine Spielanleitung leicht verständlich ist.

1 Bilde den Imperativ* im Singular (Einzahl) mit den Verben in den Klammern. Schreibe auf die Linien.
Tipp: Denke an die KV 26.

* **der Imperativ:** Aufforderungsform

2 Bringe die Sätze in eine sinnvolle Reihenfolge.
    a. Nummeriere die Sätze.
    b. Schneide die Sätze aus.
    c. Klebe die Sätze in einer sinnvollen Reihenfolge auf ein Blatt.

Mau-Mau

○ _____ (vergessen) nicht, „Mau-Mau" zu rufen, wenn du alle Karten abgelegt hast.

○ Du gewinnst das Spiel, wenn du deine Karten als Erster abgelegt hast.

○ _____ (verteilen) an jeden Spieler die gleiche Anzahl von Karten.

○ _____ _____ (aussetzen), wenn du keine Karte hast, und _____ (ziehen) eine Karte von dem Stapel.

○ _____ (legen) die oberste Karte offen daneben.

○ _____ (lassen) jeden Spieler reihum eine passende Karte ablegen.

○ _____ (spielen) mit zwei oder mehr Spielern.

○ _____ (spielen) mit 32 Karten.

Cornelsen   Autorinnen: Nina Bähnk, Barbara Maria Krüss

Name: Klasse: Datum:

Eine Spielanleitung schreiben

**Sina und Jacob wollen eine Spielanleitung für das Brettspiel „Mühle" schreiben.
Die einzelnen Teile der Anleitung haben sie schon aufgeschrieben.**

1 **a.** Lies die Teile A bis G der Spielanleitung.
    b. Welche Phasen des Spiels sind auf den drei Bildern dargestellt?
      Schreibe unter jedes Bild die passende Spielphase.

A   keine besonderen Vorbereitungen

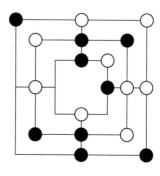

B   Spielbrett, neun schwarze und neun weiße runde,
flache Spielsteine

C   Es gibt drei Spielphasen:
- Setzphase: Weiß beginnt. Die Spieler setzen ihre Steine
  abwechselnd auf Kreuzungspunkte oder Eckpunkte des Brettes,
  bis alle Steine gesetzt sind.
- Zugphase: Die Spieler verschieben abwechselnd einen Stein
  ihrer Farbe auf einen angrenzenden freien Punkt. Wenn ein
  Spieler keinen Stein bewegen kann, hat er verloren.
- Endphase: Wenn ein Spieler nur noch drei Steine hat, darf er
  mit einem Stein an einen freien Punkt springen. Verliert er
  einen weiteren Stein, hat er das Spiel verloren.

Drei Steine einer Farbe auf einer Linie nennt man eine *Mühle*.
Wenn ein Spieler eine Mühle schließt, darf er einen beliebigen
Stein des Gegners aus dem Spiel nehmen, wenn der nicht Teil
einer Mühle ist.

D   zwei Spieler

E   Mühle

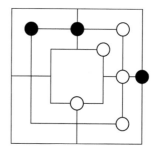

F   Durch das Bilden von *Mühlen* (jeweils drei eigene Steine
in einer Reihe) muss man so viele gegnerische Steine schlagen,
dass der Gegner nur noch zwei Steine übrig behält, oder
die gegnerischen Steine so blockieren, dass der Gegner nicht
mehr ziehen kann.

G   Brettspiel

Autorin: Imke Schmidt

Name: Klasse: Datum:

Eine Spielanleitung schreiben

2 Ordne die Teile der Spielanleitung $\boxed{A}$ bis $\boxed{G}$ den Leitfragen zu.

1. **Wie heißt** das Spiel? $\boxed{E}$

2. **Welche Art** von Spiel ist es? $\boxed{}$

3. **Was braucht** man dazu? $\boxed{}$

4. **Wie viele Spieler** können mitspielen? $\boxed{}$

5. **Was ist das Ziel** des Spiels? $\boxed{}$

6. **Wie** wird das Spiel **vorbereitet**? $\boxed{}$

7. **Wie** wird das Spiel **gespielt**? $\boxed{}$

3 Schreibe eine Spielanleitung zu dem Spiel „Mühle".
Schreibe dazu die Angaben aus Aufgabe 1 in der Reihenfolge der Leitfragen auf.

Spielanleitung

1. Name des Spiels: _____ Mühle _____ 2. Art des Spiels: _____

3. Material: _____

4. Anzahl der Spieler: _____

5. Ziel des Spiels: _____

_____

_____

6. Vorbereitung: _____

7. Durchführung: _____

_____

_____

_____

_____

_____

_____

_____

Cornelsen   Autorin: Imke Schmidt

Name: Klasse: Datum:

Eine Spielekartei anlegen

In einer Spielekartei kannst du Spielanleitungen aufschreiben und sammeln.

1 **a.** Ergänze die Lücken mit den Wortgruppen aus dem Kasten.
    b. Finde einen Namen für das Spiel.
    c. Schneide die Karteikarte aus und klebe sie auf ein Stück Pappe.

> Papier und Stifte • als Erster drei X oder drei O in einer Reihe zu haben:
> waagerecht, senkrecht oder diagonal • zwei • zeichnet ein O in ein Feld •
> wer drei Zeichen in einer Linie anordnen konnte

✂

Name des Spiels: _____

Ziel: _____

Mitspieler: _____

Material: _____

Vorbereitung: zwei waagerechte und zwei senkrechte Linien

     auf ein Blatt Papier zeichnen

Durchführung:

• Der erste Spieler zeichnet ein X in ein Feld.

• Der zweite Spieler _____

• Abwechselnd zeichnen dann beide Spieler ihre Zeichen in die Felder.

• Gewonnen hat, _____

Cornelsen

Name: Klasse: Datum:

Eine Spielekartei anlegen

2 **a.** Ergänze die Lücken mit den Wortgruppen aus dem Kasten.

b. Schneide die Karteikarte aus und klebe sie auf ein Stück Pappe.

> mindestens vier • als Erster keine Buchstaben mehr zu haben •
> Papier und Stifte • in jedes Feld einen Buchstaben schreiben •
> bis ein anderer Spieler „Stopp" sagt • wer als Erster alle Buchstaben
> durchgestrichen hat • Buchstabenbingo • streichen sie ihn durch

✂ -

Name des Spiels: *Buchstabenbingo*

Ziel: _____

Mitspieler: _____

Material: _____

Vorbereitung: zehn Felder auf ein Blatt Papier zeichnen und _____

Durchführung:

• Ein Spieler sagt still für sich das Alphabet auf, _____

• Der letzte Buchstabe wird laut gesagt.

• Wenn die Spieler den Buchstaben auf ihrem Blatt haben, _____

• Gewonnen hat, *wer* _____

Cornelsen

Name: Klasse: Datum:

Was kommt wohin?

Viktor richtet den Raum für den Jungentreff ein.

1 **a.** Sieh dir das Bild an.

     b. Schreibe die passenden Wörter mit dem Artikel in die Kästen.

> der Tisch • der Teppich • die Lampe •
> das Regal • das Poster • die Bücher

2 Wohin stellt oder hängt Viktor die Sachen?
Ergänze die richtige Präposition.

Er stellt das Regal *in* die Ecke.

Er stellt den Tisch _____ das Regal.

Er hängt das Poster _____ den Tisch.

> **Wohin?** → Akkusativ
> in / über / unter / neben / auf
> → … den Tisch
> → … die Ecke
> → … das Regal

3 Wohin legt oder stellt Viktor weitere Sachen?
Ergänze die Sätze mit den passenden Wortgruppen.

Er stellt die Bücher *in das Regal*.

Er legt den Teppich _____.

Er stellt die Lampe _____.

Cornelsen   Autorin: Heidi Pohlmann
Illustrator: Rüdiger Trebels, Düsseldorf

Name: Klasse: Datum:

Probearbeit: Eine Spielanleitung überarbeiten

Lina spielt im Verein Peteka, ein Spiel aus Südamerika.
Sie möchte das Spiel gerne ihren Mitschülerinnen und Mitschülern erklären.
Ihre Spielanleitung will sie noch einmal überarbeiten.

1 Lies die Absätze der Spielanleitung.

A Man spielt zwei oder drei Gewinnsätze. Wer zuerst zwölf Punkte hat,
gewinnt den Satz. Ein Spiel dauert höchstens zwanzig Minuten.
Wenn dann keiner zwölf Punkte erreicht hat, gewinnt der Spieler
mit den meisten Punkten.

B Peteka ist ein altes brasilianisches Ballspiel für zwei oder vier Spieler.
Man schlägt eine Art Federball mit der Hand über ein Netz. Das Netz teilt
ein rechteckiges Spielfeld in zwei Hälften.

C Ein Spieler beginnt mit dem Aufschlag. Dann muss der Ball über das Netz
ins gegnerische Feld fliegen. Dann versucht der Gegner, ihn zurückzuschlagen.
Man kann nur einen Punkt erzielen, wenn man den Aufschlag hat. Dann hat man
jedoch nur 30 Sekunden Zeit, um den Punkt zu machen. Schafft man das nicht,
dann darf der andere aufschlagen.

D Beim Aufschlagen darf der Ball das Netz nicht berühren, sonst verliert ihr
den Aufschlag. Und unter dem Netz darfst du auch nicht durchspielen. Der Ball
darf nur einmal berührt werden und nicht außerhalb der Spielfeldgrenzen landen.
Zudem dürft ihr mit euren Füßen und Händen nicht auf das gegnerische Spielfeld
kommen. Und den Ball dürfen wir nur mit einer Hand schlagen, nie mit beiden
Händen oder mit einem anderen Körperteil.

2 Ordne den Überschriften die Absätze A bis D der Spielanleitung zu.   ☐ /4 P.

Einleitung: Peteka – ein altes brasilianisches Ballspiel – Absatz _____

Wer gewinnt? – Absatz _____

Das darf man bei Peteka nicht! – Absatz _____

So wird gespielt – Absatz _____

Autorin: Imke Schmidt

Spiel mit!

Name: _____   Klasse: _____   Datum: _____

Probearbeit: Eine Spielanleitung überarbeiten

3 Beantworte die folgenden Fragen zu dem Spiel in Stichworten.

    a. Wie heißt das Spiel? _____ ☐ /1 P.

    b. Welche Art von Spiel ist es? _____ ☐ /1 P.

    c. Was braucht man für das Spiel? _____ ☐ /3 P.

    _____

    d. Wie viele Spieler können mitspielen? _____ ☐ /1 P.

    e. Was ist das Ziel des Spiels? _____ ☐ /1 P.

    _____

4 Überarbeite den Abschnitt ☐C☐ der Spielanleitung.

• Zuerst …	Nun …
• Danach …	Außerdem …
• Dabei …	Schließlich …

    a. Markiere im Text die Satzanfänge, ☐ /2 P.
        die sich wiederholen.

    b. Gestalte die Satzanfänge abwechslungsreich. ☐ /4 P.
        Vermeide Wiederholungen.
        Schreibe den überarbeiteten Abschnitt auf.
        Du kannst die Wörter vom Rand verwenden.

_____

_____

_____

_____

_____

_____

_____

_____

_____

Autorin: Imke Schmidt

Name: _____ Klasse: _____ Datum: _____

Probearbeit: Eine Spielanleitung überarbeiten

**In einer Spielanleitung sollte die Form
der Ansprache möglichst einheitlich sein.**

Formen der Ansprache:
1. Eine **Gruppe** ansprechen
2. Eine **einzelne Person** ansprechen
3. Über **euch selbst** sprechen
4. **Unpersönlich** schreiben

5 **a.** Lies die folgenden Sätze
aus einer Spielanleitung.

b. Welcher Satz passt zu welcher Form
der Ansprache?
Schreibe neben jeden Satz das passende Stichwort vom Rand.

☐ /4 P.

Mit der Hand schlagen wir einen Federball über das Netz. _____

Mit der Hand schlägt man einen Federball über das Netz. _____

Mit der Hand schlägst du einen Federball über das Netz. _____

Mit der Hand schlagt ihr einen Federball über das Netz. _____

6 Überarbeite den Abschnitt ☐D der Spielanleitung.
a. Markiere im Text die verschiedenen Formen der Ansprache.   ☐ /4 P.
b. Formuliere den Abschnitt neu und verwende die man-Form.   ☐ /4 P.

_____

_____

_____

_____

_____

_____

_____

7 Schreibe eine vollständige Spielanleitung für das Spiel Peteka.   ☐ /8 P.
– Nenne in der Einleitung alle wichtigen Angaben zu dem Spiel.
– Erkläre, wie das Spiel gespielt wird.
– Verwende deine Ergebnisse aus den Aufgaben 3 bis 6.
– Schreibe in der man-Form.
– Verknüpfe die Sätze mit passenden Konjunktionen.
– Vermeide Wiederholungen.
– Finde eine passende Überschrift für deine Spielanleitung.
– Überprüfe zum Schluss die Rechtschreibung.

Gesamt:
☐ /37 P.

Autorin: Imke Schmidt

Spiel mit!

Name:	Klasse:	Datum:

Probearbeit: Eine Spielanleitung überarbeiten

Diagnose und Auswertung

Aufgabe	Teilkompetenzen	Lösungen/Erwartungen	Diagnose
2	Einzelnen Absätzen Zwischenüberschriften zuordnen	• Einleitung – B • Wer gewinnt? – A • Das darf man bei Peteka nicht – D • So wird gespielt – C	Teilkompetenz erreicht ☐ teilweise erreicht ☐ nicht erreicht ☐
3	W-Fragen beantworten	a) Peteka; b) altes Ballspiel aus Südamerika (bei dem eine Art Federball über ein Netz geschlagen wird); c) einen Peteka-Ball, ein rechteckiges Spielfeld und ein Netz; d) zwei oder vier Spieler; e) in 20 Minuten zuerst 12 Punkte zu erreichen	Teilkompetenz erreicht ☐ teilweise erreicht ☐ nicht erreicht ☐
4	Wiederholungen der Satzanfänge im Text markieren und den Textabschnitt überarbeiten	Ein Spieler beginnt mit dem Aufschlag. Zuerst muss der Ball über das Netz ins gegnerische Feld fliegen. Danach versucht der Gegner, ihn zurückzuschlagen. Man kann nur einen Punkt erzielen, wenn man den Aufschlag hat. Dabei hat man jedoch nur 30 Sekunden Zeit, um den Punkt zu machen. Schafft man das nicht, dann darf der andere aufschlagen.	Teilkompetenz erreicht ☐ teilweise erreicht ☐ nicht erreicht ☐
5	Formen der Ansprache zuordnen	• Mit der Hand schlagen wir einen Federball über das Netz. – euch selbst • Mit der Hand schlägt man einen Federball über das Netz. – unpersönlich • Mit der Hand schlägst du einen Federball über das Netz. – einzelne Person • Mit der Hand schlagt ihr einen Federball über das Netz. – Gruppe	Teilkompetenz erreicht ☐ teilweise erreicht ☐ nicht erreicht ☐
6	Den Textabschnitt in der man-Form formulieren	Beim Aufschlagen darf der Ball das Netz nicht berühren, sonst verliert man den Aufschlag. Unter dem Netz darf man auch nicht durchspielen. Den Ball darf man nur einmal berühren und er darf nicht außerhalb der Spielfeldgrenzen landen. Zudem darf man mit seinen Füßen und Händen nicht auf das gegnerische Spielfeld kommen. Den Ball darf man nur mit einer Hand schlagen, nie mit beiden Händen oder einem anderen Körperteil.	Teilkompetenz erreicht ☐ teilweise erreicht ☐ nicht erreicht ☐
7	Eine passende Überschrift finden; eine einheitliche Ansprache wählen; abwechslungsreich schreiben; die Rechtschreibung überprüfen	**Peteka – ein altes brasilianisches Ballspiel** Peteka ist ein brasilianisches Ballspiel für zwei oder vier Spieler. Man braucht eine Art Federball (Peteka) und ein rechteckiges Spielfeld, das durch ein Netz in zwei Hälften getrennt wird. Ziel des Spiels ist es, in höchstens zwanzig Minuten zwölf Punkte zu erreichen. Ein Spieler beginnt mit dem Aufschlag. Zuerst muss der Ball über das Netz ins gegnerische Feld fliegen. Anschließend versucht der Gegner, ihn zurückzuschlagen. Man kann nur einen Punkt erzielen, wenn man den Aufschlag hat. Dabei hat man jedoch nur 30 Sekunden Zeit, um den Punkt zu machen. Schafft man das nicht, dann darf der andere aufschlagen. Beim Aufschlagen darf der Ball das Netz nicht berühren, sonst verliert man den Aufschlag. Unter dem Netz darf man auch nicht durchspielen. Den Ball darf man nur einmal berühren und er darf nicht außerhalb der Spielfeldgrenzen landen. Zudem darf man mit seinen Füßen und Händen nicht auf das gegnerische Spielfeld kommen. Den Ball darf man nur mit einer Hand schlagen, nie mit beiden Händen oder mit einem anderen Körperteil.	Teilkompetenz erreicht ☐ teilweise erreicht ☐ nicht erreicht ☐

Autorin: Imke Schmidt

Spurensuche (Schülerbuch S. 76–93)

Interkulturelle Grunderfahrung

- **Zeitlich-historische Erfahrung**

Kompetenzschwerpunkte

- **Über ein Geschehen berichten**
- **Ein Kurzreferat vorbereiten, halten und auswerten**

Materialien und Differenzierung im Überblick

Unterrichtsverlauf	Lernziele und Kompetenzen	Schülerbuch	Servicepaket	Arbeitsheft
Einstieg (Klassengespräch)	*Vorwissen aktivieren, Fotos beschreiben*	S. 76–77	✹ Arbeitsblatt 31: Von alten Zeiten berichten	
Erarbeitung I	Einen Zeitungsbericht lesen *Bilder beschreiben, Text überfliegen, Zwischenüberschriften schreiben, Schlüsselwörter und unbekannte Wörter klären, W-Fragen am Text prüfen*	S. 78–79	✹ Arbeitsblatt 32: Von alten Zeiten berichten – Wäsche waschen Arbeitsblatt 35: Einen Zeitungsbericht lesen	⊙ S. 22: Einen Bericht verstehen

Cornelsen

Unterrichtsverlauf	Lernziele und Kompetenzen	Schülerbuch	Servicepaket	Arbeitsheft
Erarbeitung II	Über einen Museumsbesuch berichten *Informationen ordnen, die W-Fragen beantworten, einen Bericht verfassen, überprüfen und kürzen*	S. 80–81	⊙ Arbeitsblatt 37: Einen Bericht über einen Musemsbesuch schreiben ● Arbeitsblatt 38: Einen Bericht über einen Museumsbesuch schreiben Arbeitsblatt 44: Sophies Geburtstagsfeier (DaZ) Arbeitsblatt 45: Ein Markt vor 300 Jahren (DaZ) Über einen Museumsbesuch berichten (editierbarer Schülerbuchtext, CD-ROM) Was das Klassenzimmer verrät … (editierbarer Schülerbuchtext, CD-ROM)	⊙ S. 22: Einen Bericht verstehen ⊙ S. 23–24: Einen Bericht planen ⊙ ● S. 25: Den Bericht schreiben und überarbeiten
Erarbeitung III	Ein Kurzreferat vorbereiten und vortragen *Ideen in Mindmap sammeln, Interview vorbereiten und durchführen, in der Bibliothek und im Internet recherchieren, Schlüsselwörter klären, die Funktion des Passivs verstehen, das Kurzreferat vortragen und bewerten*	S. 82–85	● Arbeitsblatt 39: Ein Kurzreferat vorbereiten – das Thema aussuchen ● Arbeitsblatt 40: Ein Kurzreferat vorbereiten – einen Sachtext lesen ● Arbeitsblatt 41: Ein Kurzreferat vorbereiten und halten ● Arbeitsblatt 42: Ein Kurzreferat: Sich und andere informieren ● Arbeitsblatt 43: Eine Checkliste zur Bewertung des Kurzreferats	⊙ S. 23–24: Einen Bericht planen
Extra Sprache I und II	Im Präteritum berichten, Unbekannte Wörter verstehen *Wörter in Präteritum, Infinitiv und Präsens ordnen, Bedeutung von zusammengesetzten Nomen und Fremdwörtern klären*	S. 86–87	Arbeitsblatt 36: Im Präteritum berichten Arbeitsblatt 44: Sophies Geburtstagsfeier (DaZ)	⊙ S. 22: Einen Bericht verstehen

Unterrichtsverlauf	Lernziele und Kompetenzen	Schülerbuch	Servicepaket	Arbeitsheft
Teste dich!	Einen Bericht überarbeiten *Informationen und Zeitform über- prüfen, den Bericht überarbeiten*	S.88	⊕ Arbeitsblatt 33: Den Bericht schreiben – Schritt für Schritt ⊕ Arbeitsblatt 34: Einen Bericht schreiben Lernbegleitbogen (CD-ROM)	⊙ • S. 25: Den Bericht schreiben und überarbeiten
Training zum Fördern	⊙ Über einen Vorfall berichten *Inhalt wiedergeben, Zielgruppe klären, W-Fragen beantworten, Informationen ordnen und Bericht schreiben und überarbeiten*	S. 89–90		⊙ • S. 23–24: Einen Bericht planen ⊙ • S. 25: Den Bericht schreiben und überarbeiten
Training zum Fordern	● Über einen Vorfall berichten *Inhalt wiedergeben, Zielgruppe klären, Informationen ordnen und Bericht in Ich-Form schreiben und überarbeiten*	S. 89, 91		⊙ • S. 23–24: Einen Bericht planen ⊙ • S. 25: Den Bericht schreiben und überarbeiten
Probearbeit	Berichten *W-Fragen klären und beantworten, Informationen filtern, einen Bericht für die Schulhomepage schreiben und überprüfen*	S. 92–93 Fit für die Probe	Probearbeit 3: Einen Bericht schreiben Probearbeit 3: Diagnose und Aus- wertung	

Methoden

- **Schreibkonferenz**
- **Eine Präsentation vorbereiten und halten**
- **Einen Zeitungsbericht schreiben**

Seitenübersicht

S. 76 Eingangsseite	S. 77 Eingangsseite
Spurensuche *Illustrationen mit Alltagsgegenständen* • Bilder beschreiben und Vorwissen aktivieren	**Spurensuche** *Illustrationen mit Alltagsgegenständen* • Gegenstände genau beschreiben ⚏ • Gegenstände bezeichnen • Sätze den Gegenständen zuordnen
S. 78 Erarbeitung I	**S. 79 Erarbeitung I**
Einen Zeitungsbericht lesen *Text: Waschen wie zu Omas Zeiten* • Bilder in einem Zeitungsbericht beschreiben ⚏ • den Text überfliegen	**Einen Zeitungsbericht lesen** *Text: Waschen wie zu Omas Zeiten* (Fortsetzung) • Zwischenüberschriften schreiben ⚏ • Schlüsselwörter aufschreiben ⚏ • unbekannte Wörter aufschreiben ⊙ • den Sinn von Worterklärungen erläutern und die Bedeutung von unbekannten Wörtern klären ● • W-Fragen am Text prüfen ⚏
S. 80 Erarbeitung II	**S. 81 Erarbeitung II**
Über einen Museumsbesuch berichten *Text: Schülerinnen und Schüler erzählen* • den Text verstehen, Informationen ordnen ⚏	**Über einen Museumsbesuch berichten** • die W-Fragen beantworten, Stichworte verfassen und einen Bericht verfassen • den Bericht mit der Checkliste überprüfen • den Bericht auf das Wesentliche reduzieren ●
S. 82 Erarbeitung III	**S. 83 Erarbeitung III**
Ein Kurzreferat vorbereiten und vortragen • Ideen und Fragen in einer Mindmap sammeln • ein Interview vorbereiten und durchführen • in der Bibliothek nach Büchern suchen • im Internet recherchieren	**Ein Kurzreferat vorbereiten und vortragen** *Text: Was das Klassenzimmer verrät …* • Schlüsselwörter aufschreiben ⊙ • mit Hilfe der Schlüsselwörter informieren ⊙ ⚏
S. 84 Erarbeitung III	**S. 85 Erarbeitung III**
Ein Kurzreferat vorbereiten und vortragen • gefundene Texte mit dem Textknacker lesen und auswerten ⊙ • Informationen aus Texten auswählen ⊙ • Notizen überprüfen • Informationen ordnen • Überschrift, Einleitung und Stichworte für Schlusssätze formulieren	**Ein Kurzreferat vorbereiten und vortragen** • Notizen ordnen • sich Gedanken über die Vortragsweise machen • Beobachtungskarten erstellen • das Kurzreferat vortragen und bewerten
S. 86 Extra Sprache I	**S. 87 Extra Sprache II**
Im Präteritum berichten *Text: Wie lebte man früher? Wie lebt man heute?* • Wörter in Präteritum, Infinitiv und Präsens ordnen	**Unbekannte Wörter verstehen** • die Bedeutung von zusammengesetzten Nomen klären ⚏ • Fremdwörter klären ⚏
S. 88 Teste dich!	**S. 89 Fördern/Fordern**
Einen Bericht überarbeiten *Text: Haruns Bericht* • Informationen und Zeitform überprüfen • den Bericht überarbeiten	**Über einen Vorfall berichten** *Text: Ein Unfall mit Sachschaden* • den Inhalt wiedergeben ⚏ ⊙

Seitenübersicht

S. 90 Fördern	S. 91 Fordern
Über einen Vorfall berichten • die Zielgruppe identifizieren ⊙ • die W-Fragen beantworten, Informationen ordnen und einen Bericht schreiben ⊙ • die Berichte in einer Schreibkonferenz überarbeiten ⊙	**Über einen Vorfall berichten** • wichtige Informationen filtern ● • einen Bericht aus der Ich-Perspektive schreiben ● • den Bericht auf Vollständigkeit prüfen und überarbeiten ● • Schachtelsätze umformulieren ●
S. 92 Fit für die Probe	**S. 93 Fit für die Probe**
Berichten • eine Aufgabenstellung verstehen • die W-Fragen identifizieren	**Berichten** • die W-Fragen beantworten und Informationen filtern • einen Bericht für die Schulhomepage schreiben und mit der Checkliste überprüfen

Name: Klasse: Datum:

Von alten Zeiten berichten

Die Großeltern von Amelie und Finn erzählen, was sie für Gegenstände früher hatten und was man damit gemacht hat.

1 Ordne die Sätze dem passenden Gegenstand zu.
Schreibe die Nummer des Gegenstandes aus der Randspalte
neben den passenden Satz.

	Sie erleichterte das Auswringen (Trocknen) der Wäsche.	1
	Der alte Plattenspieler! Dass es den noch gibt!	
	Mit dem Teppichklopfer habe ich früher den Staub aus dem Teppich geklopft.	
	Abends haben wir alle davorgesessen.	2
	Die Arbeit damit war ziemlich anstrengend! Jedes nasse Wäschestück musste man zwischen die Rollen legen, dann die Kurbel drehen und so das Wasser herausdrücken.	
	Ach ja, die alte Wringmaschine meiner Mutter.	3
	Der Teppich wurde aufgerollt und in den Hof runtergeschleppt. Danach habe ich den Teppich geklopft, bis der ganze Staub draußen war.	

Amelie und Finn tauschen sich mit ihren Großeltern darüber aus, wie die Gegenstände heute heißen und was sie können.

2 Vervollständige den Lückentext.
Dabei helfen dir die Namen der Gegenstände im Text oben und
die Wörter in der Randspalte.

a. Die _____ ersetzt

die _____.

Sie schleudert die _____,

so muss man sie nicht mehr _____.

b. Der _____ ist ein moderner _____.

Du kannst einfach aus dem _____ Musik _____

und darauf abspielen.

→ Internet
Waschmaschine
auswringen
herunterladen
Wäsche
MP3-Player

Cornelsen

Autorinnen: Nina Bähnk, Barbara Maria Krüss
Illustrator: Rüdiger Trebels, Düsseldorf

Name:	Klasse:	Datum:

Von alten Zeiten berichten – Wäsche waschen

Die Großmutter berichtet, wie früher die Wäsche gewaschen wurde.

✏ **1** Führe den Bericht der Großmutter über das Wäschewaschen
mit dem Waschbrett weiter.
Schreibe die Sätze mit Hilfe der Tabelle in dein Heft.

Danach Dann Zuletzt Zuerst Anschließend	musste ich habe ich konnte ich	den Waschtrog mit Seifenlauge füllen.
		das Waschbrett an den Rand des Waschtrogs legen.
		die Wäsche mit der Hand am Waschbrett von oben nach unten reiben.

dpa Picutre-Alliance / Edgar Dahlberg

✏ **2** Wie hat Tante Helga die Wäsche in dem Waschkessel gewaschen?
Schreibe die Sätze mithilfe der Tabelle in dein Heft.

Danach Dann Zuletzt Zuerst Anschließend	schüttete holte füllte kochte heizte	Tante Helga/ sie	Wasser in den Waschkessel.
			den kleinen Ofen im unteren Teil des Waschbeckens an.
			Seife in das heiße Wasser.
			die Wäsche in der Seifenlauge.
			die Wäsche mit einem Stab aus dem heißen Wasser.

picture-alliance/dpa

Die Großmutter berichtet weiter, wie schwierig das Wäschewaschen war.

✏ **3** Ordne die Sprechblasen dem Wäschewaschen mit dem **Waschbrett** (1) oder
dem **Wäschewaschen mit dem Waschkessel** (2) oder **beidem** (3) zu.
Schreibe die passende Zahl in das Kästchen.

Die Finger wurden davon ganz schön schrumpelig! ☐

Wegen des kochenden Wassers wurde einem beim Waschen ganz schön heiß. ☐

Das Waschen war mit körperlicher Arbeit verbunden. ☐

Cornelsen

Autorinnen: Nina Bähnk, Barbara Maria Krüss

Name: Klasse: Datum:

Den Bericht schreiben – Schritt für Schritt

Für einen Bericht ist der genaue Ablauf des Geschehens wichtig.

1 Ordne deine Karteikarten mit den Notizen zu den Leifragen
nach folgender Reihenfolge:
1. der Zeitpunkt des Unfalls mit Sachschaden
2. der Ort des Schadens
3. die beteiligten Personen
4. der Unfallhergang
5. die Art des Schadens
6. die verletzten Personen
7. die Zeugen

2 Schreibe einen Bericht in dein Heft.
Vervollständige dafür die Sätze.
Du kannst jeweils zwischen 2 Satzanfängen auswählen.

zu 1.
| Es geschah am … |
| Der Unfall ereignete sich am … |

zu 2.
| Die Klasse war auf dem Weg … |
| Im Wald auf dem Gelände des … |

zu 3.
| An dem Unfall mit Sachschaden waren beteiligt … |
| Beteiligte Personen waren … |

zu 4.
| Der Unfall ereignete sich, als … |
| Lennart stieg auf den Wagen … |

zu 5.
| Der Sachschaden besteht aus … |
| Folgende Schäden … |

zu 6.
| Verletzte Personen sind … |
| Es wurden ___ Personen verletzt. |

zu 7.
| Den Unfall sahen … |
| Bei dem Unfall dabei waren … |

3 Achte auf die Vergangenheitsform (Präteritum) der Verben.
a. Unterstreiche die Verben in deinen Sätzen.
b. Überprüfe, ob du jedes Verb in der Vergangenheitsform (Präteritum)
geschrieben hast.

Name: Klasse: Datum:

Einen Bericht schreiben

**Ein Bericht wird oft in der Ich-Form geschrieben, zum Beispiel
wenn jemand einen Schaden verursacht hat.
Lennart schreibt nun einen Bericht an die Versicherung.**

1   **a.** Lies den Bericht.

     b. Trage die Verben im Präteritum (Vergangenheitsform)
        in den Text ein.

☐   Lorena, Boris und ich _____ (haben) den Auftrag,

mit einem kleinen Handwagen zum Holzsammeln in den Wald

auf dem Museumsgelände zu gehen. Wir _____

(sammeln) viele trockene Äste und Zweige.

☐   Der Vorfall _____ (geschehen) am Mittwochvormittag,

dem 16. Juni.

☐   Die beiden hinteren Räder des Wagens _____

(stehen) schräg. Der Wagen _____ (lassen) sich nicht

mehr ziehen. Die Hinterachse _____ (sein) gebrochen.

☐   Ich _____ (sein) mit meiner Klasse im Wald

des Freilichtmuseums bei dem Projekt

„Schüler wohnen im Museum".

2   **a.** Ordne die einzelnen Absätze den W-Fragen zu.
        Schreibe die passende Zahl vor den Absatz.

     b. Achtung! Eine W-Frage ist nicht berücksichtigt.
        Unterstreiche diese.

     c. Suche im Schülerbuch auf der Seite 89
        die passende Antwort für die fehlende W-Frage heraus.

3   Schreibe den Bericht in der richtigen Reihenfolge auf ein Blatt.
     Du kannst ihn auch auf dem PC tippen.
     Tipp: Achte auf die Nummerierung der W-Fragen.

W-Fragen:
1. **Wann**
geschah es?
2. **Wo**
geschah es?
3. **Was** ist
passiert?
4. **Wer**
war beteiligt?
5. **Was**
ist die Folge?

Name: Klasse: Datum:

Einen Zeitungsbericht lesen

**In dem Zeitungsbericht im Schülerbuch auf Seite 78/79 hast du dich über
das Waschen in früheren Zeiten informiert. Nun kannst du die Aufgaben dazu
bearbeiten.**

1   **a.** Wähle zu jedem Abschnitt eine passende Überschrift aus.
      b. Schreibe den jeweils passenden Abschnitt 1–4 in die Kästchen.

   ☐   Kinder waschen wie damals   ☐   Waschtag – harte Arbeit

   ☐   Geschichte im Museum erleben   ☐   Fleißige Waschfrauen

2   **a.** Wähle zu dem 3. und 4. Abschnitt passende Stichworte aus.
      b. Markiere sie farbig.

3. Abschnitt (Zeilen 11–16):
fleißigen Waschfrauen / mehrere Waschschritte / eingeweicht /
einzeln einseifen / Schmutz abbürsten

4. Abschnitt (Zeilen 17–23):
Auf-und-Ab-Bewegungen / Wäschestampfer / Waschbrett / Kernseife /
Muskelkraft / Schmutz aus den Kleidern scheuern

3   Fülle den Lückentext in Form einer Zeitungsmeldung aus.
      Tipp: Die Stichworte aus Aufgabe 2 b und der Text im Schülerbuch
      auf der Seite 78/79 helfen dir dabei.

     Ein Waschtag wie zu _____ Zeiten

     Früher war das Waschen eine große _____.

     Ohne technische Hilfe _____ es den ganzen Tag.

     Im _____ können die Kinder Waschbretter,

     Wäschestampfer und alle möglichen _____ ansehen

     und erfahren, wie früher Wäsche gewaschen wurde.

     Mehrere _____ braucht es, bis die Kleidung

     wieder sauber ist. Die Kinder probierten selbst aus, wie früher _____

     gewaschen wurde.

Name: Klasse: Datum:

Im Präteritum berichten

Die Zeitformen in einem Bericht machen früher und heute deutlich.

1   Der Text im Schülerbuch auf der Seite 86 enthält Verben
im Präsens und im Präteritum.

    a. Ordne die hervorgehobenen Verbformen aus dem Text
       in die Tabelle ein.

    b. Ergänze jeweils die fehlende Verbform und den Infinitiv.

    c. Markiere die Endungen in den verschiedenen Verbformen.

Präsens (Gegenwart) in der 3. Person Singular: er, sie, es	Präteritum (Vergangenheit) in der 3. Person Singular: er, sie, es	Infinitiv (Grundform)
benutzt	benutzte	benutzen
	wurde	
	war	sein
kann	konnte	
		ziehen
	musste	müssen
		können
	schnitt	
	schlug	

2   Wähle drei Verben im Präsens aus der Tabelle aus.

    a. Bilde Sätze. Schreibe die Sätze in dein Heft.

    b. Schreibe die Sätze im Präteritum darunter.

Cornelsen

Autorinnen: Nina Bähnk, Barbara Maria Krüss

Name: Klasse: Datum:

Einen Bericht über einen Museumsbesuch schreiben

Ein Bericht für die Schülerzeitung soll knapp, genau und im Präteritum geschrieben sein. Er gibt Antworten auf die W-Fragen.

1 Lies noch einmal die mündlichen Berichte und deine Stichworte zu den Aufgaben auf den Seiten 80 und 81 im Schülerbuch.

2 Schreibe eine Einleitung für deinen Bericht.
Beantworte dabei die Fragen Wann?, Wer? und Wo? in einem Satz.
Verwende die Stichworte vom Rand.

Wir, die Klasse 6 a, besuchten _____

- am 21. Juli 2018
- Deutsches Museum in München
- die Klasse 6a

3 Schreibe auf, was die Schülerinnen und Schüler im Museum gesehen haben.
Tipp: Du kannst die Satzanfänge vom Rand verwenden.

_____

In dem Museum gab es …
Am Eingang …
Im Erdgeschoss / in der
   Abteilung …
Wir konnten … sehen.
Uns gefiel …
Interessant war …

4 Formuliere eine Überschrift für deinen Bericht.
Sie soll die Leserinnen und Leser neugierig machen.

_____

5 Überprüfe und überarbeite anschließend deinen Bericht.
Folgende Fragen helfen dir:
- Hast du im Präteritum geschrieben?
- Hast du alle W-Fragen beantwortet?

Cornelsen

Spurensuche

Arbeitsblatt 38

Name: Klasse: Datum:

Einen Bericht über einen Museumsbesuch schreiben

Ein Bericht soll knapp, genau und im Präteritum geschrieben sein.
Er gibt Antworten auf die W-Fragen.

1 Lies noch einmal die mündlichen Berichte und deine Stichworte zu den Aufgaben auf den Seiten 80 und 81 im Schülerbuch.

2 Schreibe eine Einleitung für deinen Bericht.
Beantworte dabei die Fragen Wann?, Wer? und Wo? in einem Satz.

3 Schreibe auf, was die Schülerinnen und Schüler im Museum erlebt haben.
Beachte beim Schreiben die Form des Berichts.

Einige Schülerinnen und Schüler haben im Museum eine Schreibwerkstatt besucht.
In der Klasse erzählen sie davon.

Kati erzählt:

„Der Museumspädagoge hat uns verschiedene alte Schreibgeräte und Schreibmaschinen gezeigt. Er hat erzählt, dass Schreiber früher sehr wichtige Leute waren, weil nur wenige Menschen überhaupt lesen und schreiben konnten. Dann durften wir das Schreiben auf Stein, Holz, Ton, Wachs oder Pergament ausprobieren. Lukas hat sich sofort einen Stein und
5 Hammer und Meißel geschnappt. Mit einer Vogelfeder und schwarzer Tinte habe ich auf Papyrus geschrieben. Ich durfte den Brief mitnehmen und habe ihn meiner Tante in Dortmund geschickt. Von der schönen alten Schreibmaschine habe ich mir später eine Postkarte gekauft."

4 Schreibe auf, was die Schülerinnen und Schüler in der Schreibwerkstatt erlebt haben.
Wähle sachliche Informationen aus, die du interessant findest.

5 Schreibe nun den vollständigen Bericht über den Museumsbesuch.
– Verwende deine Ergebnisse zu den Aufgaben 2 bis 4.
– Ergänze eine passende Überschrift.

6 Überprüfe und überarbeite deinen Bericht mit der Arbeitstechnik „Berichten".

Name: Klasse: Datum:

Ein Kurzreferat vorbereiten – das Thema aussuchen

Beim Thema „Spurensuche" kannst du dich auch mit der Geschichte des Computers befassen. Der Computer hat das Leben der Menschen sehr beeinflusst. In einem Kurzreferat kannst du darüber berichten.

1 Schreibe dir zu den einzelnen Fragen Notizen auf.

Wo wird der Computer überall genutzt?	Welche Arbeiten werden durch den Computer leichter?
Wie kann man mit Hilfe des Computers mit anderen Menschen in Kontakt kommen?	Wofür werden Computer heutzutage genutzt?
Welche Vorteile hat ein Computer?	Welche Nachteile hat ein Computer?

 2 Ergänze fehlende oder lückenhafte Notizen zu einzelnen Fragen mit Hilfe deiner Mitschüler. Suche dir hierfür Klassenkameraden, die entsprechende Notizen gemacht haben.
a. Tauscht euch aus.
 b. Ergänze deine Notizen.

 3 Nun kannst du nach weiteren Informationen zu dem Thema suchen. Nutze hierfür das Internet, Zeitungen oder Lexika.

Cornelsen

Autorinnen: Nina Bähnk, Barbara Maria Krüss

Name:	Klasse:	Datum:

Ein Kurzreferat vorbereiten – einen Sachtext lesen

**Der Computer hat das Leben der Menschen sehr beeinflusst.
In einem Kurzreferat kannst du darüber berichten.**

📖 **1** Wende die Schritte 3 und 4 vom Textknacker an:
Abschnitte, Schlüsselwörter.

Der Computer – eine der bedeutendsten Erfindungen des 20. Jahrhunderts

1 **1** Die Geschichte des Computers beginnt **1938** in **Deutschland**:
2 Konrad **Zuse** baute den **ersten programmgesteuerten**
3 **Rechner.** Er hieß **Z1.**
4 **2** Besonders das **Internet** hat seit den **1990er** Jahren
5 zur **Verbreitung des Computers beigetragen.**
6 In vielen Ländern sind Computer fast in jedem Haushalt
7 zu finden. Oft sind sie nicht mehr aus dem Alltag wegzudenken.
8 **3** Der **Begriff Computer** stammt vom **englischen** Verb
9 „**compute**" und bedeutet „etwas (be)rechnen".
10 **4** Computer sind **programmgesteuerte Rechenmaschinen.**
11 Sie können **Informationen speichern** und **Rechenschritte**
12 **ausführen.** Zu einem Computer gehören **Hardware und**
13 **Software.** Hardware bezeichnet alle Bauteile des Computers.
14 Software nennt man das Betriebssystem und die Programme.
15 **5** Heute sind Computer nicht nur Rechenmaschinen.
16 Außer dem **Schreiben und Verwalten von Texten** werden sie
17 als **Musikanlage, Fernseher** oder **Heimkino** genutzt.
18 Menschen kaufen **online* ein, verschicken Nachrichten,**
19 **bearbeiten Fotos** und **suchen** im Internet **Informationen.**
20 Man kann dort selbst **Menschen virtuell* treffen:**
21 beim gemeinsamen Spiel, im Chatroom, über Webcams oder
22 per Mail.
23 **6** Viele Menschen können sich ein Leben ohne Computer
24 nicht vorstellen. Aber es gibt auch **kritische Stimmen:**
25 Stundenlanges Computerspielen und Surfen im Internet kann
26 **süchtig** machen. Auch kann es **gefährlich** sein, **alle**
27 **persönlichen Daten von sich** im Internet **zu veröffentlichen.**
28 **7** Trotz dieser Kritik hat der Computer **unser Alltagsleben**
29 **erleichtert.** Jedoch sollte sich jeder **überlegen,** wie sehr er
30 sein Leben **vom Computer beeinflussen lässt.**

* online (englisch):
eingeschaltet,
mit dem Internet
verbunden

* virtuell: nicht echt,
unwirklich

Cornelsen

Autorinnen: Nina Bähnke, Barbara Maria Krüss

Doppel-Klick 99
⇨ SB, S. 76–93

Name: Klasse: Datum:

Ein Kurzreferat vorbereiten und halten

Das Kurzreferat gliedern

 1 Welche Zwischenüberschrift gehört zu welchem Abschnitt
auf der Kopiervorlage 40? Trage die passende Nummer ein.

	Kritische Stimmen und Gefahren
	Die Bedeutung von Computern
	Der Begriff Computer
	Was zu einem Computer gehört
	Die Verbreitung des Computers
	Die Geschichte des Computers
	Was man mit dem Computer alles machen kann

 2 **a.** Schreibe die Zwischenüberschriften jeweils auf eine Karteikarte.
b. Schreibe wichtige Informationen dazu.
Die fett gedruckten Schlüsselwörter helfen dir dabei.

Eine Überschrift, eine Einleitung und einen Schluss formulieren

☒ **3** **a.** Wähle eine Überschrift aus, die neugierig macht. Kreuze an.

	Eine der bedeutendsten Erfindungen
	Was wäre die Welt ohne den Computer?
	Der Computer von früher bis heute
	Mein Lieblingsspielzeug

Einleitung: Was interessiert dich
besonders an dem Thema?
Schluss: Welche Meinung
hast du zu dem Thema?

✏ **b.** Schreibe eine Einleitung und einen Schluss.

Den Vortrag vorbereiten und üben
Eine Folie hilft den Zuhörern, deinem Vortrag zu folgen.

4 Bereite eine Folie für dein Kurzreferat vor.
 a. Schreibe deine Überschrift aus Aufgabe 3 a
oben auf die Folie.
 b. Schreibe die Zwischenüberschriften aus
Aufgabe 1 in der richtigen Reihenfolge darunter.
✋ **c.** Suche ein passendes Bild und füge es ein.

Überschrift
1. Zwischenüberschrift
2. Zwischenüberschrift
3. ...
4. ...
5. ...
6. ...
7. ...

Bild

👥 **5** Übe mit einem Mitschüler, dein Kurzreferat vorzutragen.

Autorinnen: Nina Bähnk, Barbara Maria Krüss

Name: Klasse: Datum:

Ein Kurzreferat: Sich und andere informieren

In diesem Kapitel seid ihr auf Spurensuche gegangen und habt gelernt, wie ihr darüber berichten könnt.
Begebt euch nun weiter auf Spurensuche. Welche Maschinen wurden früher zum Schreiben und Kopieren verwendet?

1   Diese Maschinen wurden früher zum Schreiben oder Kopieren verwendet: Schreibmaschine, Setzmaschine, Hektograf.

     a. Wähle eine Maschine aus, über die du berichten möchtest.

     b. Informiere dich im Internet, im Lexikon oder bei deinen Großeltern über diese Maschine.

     c. Schreibe jede Leitfrage auf eine Karteikarte.

     d. Mache dir Notizen zu jeder Leitfrage.

        1. Welche Maschine stellst du vor?
        2. Wann **gab** es diese Maschine?
        3. Wo **wurde** diese Maschine genutzt?
        4. Wer **erfand** die Maschine?
        5. Was **waren** die Vorteile?
        6. Was **waren** die Nachteile?
        7. Wie **funktionierte** diese Maschine?

2   Überlege dir eine Überschrift. Schreibe sie in dein Heft.

3   Schreibe deine Notizen in vollständigen Sätzen in dein Heft.
     Die Reihenfolge der Leitfragen hilft dir dabei.

4   Achte auf die Vergangenheitsform (Präteritum) der Verben.
     a. Unterstreiche die Verben in deinen Sätzen.
     b. Überprüfe, ob du jedes Verb in der Vergangenheitsform (Präteritum) geschrieben hast.

     Tipp:

Präsens (Gegenwartsform)	Präteritum (Vergangenheitsform)
geben	gab
werden	wurden
erfinden	erfanden

5   Wähle ein Bild deiner Maschine aus. Klebe es auf den Zettel.

Autorinnen: Nina Bähnk, Barbara Maria Krüss

| Name: | Klasse: | Datum: |

Eine Checkliste zur Bewertung des Kurzreferats*

*das Kurzreferat:
der Kurzvortrag

Mit Hilfe einer Checkliste kannst du Kurzreferate deiner Mitschüler bewerten.

1 Ordne die Fragen den drei Zwischenüberschriften in der Checkliste zu.
Trage sie in die Tabelle ein.

- Werden passende Bilder zum Thema gezeigt?
- Ist der Sprecher für alle zu sehen?
- Passt der Text zum Thema?
- Redet der Sprecher langsam und deutlich?
- Hat der Text einen Anfang und einen Schluss?
- Wird eine Folie oder ein Tafelbild mit Schlüsselwörtern gezeigt?
- Sieht der Sprecher die Zuhörer an?

Das war im Kurzreferat enthalten:	ja	kaum	gar nicht
Fragen zum Inhalt des Referats			
Fragen zum Aufbau des Referats			
Fragen zum Sprecher			

2 Nutzt die Checkliste für die Auswertung der Kurzreferate.

Cornelsen

Autorinnen: Nina Bähnk, Barbara Maria Krüss

Name: Klasse: Datum:

Sophies Geburtstagsfeier

Was geschah auf Sophies Geburtstagsfeier?

1 **a.** Sieh dir die Bilder an. Lies die Schlagzeilen.

     b. Welche Schlagzeile passt zu welchem Bild?
Schreibe die passende Bildnummer dazu.

[ ] **Sophie T.: Mein 12. Geburtstag im Gartenhaus!**

[ ] **Michelstadt: Gartenhaus im letzten Moment gerettet!**

[ ] **Freitag, der 13. Juli: Gardine in Flammen!**

2 Wann? Wo? Wer?
Ergänze die Informationen aus den Schlagzeilen.

Am *Freitag*, den _____ fand in _____

die Geburtstagsfeier von _____ ein frühes Ende.

3 Was geschah? Wie endete der Geburtstag?
Ergänze die passenden Präteritumformen.

> feierte • kamen • rief • rasten • setzte • löschten

Sophie *feierte* ihren 12. Geburtstag mit ihren Freunden im Gartenhaus.

Dabei _____ eine Kerze die Gardine in Brand.

Sophie _____ sofort die Feuerwehr. Die Feuerwehrmänner _____

blitzschnell herbei und _____ die Flammen.

So _____ alle mit dem Schrecken davon.

Cornelsen

Autorin: Heidi Pohlmann
Illustration: Rüdiger Trebels, Düsseldorf

Doppel-Klick 103
⇨ SB, S. 76–93

Name: Klasse: Datum:

Ein Markt vor 300 Jahren

Vor 300 Jahren gab es am Markttag viel zu sehen.
Wer tut was?

1 **a.** Sieh dir das Bild an.
     b. Welche Personen erkennst du?
         Verbinde die eckigen Kästchen mit den Personen auf dem Bild.
     c. Was tun die Menschen? Verbinde die Verben mit den passenden Personen.

| der Barbier | der Käufer | der Mann mit Zahnschmerzen | der Händler |

anpreisen   bezahlen   warten   rasieren

2 Ergänze die passenden Verben aus Aufgabe 1.

Der Barbier _____ gerade

einen Mann. Der Mann mit Zahnschmerzen

_____ vor dem Stand.

Der Händler _____ seine Fische laut _____ .

Der Käufer _____ den Fisch.

> rasieren → er rasiert
> anpreisen → er preist ... an

Cornelsen

Autorin: Heidi Pohlmann
Illustration: Rüdiger Trebels, Düsseldorf

Name: Klasse: Datum:

Probearbeit: Einen Bericht schreiben

Leon geht in die 6b der Marie-Curie-Mittelschule.
Am 10. Juni 2018 besuchte er mit der ganzen Klasse
und der Lehrerin Frau Wundlin ein Schulmuseum.
Für einen Bericht über das Museum hat sich Leon Notizen gemacht.

1 Lies die Notizen über den Museumsbesuch.

Einführung: Verschiedene Klassenzimmer:
lange Holztische und Sitzbänke
mit Löchern für die Tintenfässer,
Schiefertafeln, Griffel

– Klassenlehrerin Frau Wundlin
– Klasse 6b

Raum 10 zum Thema „Schule um 1900":
Schülerinnen und Schüler mussten ruhig,
ordentlich, pünktlich sein, mussten Lehrern
gehorchen, Lehrer sehr streng

– Schulmuseum

Raum 17 zum Thema „Lernmittel in der ersten Hälfte des 20. Jahrhunderts":
farbige Wandbilder (Pflanzen, Tiere,
Landkarten), Filmgeräte, Radios,
Fingerrechenmaschine von 1921 mit roten
und weißen Fingern zum Zählen

– Donnerstag, 10. Juni 2018

Raum 3 zum Thema „Strafen in der Schule um 1900":
in der Ecke stehen, auf einem hölzernen
Esel sitzen, eine Eselsmütze tragen, mit
einem Stock auf die Finger oder den Po
geschlagen werden

Raum 19 zum Thema „Schule nach dem Zweiten Weltkrieg":
Schülerinnen und Schüler hatten Hunger,
schlechte Kleidung, Räume nicht geheizt,
in der Schule konnte man Essen bekommen

Cornelsen   Autorin: Kathleen Breitkopf   **Doppel-Klick**   105

Name: Klasse: Datum:

Probearbeit: Einen Bericht schreiben

2 Ordne die Informationen für den Bericht. Beantworte die folgenden W-Fragen.

Wann fand der Ausflug statt? _____   /1 P.

Wo war die Klasse? _____   /1 P.

Wer hat an dem Ausflug teilgenommen?   /2 P.

_____

Was haben die Schülerinnen und Schüler gesehen? Schreibe die   /5 P.
verschiedenen Themenbereiche auf. Lege eine geeignete Reihenfolge fest.

_____

_____

_____

_____

_____

_____

3 Schreibe einen Bericht über den Museumsbesuch
für die Schülerzeitung.
- Schreibe sachlich und genau.
- Verwende das Präteritum.
- Verbinde die Informationen über die verschiedenen Räume sinnvoll.
  Du kannst die Wörter vom Rand verwenden.
- Schreibe zum Schluss eine passende Überschrift über deinen Bericht.

> zuerst
> danach
> dann
> als Nächstes
> schließlich

/10 P.

4 Überprüfe und überarbeite deinen Text mit Hilfe der Checkliste.   /4 P.

Checkliste für einen Bericht für die Schülerzeitung	ja	nein
Habe ich knapp und genau berichtet?	○	○
Habe ich im Präteritum geschrieben?	○	○
Habe ich Antworten auf die W-Fragen gegeben? (Wann? Wo? Wer? Was?)	○	○
Habe ich einige Beispiele angeführt?	○	○
Habe ich persönliche Meinungen / Bewertungen eingefügt?	○	○
Habe ich die Rechtschreibung und Zeichensetzung geprüft?	○	○

Gesamt:
/23 P.

Cornelsen   Autorin: Kathleen Breitkopf   **Doppel-Klick** 106

Name:	Klasse:	Datum:

Probearbeit: Einen Bericht schreiben

Diagnose und Auswertung

Aufgabe	Teilkompetenzen	Lösungen/Erwartungen	Diagnose
2	W-Fragen beantworten	• Donnerstag, 10. Juni 2018 • Schulmuseum • Klassenlehrerin Frau Wundlin, Klasse 6 b • – 1. Verschiedene Klassenzimmer – 2. Raum 10 zum Thema „Schule um 1900" – 3. Raum 3 zum Thema „Strafen" – 4. Raum 19 zum Thema „Schule nach dem Krieg" – 5. Raum 17 zum Thema „Lernmittel"	Teilkompetenz erreicht ☐ teilweise erreicht ☐ nicht erreicht ☐
3	Finen Bericht schreiben: sachliche und genaue Ausdrucksweise; das richtige Tempus verwenden (Präteritum); Informationen sinnvoll verbinden; eine passende Überschrift finden	**Unser Besuch im Schulmuseum** Am Donnerstag, dem 10. Juni 2018, besichtigten wir, die Klasse 6 b, mit unserer Klassenlehrerin Frau Wundlin das Schulmuseum. Zuerst schauten wir uns verschiedene Klassenzimmer an. Sie hatten lange Holztische und Sitzbänke mit Löchern für die Tintenfässer. Auf den Tischen lagen Schiefertafeln und Griffel zum Schreiben. Danach besichtigten wir den Raum 10 zum Thema „Schule um 1900". Die Schüler mussten damals immer ruhig, ordentlich und pünktlich sein. Die Lehrer waren sehr streng und alle Schüler mussten ihnen gehorchen. Dann betraten wir den Raum 3 zum Thema „Strafen". Wenn die Schüler früher nicht gehorchten, nicht aufpassten oder etwas Schlimmes getan hatten, mussten sie in der Ecke stehen, auf einem hölzernen Esel sitzen oder eine Eselsmütze tragen. Manchmal wurden sie auch mit einem Stock auf die Finger oder den Po geschlagen. Als Nächstes sahen wir uns Raum 19 zum Thema „Schule nach dem Krieg" an. Damals hatten die Schüler oft Hunger und trugen schlechte Kleidung, wenn sie in die Schule kamen. Die Räume waren nicht geheizt. Aber in der Schule konnte man Essen bekommen. Schließlich betrachteten wir noch die „Lernmittel" (in Raum 17). Es gab farbige Wandbilder von Pflanzen und Tieren, aber auch Landkarten wie bei uns in der Schule. Außerdem sah man Filmgeräte und alte Radios. Mit einer Fingerrechenmaschine lernten die Kinder zählen.	Teilkompetenz erreicht ☐ teilweise erreicht ☐ nicht erreicht ☐
4	Den eigenen Text mit Hilfe einer Checkliste überprüfen und überarbeiten		Teilkompetenz erreicht ☐ teilweise erreicht ☐ nicht erreicht ☐

Autorin: Kathleen Breitkopf

Von Angst und Mut (Schülerbuch S. 94–111)

Interkulturelle Grunderfahrung

- **Emotionen**
- **Freundschaft**
- **Vorstellungskraft/Fantasie**

Kompetenzschwerpunkte

- **Über ein Geschehen berichten**
- **Ein Kurzreferat vorbereiten, halten und auswerten**

Materialien und Differenzierung im Überblick

Unterrichtsverlauf	Lernziele und Kompetenzen	Schülerbuch	Servicepaket	Arbeitsheft
Einstieg (Klassengespräch)	*Vorwissen aktivieren, mit anderen über Angst und Mut sprechen*	S. 94–95		
Erarbeitung I	Eine Erzählung untersuchen *Handlungsbausteine und das Verhalten der Hauptfigur analysieren, Fragen zur Interpretation beantworten, Geschichte weiterschreiben, Spannung und Vergleiche analysieren*	S. 96–98	⊕ Arbeitsblatt 55: Eine Erzählung lesen und untersuchen ⊙ Arbeitsblatt 58: Eine Geschichte erschließen ● Arbeitsblatt 59: Eine Geschichte erschließen ● Arbeitsblatt 60: Eine Geschichte fortsetzen	
Erarbeitung II	Anschaulich mündlich erzählen *Gedanken der Hauptfigur festhalten, Ende ausdenken, spannende Stellen in der Geschichte festlegen, mit Hilfe von Karteikarten vortragen und bewerten*	S. 99–100	⊙ Arbeitsblatt 61: Mit dem Erzählplan erzählen Arbeitsblatt 62: Zu Bildern erzählen (DaZ)	⊙ S. 26: Eine Gruselgeschichte erzählen

Cornelsen

Unterrichtsverlauf	Lernziele und Kompetenzen	Schülerbuch	Servicepaket	Arbeitsheft
Erarbeitung III	Zu einem Zeitungsbericht schriftlich erzählen *Informationen mit Handlungsbausteinen vergleichen, Handlungsbausteine ordnen, Einleitung schreiben, Erzählung spannend und anschaulich aufschreiben, überprüfen und überarbeiten*	S. 101–103	⦿ Arbeitsblatt 56: Zum Thema Angst oder Mut schreiben ⦿ Arbeitsblatt 57: Eine Erzählung überarbeiten Zu einem Zeitungsbericht schriftlich erzählen (editierbarer Schülerbuchtext, CD-ROM)	⦿ S. 23–24: Einen Bericht planen ⦾ S. 25: Den Bericht schreiben und überarbeiten
Extra Sprache I und II	Wörtliche Rede verwenden, Wortfelder nutzen *wörtliche Rede und Redebegleitsätze markieren, Sätze in wörtliche Rede umwandeln, unterschiedliche Wortarten sammeln, passende Verben und Adjektive finden, einen Text weiterschreiben*	S. 104–105	Arbeitsblatt 62: Zu Bildern erzählen (DaZ)	
Teste dich!	Anschaulich erzählen, Eine Erzählung überarbeiten *eine Geschichte zu einem Bild erzählen und bewerten und überarbeiten*	S. 106–107	⦿ Arbeitsblatt 57: Eine Erzählung überarbeiten Arbeitsblatt 62: Zu Bildern erzählen (DaZ) Lernbegleitbogen (CD-ROM)	S. 27–28: Eine Gruselgeschichte planen ⦿ S. 29: Die Gruselgeschichte schreiben ⦾ S. 30–31: Eine Gruselgeschichte überarbeiten
Training zum Fördern	⦾ Anschaulich erzählen *Ideen und Handlungsbausteine sammeln, sich Gedanken über eine lebendige Sprache machen, einen Brief verfassen und überarbeiten*	S. 108	Arbeitsblatt 62: Zu Bildern erzählen (DaZ)	S. 27–28: Eine Gruselgeschichte planen
Training zum Fordern	⦿ Anschaulich erzählen *Ideen und Handlungsbausteine sammeln, sich Gedanken über eine lebendige Sprache machen, einen Brief verfassen und überarbeiten*	S. 109		S. 27–28: Eine Gruselgeschichte planen

Unterrichtsverlauf	Lernziele und Kompetenzen	Schülerbuch	Servicepaket	Arbeitsheft
Probearbeit	Anschaulich erzählen *die W-Fragen am Text beantworten, Ideen und Handlungsbausteine sammeln und ordnen, eine Erzählung mit Einleitung, Hauptteil und Schluss verfassen und mit Hilfe der Checkliste überprüfen, die Erzählung überarbeiten*	S. 110–111 Fit für die Probe	Probearbeit 4: Eine Geschichte untersuchen und weitererzählen Probearbeit 4: Diagnose und Auswertung	⊙ S. 26: Eine Gruselgeschichte erzählen S. 27–28: Eine Gruselgeschichte planen
Hörverstehen	Einem Hörtext Informationen entnehmen		Hörtext 4 mit Übung: Eine unheimliche Geschichte hören (CD-ROM)	

Methoden

- **Einen Text mit dem Textknacker lesen**
- **W-Fragen beantworten**
- **Eine Geschichte weiterschreiben**

Seitenübersicht

Seitenübersicht

S. 106 Teste dich!	S. 107 Teste dich!
Anschaulich erzählen *Illustration: Max' erster Schultag* • eine Geschichte zu einem Bild erzählen und bewerten ⚌	**Eine Erzählung überarbeiten** *Text: Tariks Erzählung* • die Handlungsbausteine analysieren • Tariks Erzählung mit eigenen Ideen überarbeiten
S. 108 Fördern	**S. 109 Fordern**
Anschaulich erzählen *Text: Mutig sein* • Interpretationsfragen zu einer Geschichte beantworten ⊙ ⚌ • die Geschichte ausführen ⊙	**Anschaulich erzählen** *Arbeitstechnik: Lebendig erzählen in einem Brief* • Ideen und Handlungsbausteine sammeln ● • sich Gedanken über eine lebendige Sprache machen ● • einen Brief verfassen und überarbeiten ●
S. 110 Fit für die Probe	**S. 111 Fit für die Probe**
Anschaulich erzählen *Text: Beherztes Eingreifen* • eine Aufgabenstellung verstehen • die W-Fragen am Text beantworten	**Anschaulich erzählen** • Ideen und Handlungsbausteine sammeln und ordnen • eine Erzählung mit Einleitung, Hauptteil und Schluss verfassen und mit Hilfe der Checkliste überprüfen • die Erzählung überarbeiten

Name: Klasse: Datum:

Eine Erzählung lesen und untersuchen

Diese Erzählung handelt von einem Jungen, der seine Angst überwindet und mutig wird.

  1 a. Lies den 1. Textabschnitt. Hier erfährst du, in welcher **Situation** die Hauptfigur steckt.

 b. In welcher **Situation** steckt der Junge? Was sieht und hört er, wenn er nachts allein ist? Markiere es im Text.

Handlungsbaustein 1:
Die **Hauptfigur** ist
in einer bestimmten
Situation.

Der Nachtvogel

1 Ein **Junge** hatte immer **große Angst**, wenn er
2 **nachts allein** in der Wohnung sein musste.
3 Seine **Eltern gingen** abends **oft fort**.
4 Dann konnte der Junge vor Angst **nicht einschlafen**.
5 Er **hörte** ein **Knacken** und **Rauschen** in seinem Zimmer.
6 Aber viel schlimmer war **der Nachtvogel**.
7 Er sah ihn immer ganz still draußen auf der Fensterbank
8 sitzen. Wenn unten ein Auto vorbeifuhr, schlug er
9 mit seinen Flügeln.
10 Der Junge sah den **riesigen Schatten** von den Flügeln
11 an der Zimmerdecke.

Wünsche werden oft nicht ausgesprochen.
Du erkennst sie aber „zwischen den Zeilen".

Handlungsbaustein 2:
Die Hauptfigur hat einen
(unausgesprochenen)
Wunsch.

  2 a. Lies den nächsten Textabschnitt. Hier erfährst du, welchen (unausgesprochenen) **Wunsch** der Junge hat und welches **Hindernis** es gibt.

Handlungsbaustein 3:
Es gibt ein **Hindernis**
(Problem).

12 Der Junge **erzählte** seinen **Eltern von seiner Angst**.
13 Aber sie sagten nur: **„Stell dich nicht so an!"**
14 Und sie gingen wieder abends fort.
15 Als der Junge **abends allein** war, **klingelte es**
16 an der Wohnungstür. Er war steif vor Angst.
17 Immer wieder klingelte es.
18 Dann war es sehr lange still.
19 Dann **kratzte es an der Hauswand**. Das war **der Vogel**!
20 Und jetzt **schlug** er **mit seinem Schnabel an das Fenster**!
21 Immer wieder **und immer lauter**! Gleich würde die Scheibe
22 zerbrechen und der Vogel in sein Zimmer springen!

Cornelsen

Autorinnen: Nina Bähnk, Barbara Maria Krüss

Doppel-Klick 113
⇨ SB, S. 94–111

Name: Klasse: Datum:

Eine Erzählung lesen und untersuchen

b. Welchen unausgesprochenen **Wunsch** hat der Junge?
Kreuze den wichtigsten Wunsch des Jungen an.

	Es soll jemand auf ihn aufpassen, wenn seine Eltern weg sind.
	Er möchte keine Angst mehr vor dem Nachtvogel haben.
	Seine Eltern sollen den Nachtvogel verscheuchen.

c. Markiere im Text auf der KV 55, Seite 1 die Hinweise rot,
die auf den Wunsch hindeuten.

3 Welches **Hindernis** steht dem Jungen dabei im Weg?

a. Markiere auf der KV 55, Seite 1 blau, warum sein Wunsch nicht erfüllt wird.

b. Kreuze an, wer oder was ihn an dem Wunsch hindert.

	Der Junge träumt schlecht.
	Der Vogel kommt nicht wieder.
	Der Junge hat immer große Angst allein.

4 **a.** Lies den nächsten Textabschnitt. Hier erfährst du etwas
über die **Reaktion** des Jungen.

> 23 Der Junge packte die Blumenvase vom Tisch
> 24 und schleuderte sie zum Fenster.
> 25 Glas zersplitterte und der Vogel war fort.
> 26 Auf der Straße **hörte** der Junge **seine Eltern rufen**.
> 27 Er rannte ihnen entgegen. Er war so froh, dass sie
> 28 da waren.
> 29 Aber **sie schimpften**. Ihre schönen **Ausgehkleider**
> 30 waren **nass vom Blumenwasser**.
> 31 „Der **Nachtvogel** hat **an mein Fenster gepickt**",
> 32 sagte der Junge.
> 33 **„Unsinn!", sagte** der **Vater**. „Wir hatten
> 34 den **Schlüssel vergessen**. Weil du **unser Klingeln**
> 35 **nicht gehört** hast, haben **wir an dein Fenster**
> 36 **geklopft**."
> 37 „Es war der Nachtvogel, wirklich!", sagte der Junge.

Handlungsbaustein 4:
Die **Reaktionen** der
Hauptfigur werden
beschrieben.

Name: Klasse: Datum:

Eine Erzählung lesen und untersuchen

 b. Der Junge zeigt eine **Reaktion** auf seine Angst.
Kreuze die passende Zusammenfassung an.

	Er überwindet seine Angst und vertreibt den Vogel.
	Er rennt auf die Straße.
	Er freut sich, dass seine Eltern wieder da sind.

 c. Markiere auf der KV 55, Seite 2, was er macht,
als die Angst immer größer wird.

 5 **a.** Lies den letzten Textabschnitt. Hier steht das **Ende**
der Erzählung.

Handlungsbaustein 5:
Die Hauptfigur ist
am **Ende** erfolgreich
oder nicht.

38 Aber die **Eltern verstanden das nicht**.
39 Sie gingen immer wieder abends fort
40 **und ließen den Jungen allein**.
41 Er hatte **immer noch Angst**.
42 Er **hörte noch immer** das **Rauschen**
43 **und Knacken**. Aber das war **nicht so schlimm**.
44 Denn der **Nachtvogel kam nicht mehr**.
45 **Er hatte ihn vertrieben**. Er ganz allein.

(nach: Ursula Wölfel „Der Nachtvogel". Aus: Die grauen und die grünen Felder.
Weinheim (Beltz & Gelberg) 1981. Text gekürzt und vereinfacht)

 b. Kreuze das passende Ende an.

	Der Junge hatte nun keine Angst mehr.
	Er sah den Nachtvogel nie mehr wieder.
	Seine Eltern bleiben nun zu Hause.

 c. Markiere, was sich für den Jungen ändert.

Autorinnen: Nina Bähnk, Barbara Maria Krüss

Doppel-Klick 115
⇨ SB, S. 94–111

Name: Klasse: Datum:

Zum Thema Angst oder Mut schreiben

Jeder Mensch kennt Angst. Auch Mut hat jeder schon bewiesen.

1 Wann hast du schon einmal Angst gehabt oder Mut bewiesen?
  a. Wähle aus, ob du eine Mut- oder eine Angstgeschichte schreiben möchtest.
  b. So kannst du beim Geschichtenschreiben vorgehen:
    Schreibe Stichworte zu Fragen nach den Handlungsbausteinen.
    – In welcher **Situation** warst du als Hauptfigur?
    – Wo warst du?
    – Was hast du gemacht?
    – Welchen **Wunsch** hattest du?
    – Welches **Hindernis** (Problem) oder welche Hindernisse (Probleme)
      gab es?
    – Wie hast du **reagiert**?
    – Wie ging die Geschichte zu **Ende**?
    – Warst du erfolgreich oder nicht?

2 **a.** Formuliere Sätze aus deinen Stichworten.
  b. Schreibe die Sätze in dein Heft.
    Lasse immer eine Zeile zwischen den Sätzen frei.

> **Starthilfe**
> Ich war …
> Ich sollte…
> Ich wollte …
> Aber dann habe ich …
> Ich musste …

3 Beschreibe deine Gefühle.
  Tipp: Welche Gefühle hattest du?
  Wie haben sich die Gefühle gezeigt?
  Wie hast du dich am Ende der Geschichte gefühlt?
  a. Formuliere Sätze.
  b. Schreibe die Sätze in die passenden leeren Zeilen
    von Aufgabe 2 b.

> **Starthilfe**
> Knie zittern
> schwarz vor Augen
> blass im Gesicht
> stark gefühlt

4 Überarbeite den Text.
  Achte auf unterschiedliche Satzanfänge.

> **Starthilfe**
> Am Anfang …   Plötzlich …
> Zu Beginn …   Endlich …
> Zum Schluss …   Zuerst habe/musste ich …

5 Denke dir eine Überschrift aus.
  Schreibe sie über deinen Text.

Name:	Klasse:	Datum:

Eine Erzählung überarbeiten

Tarik hat eine Erzählung zu einem Zeitungsartikel geschrieben.

1 Lies die Erzählung von Tarik.

1 Gestern spielte ich mit meinen Freunden Verstecken bei der alten Fabrik.
2 Ich wollte mich auf dem Dach verstecken. Ich kann gut klettern und bin an
3 der Regenrinne hochgestiegen. Ich habe mich auf das Dach gezogen und
4 bin hochgeklettert, als unter mir ein paar Ziegel runterfielen. Ich wäre fast
5 runtergefallen, aber ich bin mit meiner Jacke an einem Dachbalken hängen
6 geblieben. Die anderen Kinder haben Hilfe geholt und die Feuerwehr hat
7 mich befreit.

2 Was passiert in Tariks Erzählung? Ordne die Stichworte
den 5 Handlungsbausteinen zu. Schreibe in dein Heft.

Handlungsbausteine:
– Hauptfigur/
  Situation
– Wunsch
– Hindernis
– Reaktion
– Ende

Befreiung durch die Feuerwehr	Tarik; spielt Verstecken	fast vom Dach gefallen
andere Kinder holen Hilfe	Jacke am Dachbalken hängen geblieben	

3 Zu welchem Handlungsbaustein stehen in Aufgabe 2 keine Stichworte?

_____

Starthilfe	
Verben	**Adjektive**

4 Wie fühlt Tarik sich?

a. Lege in deinem Heft eine Tabelle mit 2 Spalten an.
Die Spalten haben folgende Überschriften: Verben und Adjektive.

b. Die folgenden Wörter gehören zu dem fehlenden Handlungsbaustein.
Schreibe die Wörter jeweils in die passende Spalte.

zittern, lauschen, panisch, glauben, fürchten, schockiert, hilflos, ängstlich,
erstarren, hoffen, wünschen, nervös, horchen

5 Was denkt Tarik? Kreuze die für dich passenden Gedanken an.

	Ich will nicht fallen.
	Ich brauche keine Hilfe.
	Zum Glück bin ich nicht alleine.
	Hoffentlich helfen mir die anderen.
	Mir passiert schon nichts.
	Wäre ich bloß nicht hier hochgeklettert.

Autorinnen: Nina Bähnk, Barbara Maria Krüss

Doppel-Klick 117
⇨ SB, S. 94–111

Name: Klasse: Datum:

Eine Erzählung überarbeiten

 6 Lies die Satzbausteine.

7 Kreuze Satzbausteine an, um zu beschreiben …
- … wie das Gelände der alten Fabrik aussehen könnte.
- … wie die Umgebung wirkt.
- … wie die Ziegel dann fallen.

Das Gelände der alten Fabrik	☐ besteht aus	☐ Mauern.
		☐ Steine(n).
	☐ hat	☐ viele(n) Gebäude(n).
		☐ hohe(n) Gebäude(n).

Die Umgebung	☐ ist	☐ einsam.
		☐ kalt.
	☐ wirkt	☐ langweilig.
		☐ staubig.

Die Ziegel	☐ fallen	☐ nacheinander.
	☐ rutschen	☐ langsam.
	☐ lösen sich	☐ gleichzeitig.

 8 Schreibe nun Tariks Erzählung neu auf. Gehe dabei folgendermaßen vor:
- **a.** Schreibe eine Überschrift auf eine neue Seite in deinem Heft.
- **b.** Beginne: *Gestern spielte ich mit meinen Freunden Verstecken in der alten Fabrik.*
- **c.** Schreibe etwas zu der Fabrik und ihrer Umgebung.
  Tipp: Die Aufgabe 7 hilft dir dabei.
- **d.** Schreibe Tariks Erzählung von Seite 1 weiter bis zum Handlungsbaustein „Ende".
  Ersetze das Wort „Ich" durch andere Satzanfänge aus der Randspalte. Schreibe 3 Gedanken von Tarik auf.
  Tipp: Aufgabe 5 hilft dir dabei.
- **e.** Wie fühlt Tarik sich? Schreibe auf.
  Tipp: Die Aufgabe 4 hilft dir dabei.
- **f.** Schreibe das Ende der Erzählung auf.

→ dann …
danach …
zuletzt …
plötzlich …
auf einmal …

9 Lies einem Mitschüler deine Erzählung vor.

Cornelsen

Autorinnen: Nina Bähnk, Barbara Maria Krüss

Eine Geschichte erschließen

Auf den Seiten 1–3 findest du eine Geschichte über Angst und Mut.
Jonas fährt mit der Straßenbahn zur Schule und gerät in eine bedrohliche Situation.
Ob er Mut beweisen wird?

1   **a.** Lies zuerst die Überschrift und sieh dir die beiden Bilder an.
      b. Worum könnte es in der Erzählung gehen?
        Notiere Stichworte.

_____

2 Lies nun die Erzählung.

Jonas sagt Nein   *Nina Schindler*

Jonas steht an der Haltestelle und friert. Dass es aber auch immer so lange dauert,
bis eine Bahn kommt. Seitdem sie in einen anderen Stadtteil gezogen sind, muss er jeden Tag
mit der Straßenbahn zur Grundschule fahren.
Da!
5 Endlich kommt die Bahn. Leider eine alte, keine von den schicken neuen.
In denen kann Jonas sich immer vorstellen, wie er in einer Weltraumbahn über
die Milchstraße fährt …
Aber in den alten Straßenbahnen stehen die Sitzbänke einander gegenüber,
da kann man nicht so gut träumen. Alle Plätze sind besetzt. Dabei ist
10 seine Mappe ganz schön schwer.
Da wäre noch ein freier Platz, aber der Mann mit der roten Mütze auf der Bank
gegenüber hat einfach seine Füße draufgelegt. Jonas findet das blöd,
aber er traut sich nicht, etwas zu sagen. An der nächsten Haltestelle
steigt ein alter Mann ein. Als die Bahn anruckelt, sieht er sich
15 nach einem freien Platz um und sagt zu dem Mann mit
der roten Mütze: „Verzeihung, könnten Sie nicht mal
die Füße runternehmen? Ich würde mich gern setzen.“
Der Mann reagiert nicht und schaut aus dem Fenster.
Da sagt der alte Mann: „Das ist doch nicht zu fassen!“
20 „Is was, Opa?“, sagt der Jüngere und behält die Füße
oben. „Jawohl, das ist eine Unverschämtheit …“,
knöttert der alte Mann. „Unglaublich, was man sich
bieten lassen muss!“
Doch da steht der Jüngere auf einmal auf und brüllt ganz laut: „Halt's Maul,
25 du alter Knochen! Von so einem Idioten wie dir lass ich mich doch nicht
von der Seite anmachen.“
Jonas bleibt der Mund offen stehen. So was hat er noch nie erlebt. Wieso brüllt der
den alten Mann so böse an? Füße hochlegen ist doch verboten!

Name: Klasse: Datum:

Eine Geschichte erschließen

Jonas sagt Nein (Fortsetzung)

Der alte Mann redet wieder, doch nun etwas leiser, von schlechtem Benehmen.

30 Der Rote-Mützen-Mann stellt sich ganz dicht vor den alten Mann hin, nimmt
dem einfach die Brille weg und sagt: „Da denkt so ein alter Depp, er hat
den großen Durchblick, was? Na, das können wir doch ganz schnell ändern!"
Jonas sieht, dass der alte Mann jetzt Angst hat. Keiner in der Straßenbahn hilft ihm.
Alle schauen aus dem Fenster oder vor sich hin, als wäre gar nichts los.

35 Jetzt hält die Bahn. Ein großer dicker Mann steigt aus. Der hätte dem Mann
helfen können – aber nun ist er weg.
Jonas versucht auch wegzuhören und wegzusehen, denn der Rote-Mützen-Mann
kommt immer mehr in Fahrt.
Jetzt schubst er den alten Mann sogar.

40 Der weicht zurück, bis er gegen einen anderen Fahrgast prallt, aber der hält sich
an der Haltestange fest und tut so, als hätte er nichts gemerkt. Keiner im Waggon
sagt etwas zu dem Rote-Mützen-Mann.
„Ich lass mich doch nicht von einem alten Knochen anpinkeln, merk dir das, Alter!",
brüllt der Rote-Mützen-Mann ganz laut. „Merkt euch das alle hier, mit mir läuft

45 das nicht, oder will hier wer rote Ohren?" Sein Gesicht ist jetzt fast so rot wie
seine Mütze, und Jonas hat schreckliche Angst vor ihm.
Keiner der Fahrgäste sagt etwas, nur ein paar Kinder weiter vorn kichern.
„Ist das klar?", schreit der Brüller und schubst den alten Mann wieder und
lässt die Brille runterfallen.

50 „Nee."
Jonas hat deutlich jemanden reden hören und merkt entsetzt,
dass er das war.
Der Rote-Mützen-Mann mustert ihn mit schmalen Augen.
„Wer war das?"

55 Jonas schluckt. Er hat plötzlich gar keine Spucke mehr
im Mund. Ihm ist kalt, als wäre eine Eiskugel
in seinem Bauch. Er schluckt noch mal.
„Nein, das ist nicht klar, warum Sie den alten Mann so
fertigmachen. Vielleicht wollen Sie auch noch ein Kind

60 fertigmachen."
Der Rote-Mützen-Mann kommt auf ihn zu.
„Du hast wohl lange keine Dresche mehr gekriegt, du Kröte?
Du hältst jetzt dein Maul, wenn große Leute reden, klar?"
Eigentlich will Jonas lieber nichts mehr sagen. Ihm ist ganz heiß vor Angst.

65 Aber dann sagt er doch etwas: „Nein."
Die Bahn hält, manche Leute steigen aus, andere ein, von denen schauen einige
neugierig herüber, aber niemand kommt ihm zu Hilfe. Jonas schwitzt jetzt, denn
der Rote-Mützen-Mann steht schrecklich dicht vor ihm. Jonas muss zu ihm hochsehen.

Autoren: Werner Bentin, Regina Esser-Palm
Illustrator: Carsten Märtin, Oldenburg

Doppel-Klick   120
⇨ SB, S. 94–111

Name: Klasse: Datum:

Eine Geschichte erschließen

Jonas sagt Nein (Fortsetzung)

Wieso hilft ihm keiner? Haben die Erwachsenen in der Bahn so große Angst

70 vor dem Schreier? Der alte Mann hat sich nach seiner Brille gebückt und umgedreht,

als ob ihn das nichts mehr anginge.

Jonas holt tief Luft. Ihm zittern die Knie vor Angst.

„Ich finde Brillen wegnehmen gemein", sagt er.

„WAS?" Das rote Gesicht ist ganz dicht über seinem, und er hätte

75 am liebsten die Hand gehoben, um sich dagegen zu schützen.

„Ich finde Brillen wegnehmen gemein", wiederholt er.

Die Bahn hält wieder.

Darauf war er nicht vorbereitet und fast hätte er sein Gleichgewicht verloren. Hinter

dem Rote-Mützen-Mann sieht Jonas draußen zwei Polizisten auf die Bahn zukommen.

80 Und in der Türöffnung sieht er den dicken, großen Mann, der vorhin ausgestiegen ist.

Jetzt wird Jonas ganz mutig, denn der Rote-Mützen-Mann kann die Polizisten ja

nicht sehen.

„Ich finde Füße auf dem Sitz doof, aber Brille wegnehmen und Rumschreien und

Leute schubsen finde ich noch doofer."

85 Einige Leute im Waggon lachen.

Jetzt steigen die Polizisten ein. Der große Mann steigt auch wieder ein und

zeigt auf den Rote-Mützen-Mann.

Der muss mit den Polizisten mit und protestiert laut.

Jonas setzt sich auf einen frei gewordenen Platz.

90 Aha! Der große Mann war wieder vorn beim Fahrer eingestiegen und der hatte

über seinen Funk die Polizei informiert.

Niemand in der Bahn redet mit Jonas.

Alle sehen wieder aus dem Fenster oder vor sich hin oder unterhalten sich leise miteinander,

und die Kinder weiter vorn lachen.

95 Jonas ist sehr müde, aber irgendwie auch ziemlich zufrieden.

(aus: Lara Winter (Hrsg.): Wetten, dass du dich nicht traust? Geschichten über Mut und Angst. cbj Taschenbuch Verlag,
in der Verlagsgruppe Random House GmbH, München, 2008)

Cornelsen   Autoren: Werner Bentin, Regina Esser-Palm

Name: _____ Klasse: _____ Datum: _____

Eine Geschichte erschließen

Mit den folgenden Aufgaben kannst du den Inhalt der Geschichte erschließen.

3 Wie verhält sich der Mann mit der roten Mütze gegenüber dem alten Mann?
Kreuze die zutreffenden Antworten an.

❑ Er beleidigt ihn.   ❑ Er schreit ihn an.   ❑ Er schlägt ihn.   ❑ Er schubst ihn.
❑ Er stiehlt ihm Geld.   ❑ Er nimmt ihm die Brille weg.   ❑ Er spuckt ihn an.

4 Welche Informationen erhältst du über die Hauptfigur Jonas?
a. Kreuze die zutreffenden Antworten an.
b. Gib bei jeder zutreffenden Aussage die passenden Zeilen aus dem Text an.

	trifft zu	trifft nicht zu	Zeilen
Jonas ist Grundschüler.	X		Z. 3
Er fährt mit der Straßenbahn zur Schule.			
Jonas setzt sich neben einen alten Mann.			
Jonas findet es nicht in Ordnung, die Füße auf den Sitz zu legen.			
Jonas wird von dem Mann mit der roten Mütze beschimpft und bedroht.			
Die anderen Fahrgäste helfen Jonas.			
Jonas sieht, dass zwei Polizisten in die Bahn einsteigen.			
Jonas ist froh, dass er „Nein" gesagt hat.			

5 a. An welchen Stellen im Text wird Jonas' Angst beschrieben?
Markiere mindestens vier passende Stellen im Text farbig.
b. Wo wird Jonas' Angst deiner Meinung nach besonders anschaulich beschrieben?
Schreibe die Textstelle ab.

_____

_____

_____

Autoren: Werner Bentin, Regina Esser-Palm

Doppel-Klick   122
⇨ SB, S. 94–111

Name: Klasse: Datum:

Eine Geschichte erschließen

Mit Hilfe der Handlungsbausteine kannst du den Inhalt der Geschichte zusammenfassen.

6 **a.** Ordne die Zusammenfassung des Inhalts in der richtigen Reihenfolge.
    b. Schreibe über jeden Absatz den passenden Handlungsbaustein.

☐ _____

Jonas ist entsetzt und möchte dem Rote-Mützen-Mann sagen,
dass er mit seinem Verhalten nicht einverstanden ist.

Handlungsbausteine:
Figur in Situation
Wunsch
Hindernis
Reaktion
Ende

☐ _____

Ein Fahrgast hat in der Zwischenzeit die Polizei gerufen und
der Mann mit der roten Mütze muss aussteigen. Jonas ist erschöpft,
aber auch zufrieden.

1 _____

Jonas erlebt in der Straßenbahn einen heftigen Streit zwischen
einem alten Mann und einem Mann mit einer roten Mütze.

☐ _____

Aber er traut sich nicht, seine Meinung laut zu sagen. Er hat Angst
vor dem Mann. Außerdem schauen die anderen Fahrgäste weg.

☐ _____

Plötzlich sagt Jonas „Nein". Er hat auf einmal den Mut, dem Mann
seine Meinung direkt ins Gesicht zu sagen.

Am Abend schreibt Jonas seinem Freund Ron eine E-Mail.
Darin erzählt er von dem Erlebnis in der Straßenbahn.

7 Schreibe die E-Mail auf ein extra Blatt.
    – Schreibe in der Ich-Form aus der Sicht von Jonas.
    – Verwende die Handlungsbausteine aus Aufgabe 6.
    – Erzähle von Jonas' Angst und von seiner mutigen
      Reaktion besonders anschaulich.

Starthilfe
Hallo Ron,
ich muss dir unbedingt schreiben,
was heute Morgen passierte.
Ich fuhr in der Straßenbahn und
erlebte einen heftigen Streit
zwischen …

Cornelsen   Autoren: Werner Bentin, Regina Esser-Palm

Name: Klasse: Datum:

Eine Geschichte erschließen

Mit den folgenden Aufgaben kannst du den Inhalt der Geschichte erschließen.

3 Wodurch kommt es zur Auseinandersetzung zwischen Jonas und dem alten Mann mit dem Mann mit der roten Mütze? Ergänze den Satz.

Jonas und der alte Mann ärgern sich über den Mann mit der roten Mütze, weil

_____

4 Was erfährst du über Jonas, die Hauptfigur der Geschichte?

_____

_____

_____

5 Wie verhalten sich die Erwachsenen in der Geschichte?
Notiere Stichworte.

der Mann mit der roten Mütze: _____

_____

_____

_____

_____

_____

_____

6 **a.** An welchen Stellen im Text wird Jonas' Angst besonders anschaulich dargestellt?
Markiere Textstellen.

    b. Wodurch wird Jonas' Angst im Text deutlich?
Formuliere zwei bis drei Sätze.

_____

_____

_____

Cornelsen

Autoren: Werner Bentin, Regina Esser-Palm

Name: Klasse: Datum:

Eine Geschichte erschließen

Mit Hilfe der Handlungsbausteine kannst du den Inhalt der Geschichte zusammenfassen.

7 Schreibe zu jedem Handlungsbaustein ein bis zwei Sätze auf.
Tipp: Die Leitfragen helfen dir.

Handlungsbaustein: **Hauptfigur in Situation**

Jonas erlebt in der Bahn einen heftigen Streit

zwischen einem alten Mann und einem Mann

mit einer roten Mütze.

Handlungsbaustein: **Wunsch**

> **Leitfragen**
> – Welche Situation erlebt Jonas in der Bahn?
> – Was hindert Jonas daran, seine Meinung zu sagen?
> – Wie endet die Geschichte?
> – Was würde Jonas dem Mann mit der roten Mütze am liebsten sagen?
> – Wie reagiert Jonas auf den aggressiven Mann?
> – Wie reagieren die anderen Figuren?

Handlungsbaustein: **Hindernis**

Handlungsbaustein: **Reaktion**

Handlungsbaustein: **Ende**

**Am Abend schreibt Jonas seinem Freund Ron eine E-Mail.
Darin erzählt er von seinem Erlebnis in der Straßenbahn.**

8 Schreibe die E-Mail auf ein extra Blatt.
- Schreibe in der Ich-Form aus der Sicht von Jonas.
- Verwende die Handlungsbausteine aus Aufgabe 7.
- Erzähle von Jonas' Angst und von seiner mutigen Reaktion besonders anschaulich.

> **Starthilfe**
> Hallo Ron,
> ich muss dir unbedingt schreiben,
> was heute Morgen passierte.
> Ich fuhr in der Straßenbahn und erlebte einen heftigen Streit zwischen …

Autoren: Werner Bentin, Regina Esser-Palm

Name: Klasse: Datum:

Eine Geschichte fortsetzen

Du hast die Geschichte „Jonas sagt Nein" auf dem Arbeitsblatt 59 gelesen und erschlossen. Nun kannst du zu der Geschichte schreiben.
Wähle Aufgabe A oder B aus und bearbeite sie.

Aufgabe A: Aus der Sicht einer anderen Figur erzählen

In der Straßenbahn waren noch andere Personen. Sie haben miterlebt, wie der Mann mit der roten Mütze den Streit mit dem alten Mann und Jonas angefangen hat.

1 Erzähle die Geschichte aus der Sicht einer anderen Person.
Das kann ein Kind, ein Jugendlicher oder ein Erwachsener sein.

- – Lege eine Mindmap mit den Hauptideen deiner Geschichte an.
- – Lege für jeden Handlungsbaustein eine Karte an.
- – Notiere auf diesen Karten deine Ideen.
- – Überlege dir einen sinnvollen Aufbau deiner Geschichte:
  Du kannst die Reihenfolge der Handlungsbausteine ändern.
- – Verwende beim Schreiben treffende Verben, Adjektive, wörtliche Rede und
  unterschiedliche Satzanfänge.

Handlungsbausteine:
Figur in Situation
Wunsch
Hindernis
Reaktion
Ende

Starthilfe

Stellt euch vor, was mir gestern Morgen passiert ist.
Ich saß nichts Böses ahnend in der Straßenbahn und las
eine Nachricht auf meinem Handy, als ich plötzlich …

Aufgabe B: Eine Zeugenaussage für die Polizei schreiben

**Die Polizei untersucht, ob der Mann mit der roten Mütze
in der Straßenbahn eine Straftat begangen hat.
Deshalb befragt eine Polizistin Jonas als Zeugen.**

– Wann geschah es?
– Wo geschah es?
– Wer war beteiligt?
– Was passierte?
– Was geschah der Reihe nach?
– Warum geschah es?
– Welche Folgen ergeben sich?

2 Die Polizistin stellt Jonas Fragen.
Schreibe die W-Fragen in dein Heft und
beantworte sie in Stichworten.

3 Was berichtet Jonas der Polizistin?
Schreibe mit Hilfe deiner Antworten aus Aufgabe 1
eine Zeugenaussage über den Vorfall in der Straßenbahn.
Tipp: Formuliere die Überschrift zum Schluss.

Einen Bericht schreiben
Ein Bericht / eine Aussage
– ist genau und sachlich,
– ist knapp und klar,
– beantwortet die W-Fragen,
– steht im Präteritum.

Starthilfe

Zeugenaussage von …
Am Mittwochmorgen war ich Zeuge, wie es in der Straßenbahn
zu einem Zwischenfall kam.

Cornelsen Autoren: Werner Bentin, Regina Esser-Palm

Name: Klasse: Datum:

Mit dem Erzählplan erzählen

Das Fünfmeterbrett war keine Kleinigkeit. Vasili stand jetzt da oben und spürte die Blicke der anderen – besonders die von Madita.
Mit den Handlungsbausteinen kannst du von Vasilis Mutprobe erzählen.

1 Stell dir vor, wie die Szene im Freibad abläuft.
    a. Lies die Stichworte zu den Handlungsbausteinen.
    b. Wie könnte sich Madita am Ende verhalten?
        Ergänze das letzte Stichwort.

Handlungsbaustein Hauptfigur und Situation:
– Vasili, 11 Jahre alt
– ein Nachmittag im Freibad
– tobt mit Freunden herum, Wasserrutsche, Fußball
– beobachtet eine Gruppe Mädchen, Madita

Handlungsbaustein <u>Wunsch</u>:
– seine Freunde springen vom Fünfmeterbrett
– Vasili will auch springen
– will nicht als Feigling dastehen
– will Madita beeindrucken

Handlungsbaustein <u>Hindernis</u>:
– hat Angst vor der Höhe
– traut sich nicht zu springen
– hat Angst, ausgelacht zu werden, besonders von Madita

Handlungsbaustein <u>Reaktion</u>:
– versucht, seine Angst zu überwinden
– denkt an Madita, steigt langsam die Stufen hoch
– Freunde feuern ihn an
– geht vorsichtig über das Brett

Handlungsbaustein <u>Ende</u>:
– steht vorn am Brett, schließt die Augen, springt
– ist stolz auf sich, Freunde sind begeistert

- Madita _____

_____

> **Tipp 1:** Beginne mit einer Einleitung, die zu der Geschichte und der Stimmung passt.

> **Tipp 2:** Baue die Spannung langsam auf. Beschreibe genau, was die Personen fühlen und denken. Du kannst auch ein Gespräch in wörtlicher Rede schreiben.

> **Tipp 3:** Erzähle den Höhepunkt deiner Geschichte besonders spannend.

> **Tipp 4:** Beschreibe die Personen und ihre Gefühle mit treffenden Adjektiven.

> **Tipp 5:** Überlege dir eine Überschrift, die den Leser neugierig macht.

2 **a.** Schreibe die Geschichte im Präteritum auf.
    – Schreibe in der Er-Form.
    – Verwende die Stichworte zu den Handlungsbausteinen.
    – Beachte die Tipps zum spannenden Erzählen am Rand.
    – Du kannst die Starthilfe nutzen oder
    einen eigenen Anfang schreiben.
    b. Überarbeite deine Geschichte mit Hilfe der Checkliste
        auf Seite 2.

> **Starthilfe**
>
> Dieses Mal wollte er bestimmt mutig sein. Das hatte sich Vasili auf dem Weg ins Freibad geschworen. Er saß mit seinen Freunden auf der Wiese und …

Autorin: Regina Esser-Palm

Name: Klasse: Datum:

Mit dem Erzählplan erzählen

Mit Hilfe der Checkliste kannst du deine Geschichte überprüfen und überarbeiten.

3 **a.** Lies deine Geschichte noch einmal.
Beantworte dabei die Checkfragen mit „ja" oder „nein".
b. Überarbeite einzelne Textstellen, bis sie dir gefallen.
Beachte dabei die Fragen, die du mit „nein" beantwortet hast.
Tipp: Du kannst deine Geschichte auch zusammen mit einer Partnerin
oder einem Partner überarbeiten.

Checkliste: Eine Geschichte schreiben	ja	nein
Habe ich meine Geschichte in Einleitung, Hauptteil und Schluss gegliedert?		
Habe ich eine passende Einleitung geschrieben?		
Habe ich im Präteritum geschrieben?		
Habe ich die Erzählperspektive eingehalten: entweder nur die Ich-Form oder nur die Er-Form?		
Habe ich die Handlungsbausteine verwendet?		
Habe ich die Gedanken und Gefühle der Figuren anschaulich beschrieben?		
Habe ich den Höhepunkt besonders spannend erzählt?		
Habe ich wörtliche Rede benutzt?		
Habe ich treffende Adjektive und Verben verwendet?		
Habe ich die Satzanfänge abwechslungsreich gestaltet?		
Habe ich zum Schluss geschrieben, wie sich die Spannung löst?		
Habe ich eine passende Überschrift gewählt?		
Habe ich auf die Rechtschreibung und die Zeichensetzung geachtet?		

Cornelsen Autorin: Regina Esser-Palm

Doppel-Klick 128
⇨ SB, S. 94–111

Name: | Klasse: | Datum:

Zu Bildern erzählen

Der Vater sagt Tim, was er einkaufen soll.
Doch auf dem Weg zum Supermarkt ist so viel zu sehen …

1 Sieh dir die Bilder genau an.

Cornelsen

Autorin: Renate Krull
Illustration: Carsten Märtin, Oldenburg

Doppel-Klick | 129
⇨ SB, S. 94–111

Name:　　　　　　　　　　　Klasse:　　　　　　Datum:

Zu Bildern erzählen

Worum geht es in der Bildergeschichte?

2 Schreibe die Antworten auf die folgenden Fragen auf.

Welche beiden wichtigen Figuren spielen in der Bildergeschichte mit?

_____ *und* _____

Welche von beiden ist die Hauptfigur? _____

Was soll Tim tun? _____ *Er soll* _____.

Der Vater sagt Tim, was er einkaufen soll.

3 Was sagt der Vater Tim?
   a. Sieh dir Bild 1 an.
   b. Schreibe es auf.
   Tipp: Du kannst die Tabelle zu Hilfe nehmen.

Der Vater sagt: „Kaufe bitte _____ *einen* _____ Milch,

_____ *zwei* _____

_____ Jogurt,

_____ Butter, _____ Eier und _____ Zitrone."

> 1
> 2 Brötchen
> 3 Becher Jogurt
> 1 Liter Milch
> 12 Eier
> 1 Päckchen Butter
> 1 Zitrone

einen	ein	eine	zwei, drei, … zwölf
Liter Milch	Päckchen Butter	Zitrone	Brötchen, Becher Jogurt, Eier

Tim geht los.

4 Wen sieht Tim auf der Straße auf Bild 2?
Schreibe es mit Hilfe der Tabelle auf.

Auf der Straße sieht Tim _____ und _____.

5 Wer tut was?
   a. Sieh dir Bild 2 an. Kreuze zwei richtige Sätze an.
   b. Schreibe die zwei richtigen Sätze in dein Heft.

☐ Der Mann winkt freundlich.　　　☐ Der Hund bellt.

☐ Die Frau winkt freundlich.　　　☐ Der Hund wedelt mit dem Schwanz.

☐ Das Kind winkt freundlich.　　　☐ Der Hund frisst eine Wurst.

Cornelsen
Autorin: Renate Krull
Illustration: Carsten Märtin, Oldenburg

Name: Klasse: Datum:

Zu Bildern erzählen

Nun bleibt Tim vor einer Zoohandlung stehen. Er staunt.

Fische	laufen	an der Decke.
Mäuse	schwimmen	im Käfig.
Ein Papagei	sitzt	im Aquarium.
Eine Spinne	sitzt	auf einer Schaukel.
Ein Kaninchen	hängt	im Schaufenster.

6 Da stimmt doch etwas nicht! Du kannst die Teile der Sätze ordnen.
     a. Sieh dir Bild 3 an. Lies die falschen Sätze.
     b. Verbinde die Teile der Sätze richtig. Schreibe die Sätze richtig auf.

_____

_____

_____

_____

Tim geht weiter. Es gibt so viel zu sehen!

7 Was sieht Tim?
     a. Sieh dir Bild 4 an.
     b. Markiere in jeder Reihe die richtigen Teile der Sätze.

Auf der anderen Straßenseite Auf der Fahrbahn	sind lachen	vier Fenster. drei Fenster.	
Auf der rechten Fensterbank Auf der linken Fensterbank	sitzt schläft	ein Kaninchen. eine Katze.	
Aus dem mittleren Fenster Aus dem rechten Fenster	sieht ruft	eine Frau. ein Mann.	
Im mittleren Fenster Auf der rechten Fensterbank	stehen liegen	zwei Blumentöpfe.	
Plötzlich Langsam	sieht ruft	Tim der Autofahrer	ein Mädchen. ein Auto.
Er Es	spielt	Handball. Fußball.	

Autorin: Renate Krull
Illustration: Carsten Märtin, Oldenburg

Name: Klasse: Datum:

Zu Bildern erzählen

Dann steht Tim vor dem Supermarkt.
Was soll er nur einkaufen?

8 Wie viele Brötchen soll Tim kaufen? Und wie viel …?

  a. Schreibe die Zahlen als Wörter auf die Linien.

  b. Was ist jeweils richtig? Unterstreiche.

    zwei Brötchen oder _____ Brötchen?
    2   12

    _____ Liter Milch oder _____ Liter Milch?
    1   3

    _____ Päckchen Butter oder _____ Päckchen Butter?
    2   1

    _____ oder _____ Becher Jogurt?
    3   2

    _____ oder _____ Eier?
    2   12

    _____ Zitrone oder _____ Zitronen?
    1   2

Zu Hause gibt es dann ein Problem.

9 Was ruft der Vater? Schreibe es auf.

    „Da liegen ja _____ Eier. Wir brauchen aber _____.

    Da sind _____ Brötchen. Wir brauchen aber _____.

    Da sind _____ Liter Milch. Wir brauchen aber nur _____.

    Da liegt _____ Päckchen Butter. Das ist richtig.

    Da liegt _____ Zitrone. Das ist auch richtig.

    „Da stehen _____ Becher Jogurt. Wir brauchen aber _____.“

10 Was denkt der Vater? Was denkt Tim? Schreibe es auf.

    Der _____: Das nächste Mal gebe ich einen Einkaufszettel mit.

    _____: Das nächste Mal passe ich besser auf.

Cornelsen

Autorin: Renate Krull
Illustration: Carsten Märtin, Oldenburg

Doppel-Klick 132
⇨ SB, S. 94–111

Name: Klasse: Datum:

Probearbeit: Eine Geschichte untersuchen und weitererzählen

Eine schlimme Krankheit   *Manfred Mai*

Ich glaube, Tommi hat eine schlimme Krankheit. Oder er ist verrückt geworden.
Warum ich das glaube? Ganz einfach. Seit ein paar Wochen duscht er jeden Tag, manchmal sogar
zweimal. Und jedes Mal, wenn er duscht, wäscht er sich auch noch die Haare. Freiwillig!
Ohne dass Mama es verlangt. Das ist doch nicht normal. Wer so was tut,
5 muss entweder krank oder verrückt sein. Meine ich jedenfalls.
Bis vor ein paar Wochen war das noch ganz anders. Da hat Mama oft
mit Tommi geschimpft, weil er die ganze Woche nicht geduscht hat.
Jedenfalls nicht freiwillig.
„Du stinkst langsam wie ein Bock", hat Mama gesagt.
10 „Und du bekommst schon Läuse auf dem Kopf."
Aber das war Tommi egal.
Jetzt ist es genau umgekehrt. Jetzt schimpft Mama, weil Tommi
stundenlang im Bad ist und keinen hineinlässt. Und wenn er dann
endlich rauskommt, sieht er völlig bescheuert aus. Seine Haare
15 hat er hochgeföhnt wie einer vom Film. Er hat sich sogar das Gesicht
gepudert, damit man seine Sommersprossen und Pickel nicht sieht.
Hab ich genau gesehen. Und stinken tut er, dass mir ganz schlecht wird,
wenn er mir zu nahe kommt. Da war mir viel lieber, wie er früher manchmal gestunken hat.
Das hab ich ihm auch gesagt.
20 „Lass mich in Ruhe, du Zwerg, das verstehst du noch nicht!"
Zwerg sagt er zu mir. Dabei bin ich schon sechs und er ist noch nicht mal zwölf. Aber seit
ein paar Wochen tut er, als wenn er schon uralt wäre. Er zieht auch seine vergammelte
Lieblingsjeans nicht mehr an. Die ausgefranste mit den Löchern. Er hat sich eine neue gekauft.
Und einen Pulli. Aber keinen normalen, sondern einen, auf dem unbedingt Benetton stehen musste.
25 Und neue Schuhe, so eklig schicke. Seine tollen Basketballstiefel stehen im Keller. Die kann ich
jetzt haben. Leider sind sie mir noch ein paar Nummern zu groß. Aber nicht mehr lange. Wenn ich
drei Paar dicke Socken anziehe, kann ich schon damit laufen.
Ich verstehe nicht, wie man so tolle Stiefel einfach in den Keller stellen kann.
Da muss man doch krank sein. Oder verrückt. Meine ich jedenfalls.
30 Papa sagt: „Ich kenne Tommis Krankheit." Er sieht aber nicht aus, als ob er sich Sorgen macht.
Er schmunzelt sogar.
„Was hat er denn?", frage ich.
„Die Mädchenkrankheit", antwortet Papa, „wenn du verstehst, was ich meine."
Ich versteh gar nichts. Mädchenkrankheit! Davon hab ich ja noch nie was gehört.
35 „Tommi ist verliebt", klärt Mama mich lächelnd auf.
„Verliebt?" Ich gucke Papa an und der nickt.
„Bis über beide Ohren", sagt er.
„Ja … aber … wieso? Findet er denn Mädchen nicht mehr doof?", stottere ich.
„Im Gegenteil", antwortet Papa. „Er findet Mädchen jetzt ganz toll. Zumindest eines."
40 Mein Bruder findet Mädchen nicht mehr doof, sondern toll. Der muss wirklich krank sein.
Oder total verrückt. Meine ich jedenfalls.

(nach: Manfred Mai: 33 Dreiminutengeschichten. Ravensburger Buchverlag, Ravensburg, 1996)

Name: Klasse: Datum:

Probearbeit: Eine Geschichte untersuchen und weitererzählen

**Wie gut du Geschichten verstehen und zu ihnen erzählen kannst,
überprüfst du hier anhand der Geschichte „Eine schlimme Krankheit".**

1 Lies die Geschichte „Eine schlimme Krankheit" von Manfred Mai.

2 Worum geht es in der Geschichte? Schreibe ein bis zwei Sätze auf.   ☐ /2 P.

_____

_____

_____

_____

3 **a.** Finde im Text die folgenden Textstellen.   ☐ /6 P.
       Ergänze in den Klammern dahinter die richtigen Zeilenangaben.

     b. Wer sagt oder denkt diese Sätze?   ☐ /6 P.
       Schreibe die Namen oder Bezeichnungen der Figuren auf die Linien davor.

_____Ich glaube, Tommi hat eine schlimme Krankheit. (Z. _____)

_____„Lass mich in Ruhe, du Zwerg, das verstehst du noch nicht!"

       (Z. _____)

_____„Du stinkst langsam wie ein Bock." (Z. _____)

_____Ich versteh gar nichts. Mädchenkrankheit! (Z. _____)

_____„Ich kenne Tommis Krankheit." (Z. _____)

_____„Tommi ist verliebt." (Z. _____)

4 Lies die Fragen zu der Geschichte und beantworte sie.   ☐ /3 P.

Warum glaubt Tommis Bruder, dass Tommi verrückt geworden ist?

_____

Warum erklärt Tommi seinem Bruder nicht, was los ist?

_____

_____

Wie reagieren die Eltern?

_____

_____

Autor: Werner Bentin

Doppel-Klick 134

Name: Klasse: Datum:

Probearbeit: Eine Geschichte untersuchen und weitererzählen

Mit Hilfe der Handlungsbausteine kannst du die Geschichte weitererzählen.

5 Beantworte die Fragen zu den Handlungsbausteinen.
Du kannst die Stichworte aus dem Kasten verwenden.

/5 P.

Handlungsbaustein **Hauptfigur in Situation**:
Wer ist die Hauptfigur? In welcher Situation steckt sie?

_____

_____

Handlungsbaustein **Wunsch**:
Welchen Wunsch hat die Hauptfigur?

_____

_____

Handlungsbaustein **Hindernis**: Welche Tatsache
macht es dem Jungen schwer, Tommi zu verstehen?

_____

_____

Handlungsbaustein **Reaktion**: Wie reagiert die Hauptfigur auf das Hindernis?

_____

_____

Handlungsbaustein **Ende**: Wie endet die Geschichte?

_____

_____

> **Stichworte zu den Handlungsbausteinen**
> – möchte seinen Bruder verstehen
> – Tommis kleiner Bruder versteht Tommi nicht mehr
> – Tommis Bruder fragt die Eltern
> – Altersunterschied, Tommi sagt ihm nichts
> – Antworten der Eltern helfen nicht / Tommis Bruder versteht immer noch nicht

Tommis Bruder will seinem Freund erzählen, wie sich Tommi verändert hat.

6 Schreibe mit Hilfe der Handlungsbausteine
eine Geschichte, in der die beiden Freunde
über Tommis Verhalten sprechen.
Schreibe auf ein extra Blatt.
Tipp: Die Redebegleitsätze rechts helfen dir.

/5 P.

> „…?", fragte er neugierig.
> … meinte dazu: „…"
> … erzählte weiter: „…"
> „…!", rief er erstaunt.

Starthilfe

> In der Pause trafen sich die beiden Jungen in einer Ecke des Schulhofs.
> Tommis kleiner Bruder Justus erzählte brummig: „Ach, der Tommi, der ist
> jetzt total verrückt geworden." „Wieso? Was ist denn passiert?", fragte …

Gesamt:

/27 P.

 Autor: Werner Bentin

Name: Klasse: Datum:

Probearbeit: Eine Geschichte untersuchen und weitererzählen

Diagnose und Auswertung

Aufgabe	Teilkompetenzen	Lösungen/Erwartungen	Diagnose
2	Den Inhalt der Geschichte in ein bis zwei Sätzen zusammenfassen	In der Geschichte geht es um zwei Brüder. Der ältere Bruder, Tommi, verhält sich seit einiger Zeit anders, er duscht und wäscht sich oft freiwillig die Haare. Der kleine Bruder findet dieses Verhalten verrückt oder sogar krank.	Teilkompetenz erreicht ☐ teilweise erreicht ☐ nicht erreicht ☐
3	Textstellen im Text finden und Zeilenangaben notieren	Die Schülerinnen und Schüler ergänzen die Personen, die in den Textstellen sprechen, und die Zeilenangaben.	Teilkompetenz erreicht ☐ teilweise erreicht ☐ nicht erreicht ☐
4	Fragen zur Geschichte beantworten	• Tommi duscht häufig ganz freiwillig und verwendet sogar Puder. • Tommi meint, sein Bruder könne ihn nicht verstehen, weil er noch zu klein ist. • Die Eltern haben Verständnis für ihren großen Sohn und finden sein Verhalten normal.	Teilkompetenz erreicht ☐ teilweise erreicht ☐ nicht erreicht ☐
5	Fragen zu den Handlungsbausteinen beantworten	• Hauptfigur: Die Hauptfigur ist Tommis kleiner Bruder. Er versteht Tommis Verhalten nicht. • Wunsch: Der Kleine möchte seinen Bruder Tommi gern verstehen. • Hindernis: Tommi denkt, dass sein Bruder noch zu klein ist. Deshalb sagt er ihm nichts. • Reaktion: Tommis Bruder ärgert sich über ihn und fragt die Eltern um Rat. • Ende: Die Antworten der Eltern helfen Tommis Bruder nicht weiter. Er versteht Tommi immer noch nicht.	Teilkompetenz erreicht ☐ teilweise erreicht ☐ nicht erreicht ☐
6	Mit Hilfe der Handlungsbausteine eine Geschichte schreiben	*Individuelle Lösung*	Teilkompetenz erreicht ☐ teilweise erreicht ☐ nicht erreicht ☐

Cornelsen   Autor: Werner Bentin

Medien: Blicke in die Welt (Schülerbuch S. 112–117)

Interkulturelle Grunderfahrung

- **Medien**
- **Benutzung von Medien**
- **Kommunikation und Konsum (Medien)**

Kompetenzschwerpunkte

- **Mediennutzung reflektieren**
- **Sich informieren**

Materialien und Differenzierung im Überblick

Unterrichtsverlauf	Lernziele und Kompetenzen	Schülerbuch	Servicepaket	Arbeitsheft
Einstieg (Klassengespräch)	*Vorwissen aktivieren, Fotos beschreiben mit anderen über Medien und Medienkonsum sprechen*	S. 112–113	Arbeitsblatt 63: Medien vergleichen Arbeitsblatt 68: Medien nutzen (DaZ)	
Erarbeitung I	Medien nutzen *die eigene Mediennutzung visuell darstellen, in der Gruppe über die Mediennutzung reflektieren, eine Grafik mit dem Textknacker untersuchen und über die Ergebnisse diskutieren*	S. 114–115	Arbeitsblatt 63: Medien vergleichen Arbeitsblatt 64: Fernsehzeit – eine Grafik auswerten Arbeitsblatt 68: Medien nutzen (DaZ) Medien nutzen (editierbarer Schülerbuchtext, CD-ROM)	

Cornelsen

Unterrichtsverlauf	Lernziele und Kompetenzen	Schülerbuch	Servicepaket	Arbeitsheft
Erarbeitung II	Medien nutzen: Sich informieren *die W-Fragen am Text beantworten, über Nachrichtensendungen für Kinder nachdenken, über unterschiedliche Nachrichtenformate nachdenken und ein Cluster erstellen, über die Funktion von Medien Stellung nehmen*	S. 116–117	☉ Arbeitsblatt 65: Fernsehen sehen und verstehen ◉ Arbeitsblatt 65: Fernsehen sehen und verstehen ☉ Arbeitsblatt 67: Protokollbogen: Eine Suchmaschine nutzen Arbeitsblatt 68: Medien nutzen (DaZ)	

Methoden

- **Einen Zeitungsbericht analysieren**
- **Eine Grafik erschließen**
- **W-Fragen beantworten**

Seitenübersicht

S. 112 Eingangsseite	S. 113 Eingangsseite
Medien: Blicke in die Welt *Bilder von unterschiedlichen Medien* • Bilder beschreiben	**Medien: Blicke in die Welt** *Text: Aussagen von Schülerinnen und Schülern* • über die unterschiedliche Funktion von Medien nachdenken
S. 114 Erarbeitung I	**S. 115 Erarbeitung I**
Medien nutzen *Text: Marcos Mediennutzung* • Inhalte im Text verstehen und zuordnen	**Medien nutzen** *Grafik: Mediennutzung* • die eigene Mediennutzung visuell darstellen ⊙ ᏲᏲ • in der Gruppe über die Mediennutzung reflektieren ᏲᏲ • eine Grafik mit dem Textknacker untersuchen und über die Ergebnisse diskutieren ᏲᏲ
S. 116 Erarbeitung II	**S. 117 Erarbeitung II**
Medien nutzen: Sich informieren *Text: Gespräch zwischen Kim und Cem* • die W-Fragen am Text beantworten ᏲᏲ • über Nachrichtensendungen für Kinder nachdenken	**Medien nutzen: Sich informieren** • über unterschiedliche Nachrichtenformate nachdenken und ein Cluster erstellen ᏲᏲ • über die Funktion von Medien Stellung nehmen ●

Name: Klasse: Datum:

Medien vergleichen

Medien bereichern unser Leben. Medien haben viele Vorteile, manche aber auch Nachteile.

 1 Suche dir ein Medium im Schülerbuch auf der Seite 112 aus.

 2 Welche Vorteile und Nachteile passen zu deinem ausgewählten Medium?
    a. Schneide die Sprechblasen aus.
    b. Wähle passende Vorteile und Nachteile aus.
    c. Ordne sie in die Tabelle ein.
    d. Klebe die Sprechblasen ein.

Vorteile	Nachteile

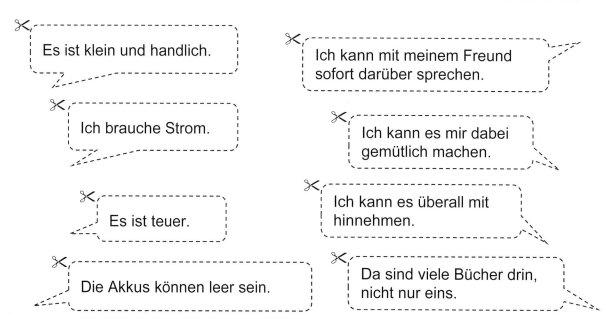

Name: Klasse: Datum:

Fernsehzeit – eine Grafik auswerten

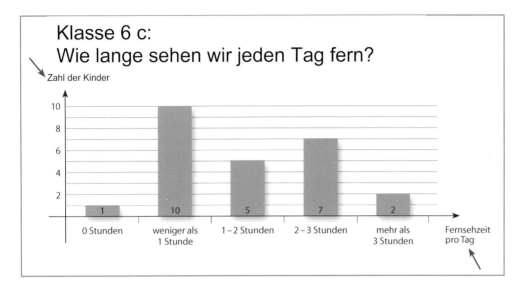

Klasse 6 c:
Wie lange sehen wir jeden Tag fern?

1 **a.** Sieh dir die Grafik genau an.

    b. Die Balken zeigen dir jeweils die Zahl der Kinder.

       Trage die Zahlen in die Tabelle ein.

    c. An der Linie unten stehen Zeitangaben zur Fernsehzeit.

       Trage die Zeitangaben in die Tabelle ein.

	1. Balken	**2. Balken**	**3. Balken**	**4. Balken**	**5. Balken**
Zahl der Kinder	___ Kinder	___ Kinder	___ Kinder	___ Kinder	___ Kinder
Fernsehzeit pro Tag	___ Stunden	weniger als ___ Stunde	___ Stunden	___ Stunden	mehr als ___ Stunden

2 Was hat die Klasse 6 c in der Umfrage herausgefunden?

    Ergänze die Sätze mit deinen Ergebnissen aus Aufgabe 1.

1. Balken: 1 Kind sieht _0_ Stunden _____ fern, also gar nicht.

2. Balken: _____ sehen _____

_____ fern.

3. Balken: _____ sehen _____ fern.

4. Balken: _____ fern.

5. Balken: _____ fern.

Cornelsen

Autorin: Nina Welskop

Name: Klasse: Datum:

Fernsehen sehen und verstehen

In den Medien werden viele Fachbegriffe verwendet. Einige Begriffe rund ums Thema Fernsehen kannst du hier kennen lernen.

1 Welcher Begriff passt nicht in die Reihe?
Streiche in jeder Reihe einen Begriff durch.
Tipp: Schlage unbekannte Begriffe im Lexikon oder im Wörterbuch nach.

a) die Nachricht – die Meldung – das Sachbuch – die Reportage

b) der Referendar – der Reporter – der Auslandskorrespondent – der Nachrichtensprecher

c) das Publikum – der Zuschauer – der Showmaster – der Hausmeister

d) der Sport – die Nachrichtensendung – das Wetter – der Artikel

2 **a.** Ordne die Begriffe aus der Medienwelt den Erklärungen rechts zu.
Verbinde den Begriff und die passende Erklärung mit einer Linie.

b. Schreibe zu jedem Begriff eine Erklärung in ganzen Sätzen auf. Schreibe in dein Heft.

Nachricht	Person, die schriftlich oder mündlich für Zeitungen, Zeitschriften, Radio und Fernsehen berichtet
Seifenoper	sachliche, meist kurze Mitteilung über eine Tatsache, ein Ereignis oder eine Person
Reporter	Unterhaltungssendung, in der ein Gastgeber seine Gäste zu ihren Meinungen oder Erfahrungen zu einem bestimmten Thema befragt
Bericht	persönliche (subjektive), wertende Stellungnahme eines Journalisten zu einer Nachricht
Kommentar	Fernsehserie, in der Geschichten aus dem Alltag der Hauptfiguren erzählt werden, Thema ist sehr oft die Liebe
Talkshow	schriftlicher oder mündlicher Beitrag, der Hintergrundinformationen zu einer Nachricht liefert

Cornelsen   Autorin: Birgit Hock

Name:	Klasse:	Datum:

Fernsehen sehen und verstehen

In den Medien werden viele Fachbegriffe verwendet. Einige Begriffe rund ums Thema Fernsehen kannst du hier kennen lernen.

1 Welcher Begriff passt nicht in die Reihe?
Streiche in jeder Reihe einen Begriff durch.
Tipp: Schlage unbekannte Begriffe im Lexikon oder im Wörterbuch nach.

a) die Nachricht – die Meldung – das Sachbuch – die Reportage

b) der Referendar – der Reporter – der Auslandskorrespondent – der Nachrichtensprecher

c) das Publikum – der Zuschauer – der Showmaster – der Hausmeister

d) der Sport – die Nachrichtensendung – das Wetter – der Artikel

2 **a.** Ordne die Begriffe aus der Medienwelt den Erklärungen rechts zu.
Verbinde den Begriff und die passende Erklärung mit einer Linie.

b. Schreibe zu jedem Begriff eine Erklärung in ganzen Sätzen auf. Schreibe in dein Heft.

Nachricht

– Person
– berichtet für Zeitungen, Zeitschriften, Radio und Fernsehen

Seifenoper

– sachliche Mitteilung
– über Tatsache, Ereignis oder Person
– kurz

Reporter

– Unterhaltungssendung
– Gastgeber befragt Gäste
– Diskussion zu einem bestimmten Thema

Bericht

– persönlich (subjektiv), wertend
– Stellungnahme eines Journalisten

Kommentar

– endlose Fernsehserie
– Geschichten aus dem Alltag
– Thema: sehr oft die Liebe

Talkshow

– schriftlicher oder mündlicher Beitrag
– Hintergrundinformationen zu einer Nachricht

Protokollbogen: Eine Suchmaschine nutzen

Du möchtest mehr zu einem bestimmten Thema erfahren.
Der Protokollbogen hilft dir, im Internet gezielt Informationen zu finden.

1 Welche zwei Suchmaschinen wählst du?
Schreibe die Suchmaschinen auf die Linien in den grauen Feldern.

2 Ergänze den Protokollbogen.
Tipp: Die Zahl der Treffer schreibst du in die Kästchen.

Protokollbogen: Eine Suchmaschine nutzen		
	Suchmaschine 1 _____	**Suchmaschine 2** _____
Welches Stichwort gibst du ein? Wie viele Treffer gibt es?	_____ ☐	_____ ☐
Du hast deine Suche verfeinert. Welches weitere Stichwort gibst du ein? Wie viele Treffer gibt es?	_____ ☐	_____ ☐
Du hast dir die Seiten (Treffer) angeschaut. Welche zwei Seiten helfen dir am besten?	_____ _____	_____ _____

Cornelsen

Autorin: Heidi Pohlmann

Doppel-Klick 144
⇨ SB, S. 112–117

Name: Klasse: Datum:

Medien nutzen

1 Wie heißen die Medien?
Ergänze die Wörter aus dem Kasten.

> der PC • der Fernseher • die DVD •
> die Zeitung • das Radio • das Handy

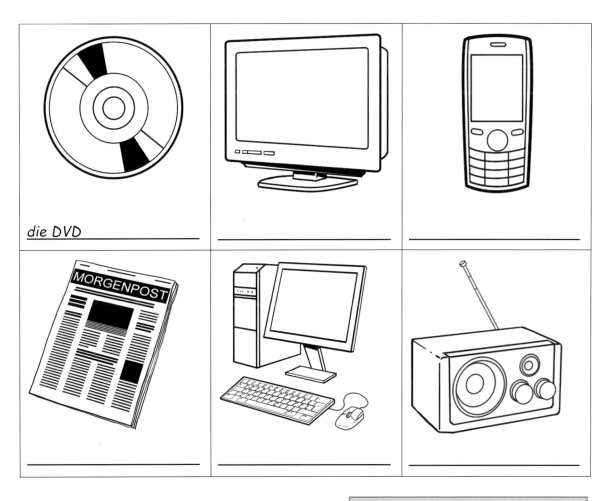

die DVD _____   _____   _____

_____   _____   _____

2 Wozu kannst du die Medien nutzen?
Welche Medien nutzt du fast nie?
Ergänze in jedem Satz zwei passende Medien.

> der / ein → den / einen ... nutzen
> die / eine → die / eine ... nutzen
> das / ein → das / ein ... nutzen

Um mich zu informieren, kann ich *eine Zeitung oder* _____

_____ nutzen.

Um mich zu unterhalten, kann ich _____

_____ nutzen.

Ich nutze fast nie _____

_____ .

Cornelsen

Autorin: Heidi Pohlmann
Illustrator: Rüdiger Trebels, Düsseldorf

Gespräche im Internet (Schülerbuch S. 118–127)

Interkulturelle Grunderfahrung

- **Die persönliche Identität**
- **Die soziale Identität im öffentlichen Bereich**
- **Kommunikation (Medien)**

Kompetenzschwerpunkte

- **Besonderheiten medialer Kommunikation verstehen**
- **Sich Gefahren in sozialen Netzwerken bewusst machen**

Materialien und Differenzierung im Überblick

Unterrichtsverlauf	Lernziele und Kompetenzen	Schülerbuch	Servicepaket	Arbeitsheft
Einstieg (Klassengespräch)	*Auszüge aus Online-Gesprächen vergleichen, Vorwissen aktivieren*	S. 118–119	👥 Arbeitsblatt 73: Chatten: Sich im Internet unterhalten ⊙ Arbeitsblatt 69: Emoticons verstehen Arbeitsblatt 74: Ganz schön unheimlich! (DaZ)	
Erarbeitung I	Online mit anderen sprechen *Sprache in digitaler Kommunikation analysieren, Unterschiede und Funktion zwischen Standard- und Jugendsprache erschließen, Chat-Dialog schreiben, Besonderheiten der Chatsprache analysieren*	S. 120	👥 Arbeitsblatt 73: Chatten: Sich im Internet unterhalten ⊙ Arbeitsblatt 69: Emoticons verstehen Arbeitsblatt 74: Ganz schön unheimlich! (DaZ)	

Unterrichtsverlauf	Lernziele und Kompetenzen	Schülerbuch	Servicepaket	Arbeitsheft
Erarbeitung II	Sprache in Online-Gesprächen untersuchen *Funktion von Standard- und Jugendsprache erläutern, Chatsprache analysieren, Abkürzungen und Emoticons erschließen, englische Chatwörter übersetzen, Syntax, Zeichensetzung und Rechtschreibung analysieren, Unterschiede in Online-Kommunikation und einer Face-to-Face-Kommunikation analysieren*	S. 121–123	✪ Arbeitsblatt 73: Chatten; Sich im Internet unterhalten ⊙ Arbeitsblatt 69: Emoticons verstehen Arbeitsblatt 74: Ganz schön unheimlich! (DaZ)	
Erarbeitung III	Über den Umgang in sozialen Netzwerken nachdenken *einen Sachtext mit dem Textknacker lesen und Fragen zum Text beantworten, sich mit dem eigenen Umgang mit Medien auseinandersetzen, Gefahren bei der Mediennutzung beachten und präventiv reagieren*	S. 124–126	● Arbeitsblatt 70: Einen Internet-Ratgeber schreiben ⊙ Arbeitsblatt 71: Eine Geschichte verstehen ● Arbeitsblatt 72: Wie gut sind Internetfreundschaften? Arbeitsblatt 75: Können wir sicher chatten? (DaZ) In sozialen Netzwerken auf Nummer sicher gehen (editierbarer Schülerbuchtext, CD-ROM)	
Erarbeitung IV	Projektidee: Expertenchat *Expertenchats organisieren und dessen Funktion erschließen; Projekt planen, vorbereiten und durchführen*	S. 127		

Unterrichtsverlauf	Lernziele und Kompetenzen	Schülerbuch	Servicepaket	Arbeitsheft
Hörverstehen	Einem Hörtext Informationen entnehmen		Hörtexte 5 und 6 mit Übung: Macht Internet dumm? (CD-ROM) Hörtext 7 mit Übung: Die Welt wird kleiner (CD-ROM) Hörtext 8 mit Übung: Soziales als Treffpunkt – aber Vorsicht! (CD-ROM)	

Methoden

- **Mit Online-Medien umgehen**
- **In Partnerarbeit Dialoge erarbeiten**
- **Ein Projekt planen und durchführen**

Seitenübersicht

S. 118 Eingangsseite	S. 119 Eingangsseite
Gespräche im Internet *Abbildungen: Smartphone mit Chatverlauf und Browser mit Kommentarspalte*	**Gespräche im Internet** *Abbildungen: Diskussionsforum und Expertenchat* • über digitale Kommunikation und Online-Chats diskutieren
S. 120 Erarbeitung I	**S. 121 Erarbeitung II**
Online mit anderen sprechen *Abbildungen: Chatverlauf* • adressatenorientierte Sprache in digitaler Kommunikation analysieren 🗇 • Unterschiede zwischen Standard- und Jugendsprache erschließen 🗇 • einen Chat-Dialog schreiben 🗇 • die Funktion von Standard- und Jugendsprache erläutern ● 🗇	**In Online-Gesprächen die Sprache untersuchen** *Abbildung: Chatauszug* • W-Fragen am Text anwenden 🗇 • Besonderheiten der Chatsprache analysieren 🗇
S. 122 Erarbeitung II	**S. 123 Erarbeitung II**
In Online-Gesprächen die Sprache untersuchen • Abkürzungen in der Chatsprache und Emoticons erschließen 🗇 • englische Chatwörter ins Deutsche übersetzen 🗇 • Syntax, Zeichensetzung und Rechtschreibung in der Chatsprache analysieren ● 🗇 • den Chatauszug ins Hochdeutsche übersetzen 🗇	**Missverständnisse beim Chatten untersuchen** *Illustration: Chatverlauf* • Missverständnisse bei der Online-Kommunikation analysieren 🗇 • den Chat-Dialog mit unterschiedlichen Rollen vortragen 🗇 • Unterschiede zwischen einer Online-Kommunikation und einem Face-to-Face-Gespräch analysieren 🗇 • Unterschiede zwischen E-Mail, Chat und einem persönlichen Gespräch erschließen ● 🗇
S. 124 Erarbeitung III	**S. 125 Erarbeitung III**
Über den Umgang in sozialen Netzwerken nachdenken *Text: Gefahr im Netz*	**Über den Umgang in sozialen Netzwerken nachdenken** *Text: Gefahr im Netz* (Fortsetzung) • Fragen zum Text beantworten
S. 126 Erarbeitung III	**S. 127 Erarbeitung IV**
Sicher unterwegs sein in sozialen Netzwerken *Text: In sozialen Netzwerken auf Nummer sicher gehen* • den Text mit dem Textknacker lesen 🗇	**Projektidee: Expertenchat** *Text: Expertenchat* • die Funktion eines Expertenchats erschließen 🗇 • einen Expertenchat organisieren 🗇

Name: Klasse: Datum:

Emoticons verstehen

Nao-Nao und Jim-yo chatten miteinander.

1 Lies, was Nao-Nao ihrem Freund Jim-yo im Chat erzählt.

Jim-yo:	Hi! Hast du gestern auch den Gruselfilm gesehen?
Nao-Nao:	Ja, war nicht so gut.
Jim-yo:	??? Der war doch super!
Nao-Nao:	Klar! Hab mit meinem Bruder geguckt. Gemütlich mit Pizza und so. Aber dann bin ich ins Bett. Du weißt ja, mein Zimmer ist oben auf dem Dachboden.
Jim-yo:	Hast du schon mal erzählt.
Nao-Nao:	Im Bett habe ich plötzlich draußen so ein Rascheln gehört. Total gruselig!
Jim-yo:	Hilfe! Und dann?
Nao-Nao:	Dann landete etwas direkt vor meiner Tür. Wie so ein Zombie, der von oben runterspringt. Ein Riesenschreck!
Jim-yo:	Und dann?
Nao-Nao:	Dann habe ich ein Miauen gehört! LOL! Es war nur Kitty. Wollte rein zu mir ins Bett! Mensch, war ich erleichtert!

2 Worum geht es in dem Chat? Schreibe einen Satz auf.

_____

3 Welche Gefühle drückt Nao-Nao mit den Emoticons aus?
Markiere zu jedem Emoticon den passenden Satz.
Tipp: Ein Satz ist schon markiert.

4 **a.** Stelle Nao-Naos Gefühle in einem Gefühlsbarometer dar.
    b. Schreibe zu jedem Emoticon den passenden Satz in das Gefühlsbarometer.

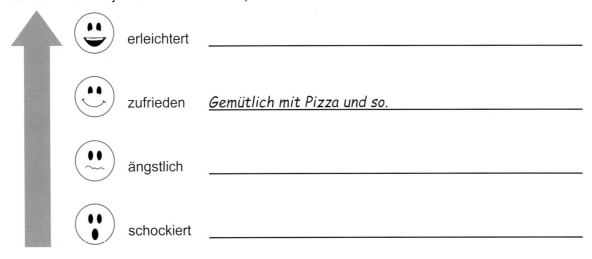

erleichtert _____

zufrieden   *Gemütlich mit Pizza und so.*_____

ängstlich _____

schockiert _____

Cornelsen

Autoren: Werner Bentin, Heidi Pohlmann
Illustrator: Rüdiger Trebels, Düsseldorf

Name: Klasse: Datum:

Einen Internet-Ratgeber schreiben

Im Internet können Probleme in verschiedenen Bereichen auftreten.
Ein Ratgeber kann helfen, die Probleme zu vermeiden.

1 Wann können Probleme auftreten?
Schreibe zu jedem Internetproblem den Buchstaben der passenden Frage in den Kasten.

A Wodurch kann die **Sicherheit des eigenen Computers** gefährdet sein?
B Wobei oder wodurch kann die **persönliche Sicherheit** gefährdet sein?
C Wann kann es zur **Gefährdung der rechtlichen**
    oder finanziellen Sicherheit kommen?

☐ bei persönlichen Treffen
mit Internetbekanntschaften

☐ bei Downloads von kostenlosen Filmen,
Spielen und Musik

☐ bei Veröffentlichung von Bildern oder
Videos mit anderen Personen

☐ bei Veröffentlichung persönlicher Daten
im Internet

☐ Downloadangebote können
Schadsoftware enthalten

☐ bei unfairem Verhalten in sozialen
Netzwerken

☐ beim Einkaufen im Internet

☐ bei E-Mails von unbekannten Absendern,
vor allem, wenn sie Links oder Anhänge
enthalten

2 Wecke in der Einleitung deines Ratgebers das Interesse deiner Leserinnen und Leser.
Tipp: Formuliere zwei oder drei Fragen zur Sicherheit im Internet.
Du kannst die Internetprobleme aus Aufgabe 1 verwenden.

_____

_____

_____

_____

_____

3 Im Hauptteil gibst du wichtige Ratschläge.
    a. Formuliere einen Ratschlag zur Computersicherheit.
    b. Erkläre auch, warum dieser Ratschlag wichtig ist.

> Schadsoftware: Trojaner, Viren
> Festplatte zerstören
> Computer ausspionieren
> Passwörter auslesen

_____

_____

_____

_____

Autoren: Werner Bentin, Heidi Pohlmann

Name:	Klasse:	Datum:

Einen Internet-Ratgeber schreiben

4 Formuliere Ratschläge zu den Problemen der persönlichen Sicherheit. Begründe sie.
Tipp: Am besten verwendest du dabei Aufforderungssätze im Singular.

Problem 1: Wenn du fremde Personen in einem Chat oder in sozialen Netzwerken kennen lernst, weißt du nicht, wer die Personen wirklich sind.
Der/die angebliche Jugendliche kann in Wirklichkeit eine ältere erwachsene Person sein.

Ratschlag: Gehe nie allein _____

_____

Problem 2: Wenn du im Internet über andere Menschen falsche oder gemeine Dinge verbreitest, kannst du diesen Menschen schweren Schaden zufügen.
Das kann strafbar sein.

Ratschlag: Behandle _____

_____

Problem 3: Wenn jemand persönliche Daten von sich im Internet veröffentlicht, riskiert er oder sie, dass fremde Personen oder Firmen oder Betrüger diese Daten missbrauchen.

Ratschlag: _____

_____

5 Schreibe Ratschläge zur finanziellen und zu rechtlichen Sicherheit im Internet auf.
   a. Ordne den Ratschlägen A, B und C eine passende Erklärung zu.
   b. Schreibe die Ratschläge zusammen mit den richtigen Erklärungen auf ein extra Blatt.

Ratschläge	Erklärungen
A Frage andere unbedingt um Erlaubnis, bevor du Fotos oder Videos von ihnen ins Netz stellst.	☐ Manchmal kosten die Angebote doch etwas. Die Hinweise auf Kosten können kleingedruckt auf der Seite versteckt sein.
B Sei vorsichtig, wenn kostenlose Downloads von Filmen, Spielen oder Musik angeboten werden.	☐ Es gibt ein Recht am eigenen Bild. Wenn du ohne Erlaubnis das Bild/Video veröffentlichst, kann diese Person dich anzeigen.
C Gib niemals deine Handynummer oder deine Adresse an, auch wenn ein Angebot kostenlos zu sein scheint.	☐ Es ist strafbar, urheberrechtlich geschütztes Material ohne Erlaubnis des Rechteinhabers herunterzuladen.

6 Schreibe mit Hilfe deiner Notizen aus den Aufgaben 1 bis 5 einen Ratgeber für Internetnutzer. Verwende dazu ein extra Blatt.
   Tipp: Du kannst auch noch weitere eigene Tipps ergänzen.

Cornelsen   Autoren: Werner Bentin, Heidi Pohlmann

Gespräche im Internet

⊙ **Arbeitsblatt 71**

Name: Klasse: Datum:

Eine Geschichte verstehen

Die Geschichte „Gefahr im Netz" findest du im Schülerbuch auf den Seiten 124 bis 125. Mit diesen Aufgaben kannst du prüfen, ob du den Text verstanden hast.

1 Lies noch einmal den Text genau.

2 Zeilen 1 bis 15: Welche Aussagen treffen zu? Welche Aussagen treffen nicht zu?

	trifft zu	trifft nicht zu
a. Shannon glaubt, dass sie auf dem Heimweg verfolgt wird.	❑	❑
b. Shannon ist auf dem Weg zu ihrer Freundin.	❑	❑
c. Shannon chattet mit ihrer Freundin.	❑	❑

3 Welche Informationen gibt Shannon ihrem Chat-Partner GoTo123?
Kreuze in jeder Zeile die zutreffende Information an.

a. Er erfährt den Namen ihres Softball-Teams: ❑ Canton Cats ❑ Hornets
b. Er erfährt, wie ihr Softball-Trikot aussieht: ❑ wie Bienen ❑ mit Tigerpfoten
c. Er erfährt, in was für einer Gegend sie wohnt: ❑ sichere Gegend ❑ unsichere Gegend

4 Was passiert nach dem Chat? Ergänze die Wörter aus dem Kasten.

> besucht
> Erwachsener
> identifiziert
> Informationen
> informiert
> verfolgt
> versteht

GoTo123 hat vermutlich in Shannons Chat-Profil

weitere _____ gefunden, auch ihren Namen.

Er _____ daraufhin ihr Softball-Spiel.

Dort _____ er Shannon mit Hilfe ihres Namens

auf dem Trikot. GoTo123 _____ sie nach Hause.

Er _____ Shannons Vater über ihre Unvorsichtigkeit.

Als Shannon erfährt, dass ihr Chat-Freund ein _____ ist,

erschrickt sie. Sie _____ nun,

wie gefährlich Internet-Bekanntschaften sein können.

5 Shannon ist schockiert, dass ihr Chat-Freund ein erwachsener Polizist ist.
a. Was hatte sie geglaubt? Lies noch einmal ab Zeile 50 bis zum Schluss.
b. Ergänze den Satz:

Shannon hatte geglaubt, dass _____

_____

© 2018 Cornelsen Verlag GmbH, Berlin
Alle Rechte vorbehalten.

Die Vervielfältigung dieser Seite ist für den eigenen Unterrichtsgebrauch gestattet.
Für inhaltliche Veränderungen durch Dritte übernimmt der Verlag keine Verantwortung.

Cornelsen Autoren: Werner Bentin, Heidi Pohlmann **Doppel-Klick** 153
⇨ SB, S. 118–127

Name: Klasse: Datum:

Wie gut sind Internetfreundschaften?

Svenjas Jugendgruppe hat eine Punktabfrage zum Thema Internetfreundschaften durchgeführt. Neun Jugendliche durften zu drei Themen Punkte vergeben.

1 Was ist deine Meinung?

    a. Lies die Aussagen zu den drei Themen.

    b. Vergib selbst zu jedem Thema einen Punkt.
        Male ihn farbig neben die anderen Punkte.

Thema 1:

Internetfreunde sind genauso gut wie richtige Freunde. ○○○
Internetfreunde sind nicht so gut wie richtige Freunde. ○○○○○○

Thema 2:

Mit Internetfreundschaften ist man nie allein. ○○○○○
Auch mit 1000 Internetfreunden kann man allein sein. ○○○○

Thema 3:

Mit Internetfreunden spreche ich nicht viel über Probleme. ○○○○○
Mit Internetfreunden spreche ich auch über Probleme. ○○○

2 Vergleiche deine Meinung mit der Meinung der anderen Jugendlichen.
Ergänze die Ergebnisse aus der Punktabfrage.

Thema 1: Ich finde, Internetfreunde sind _____

wie richtige Freunde. _____ Jugendliche denken auch so. _____

Jugendliche haben eine andere Meinung.

Thema 2: Ich meine, _____

_____. _____ Jugendliche haben

die gleiche Meinung. _____ Jugendliche denken anders.

Thema 3: Ich spreche _____

_____. _____ Jugendliche machen das

genauso. _____ Jugendliche machen das anders.

3 Was denken die meisten Jugendlichen?
Ergänze die Sätze.

    a. Die meisten Jugendlichen finden Internetfreunde _____
        wie richtige Freunde.

    b. Die meisten Jugendlichen sprechen mit Internetfreunden _____
        über Probleme.

Cornelsen

Illustrator: Rüdiger Trebels, Düsseldorf

Name: Klasse: Datum:

Chatten: Sich im Internet unterhalten

**Maria und ihre Freundin chatten miteinander: Sie unterhalten sich im Internet.
Beim Chatten verwenden Maria und Roxana Wörter und Zeichen.**

1 Lies das folgende Chatgespräch.

Maria sagt:	Hi, wie geht es dir? {dich}
Roxana sagt:	Gut ☺. Und dir? {dich}
Maria sagt:	Danke. *freu*
Roxana sagt:	???
Maria sagt:	Ich habe gestern ein neues Handy bekommen.
Roxane sagt:	Wieso ein neues Handy?
Maria sagt:	Das alte war kaputt. ☹
Roxana sagt:	Und wie ist das neue Handy?
Maria sagt:	Super, ich kann damit richtig tolle Bilder machen.
Roxana sagt:	Ich freue mich für dich.
Maria sagt:	Ich muss jetzt aufhören.
Roxana sagt:	Bis bald! {dich}

2 Übersetze die markierten Zeichen im Chatgespräch.
Ergänze passende Übersetzungen.

> Ich umarme dich. • Das ist blöd. • Warum? Das verstehe ich nicht. •
> Ich umarme dich. • Mir geht es gut. Ich habe gute Laune. •
> Das ist schön. Ich freue mich. • Ich umarme dich.

Maria sagt:	Hi, wie geht es dir? _____
Roxana sagt:	Gut _____
	Und dir? _____
Maria sagt:	Danke. _____
Roxana sagt:	_____
Maria sagt:	Ich habe gestern ein neues Handy bekommen.
Roxane sagt:	Wieso ein neues Handy?
Maria sagt:	Das alte war kaputt. _____
Roxana sagt:	Und wie ist das neue Handy?
Maria sagt:	Super, ich kann damit richtig tolle Bilder machen.
Roxana sagt:	Ich freue mich für dich.
Maria sagt:	Ich muss jetzt aufhören.
Roxana sagt:	Bis bald! _____

Autorin: Nena Welskop

Name:	Klasse:	Datum:

Ganz schön unheimlich!

Im Chat erzählt Nao-Nao über ein gruseliges Erlebnis.
Du kannst zu ihren Gefühlen ein Gefühlsbarometer gestalten.

1 Lies, was Nao-Nao ihrem Freund Jim-yo im Chat erzählt.

Jim-yo: Hi! Hast du gestern auch den Gruselfilm gesehen?

Nao-Nao: Ja, war nicht so gut.

Jim-yo: ??? Der war doch super!

Nao-Nao: Klar! Hab mit meinem Bruder geguckt. Gemütlich mit Pizza und so.

5 Aber dann bin ich ins Bett. Du weißt ja, mein Zimmer ist oben
auf dem Dachboden.

Jim-yo: Hast du schon mal erzählt.

Nao-Nao: Im Bett habe ich plötzlich draußen so ein Rascheln gehört. Total gruselig!

Jim-yo: Hilfe! Und dann?

10 Nao-Nao: Dann landete etwas direkt vor meiner Tür. Wie so ein Zombie,
der von oben runterspringt. Ein Riesenschreck!

Jim-yo: Und dann?

Nao-Nao: Dann habe ich ein Miauen gehört! LOL! Es war nur Kitty. Wollte rein
zu mir ins Bett! Mensch, war ich erleichtert!

2 Zu welchen Gefühlen gehören die Emoticons?
Markiere zu jedem Emoticon den passenden Satz.

3 a. Zeichne die Emoticons in das Gefühlsbarometer.
   Tipp: Je besser das Gefühl, umso höher schwebt das Emoticon.

b. Schreibe zu jedem Emoticon den passenden Satz.

erleichtert

zufrieden
             Gemütlich
             mit Pizza und so.

ängstlich

schockiert

Nao-Naos Gefühlsbarometer

Cornelsen

Autorin: Heidi Pohlmann
Illustrator: Rüdiger Trebels, Düsseldorf

Doppel-Klick 156
⇨ SB, S. 118–127

Name: Klasse: Datum:

Können wir sicher chatten?

Luna, Jasmin und Tarek diskutieren über sicheres Chatten.
Du kannst ihre Argumente einordnen und deine eigene Meinung aufschreiben.

Passieren kann immer etwas, da man nicht immer so vorsichtig ist.

Da passiert nichts, weil ich Fremden im Chat nichts Persönliches sage.

Pro

Das geht, da ich mich nie allein mit einem Fremden aus dem Chat treffe.

1 Pro oder kontra? Welche Meinungen haben Luna, Jasmin und Tarek?
  a. Lies die Sprechblasen.
  b. Schreibe **Pro** oder **Kontra** in die kleinen Blasen.

> **Pro:** Ja, ich glaube, dass sicheres Chatten möglich ist.
> **Kontra:** Nein, ich glaube, dass sicheres Chatten nicht möglich ist.

2 Mit Argumenten begründen die Schülerinnen und Schüler ihre Meinung.
Markiere in jeder Sprechblase das Argument.
Tipp: Die Argumente beginnen mit **weil** oder **da**.

3 Ist sicheres Chatten möglich? Wie ist deine Meinung?
  a. Kreuze deine Meinung an.
  b. Schreibe deine Meinung auf. Ergänze ein Argument mit **weil** oder **da**.

  ❑ Pro: Ich glaube, dass sicheres Chatten möglich ist.
  ❑ Kontra: Ich glaube, dass sicheres Chatten nicht möglich ist.

Ich glaube, dass sicheres Chatten _____

_____

_____ .

Cornelsen

Autorin: Heidi Pohlmann
Illustrator: Rüdiger Trebels, Düsseldorf

Buch und Film: „Rico, Oskar und die Tieferschatten" (Schülerbuch S. 128–137)

Interkulturelle Grunderfahrung

- **Vorstellungskraft/Fantasie**
- **Benutzung von Zeichensystemen, Medien**
- **Künstlerische Ausdrucks- und Gestaltungsmöglichkeiten**

Kompetenzschwerpunkte

- **Ein Buch und seine Verfilmung verstehen**
- **Darstellungsmittel eines Films untersuchen**
- **Eine Fotostory planen und gestalten**

Materialien und Differenzierung im Überblick

Unterrichtsverlauf	Lernziele und Kompetenzen	Schülerbuch	Servicepaket	Arbeitsheft
Einstieg (Klassengespräch)	*Abbildungen beschreiben, Vermutungen anstellen, Vorwissen aktivieren*	S. 128–129		
Erarbeitung I	Das Buch kennen lernen *Klappentext erschließen, Textauszug mit dem Textknacker lesen, Figuren beschreiben, einen Tagebucheintrag aus der Sicht einer Figur schreiben, die Geschichte weitererzählen*	S. 130–132	✹✹ Arbeitsblatt 76: Rico, Oskar und die Tieferschatten: Die Fundnudel ✹✹ Arbeitsblatt 77: Rico, Oskar und die Tieferschatten: Oskar ☉ Arbeitsblatt 78: Eine Figur genau untersuchen ● Arbeitsblatt 78: Eine Figur genau untersuchen Arbeitsblatt 82: Rico, Oskar und die Tieferschatten (DaZ)	

Unterrichtsverlauf	Lernziele und Kompetenzen	Schülerbuch	Servicepaket	Arbeitsheft
Erarbeitung II	Das Buch und seine Verfilmung vergleichen *Unterschiede zwischen Buch und Verfilmung analysieren, Filmbildern Textabschnitte zuordnen, über Qualität der filmischen Umsetzung nachdenken*	S. 133–135	Arbeitsblatt 80: Vorlage für ein Tonprotokoll	
Erarbeitung III	Projektidee: Eine Fotostory gestalten *einen Textauszug in eine Fotostory umwandeln und ausstellen*	S. 136–137	Arbeitsblatt 81: Vorlage für ein Storyboard	
Hörverstehen	Einem Hörtext Informationen entnehmen		Hörtext 9 mit Übung: Personenbeschreibungen hören (CD-ROM)	

Methoden

- **Eine Figur charakterisieren**
- **Eine Fotostory erstellen**

Seitenübersicht

S. 128 Eingangsseite	S. 129 Eingangsseite
Buch und Film: „Rico, Oskar und die Tieferschatten" *Abbildungen: Buchcover und Filmplakat, Stichworte*	**Buch und Film: „Rico, Oskar und die Tieferschatten"** • Buchcover, Filmplakat und Stichworte miteinander vergleichen • Vermutungen über das Buch und den Film anstellen • anhand der Begriffe eine Reizwortgeschichte schreiben • sich über die Geschichten austauschen 🧑‍🤝‍🧑
S. 130 Erarbeitung I	**S. 131 Erarbeitung I**
Das Buch kennen lernen *Text: Klappentext* *Text: Rico, Oskar und die Tieferschatten (Auszug)* • den Klappentext erschließen • den Textauszug mit dem Textknacker lesen	**Das Buch kennen lernen** *Text: Rico, Oskar und die Tieferschatten (Auszug)* • das Äußere der Figur beschreiben • die Eigenschaften der Figur beschreiben ● • einen Tagebucheintrag aus der Sicht einer Figur schreiben
S. 132 Erarbeitung I	**S. 133 Erarbeitung II**
Das Buch kennen lernen *Text: Rico, Oskar und die Tieferschatten (Fortsetzung)* • Fragen zum Inhalt beantworten 🧑‍🤝‍🧑 • die Geschichte verbal oder mit einem Bild weitererzählen 🧑‍🤝‍🧑	**Das Buch und seine Verfilmung vergleichen** • über Unterschiede zwischen einem Buch und seiner Verfilmung nachdenken und die Gedanken ausformulieren
S. 134 Erarbeitung II	**S. 135 Erarbeitung II**
Das Buch und seine Verfilmung vergleichen *Filmbilder aus „Rico, Oskar und die Tieferschatten"* • die Filmbilder genau ansehen	**Das Buch und seine Verfilmung vergleichen** *Text: Rico, Oskar und die Tieferschatten (Auszüge)* • Fragen zum Text beantworten • den Filmbildern die Textabschnitte zuordnen 👥 • zu einem Textauszug ein Filmbild zeichnen 🧑‍🤝‍🧑 • über die Qualität der filmischen Umsetzung nachdenken ● 🧑‍🤝‍🧑
S. 136 Erarbeitung III	**S. 137 Erarbeitung III**
Projektidee: Eine Fotostory gestalten • einen Textauszug auswählen und die Stelle gliedern 🧑‍🤝‍🧑 • sich Texte für die Sprechblasen überlegen 🧑‍🤝‍🧑 • ein Storyboard erstellen und für jedes Foto eine Überschrift erfinden 🧑‍🤝‍🧑	**Projektidee: Eine Fotostory gestalten** • die Rollen verteilen und Aufgaben verteilen 🧑‍🤝‍🧑 • die einzelnen Szenen fotografieren, eine Fotostory zusammenstellen und im Klassenzimmer ausstellen 🧑‍🤝‍🧑

Name:	Klasse:	Datum:

Rico, Oskar und die Tieferschatten: Die Fundnudel

Die Hauptfigur Rico erzählt von sich und seinem Freund Oskar. Zuerst geht es um Ricos Suche nach interessanten Sachen auf der Straße.

1 Lies den Text.

1 Die Nudel lag auf dem Gehsteig. Ich hob sie auf und wischte
2 den Dreck ab. Dann ging ich in unser Wohnhaus und
3 klingelte bei Frau Dahling. Sie trug wie jeden Samstag bunte
4 Lockenwickler im Haar.
5 Frau Dahling sagte: „Lieb von dir, mir die Nudel zu bringen, Schätzchen.
6 Aber ich habe sie nicht aus dem Fenster geworfen. Frag mal Fitzke."
7 Sie grinste mich an und guckte nach oben. Fitzke wohnt nämlich im
8 vierten Stock. Ich kann ihn nicht leiden. Und glaubte auch nicht, dass ihm
9 die Nudel gehört. Aber trotzdem klopfte ich laut an seine Tür.
10 Die Klingel ist schon lange kaputt. Warten, warten, warten.
11 Dann endlich machte Fitzke auf. Er trug wie üblich seinen alten
12 Schlafanzug. Sein Knittergesicht war voller Bartstoppeln.
13 Ein dumpfer Geruch schlug mir entgegen.
14 „Ah, der kleine Schwachkopf", knurrte Fitzke.
15 Ich sollte jetzt wohl mal erklären, wer ich bin.
16 Ich heiße Rico und bin ein tiefbegabtes Kind. Bei mir dauert das
17 Denken länger als bei anderen Leuten. Mein Gehirn ist aber normal
18 groß. Ich kann mich nur nicht gut konzentrieren, wenn ich etwas
19 erzähle. Fitzke starrte mich an.
20 Ich hielt ihm die Nudel vor die Nase und fragte: „Ist das Ihre?"
21 Er erkundigte sich: „Woher hast du die?"
22 „Ich habe sie auf dem Gehsteig gefunden."
23 „Lag die beknackte Nudel vielleicht in Hundekacke?", fragte Fitzke
24 misstrauisch.
25 „Nein, nur so", sagte ich.
26 Er nahm mir meine Fundnudel ab und schluckte sie runter.
27 Dann schlug er die Tür zu. WUMMS.
28 Die nächste Fundnudel werde ich extra in Kacke wälzen. Wenn er dann
29 fragt, sage ich, die lag nur in Hackfleischsoße. Mann, Mann, Mann!

*(nach: Andreas Steinhöfel „Rico, Oskar und die Tieferschatten: Die Fundnudel". Aus: Rico, Oskar und
die Tieferschatten. Carlsen Verlag, Hamburg 2008, S. 9–14. Text gekürzt und vereinfacht)*

 2 Rico nennt sich selbst „tiefbegabt". Was könnte er damit meinen? Kreuze an, was du richtig findest.

	Rico meint, dass er das Gegenteil von hochbegabt ist.
	Rico kann schneller denken als andere.
	Bei Rico dauert das Denken länger als bei anderen.

Autorin: Gisela Faber

Name: Klasse: Datum:

Rico, Oskar und die Tieferschatten: Oskar

Rico hat endlich einen Freund kennen gelernt. Sein Name ist Oskar. Er ist ein kleiner, hochbegabter Junge. Sein Kennzeichen ist ein großer Motorradhelm. Oskar besucht Rico zum ersten Mal zu Hause.

1 Lies den Text über den Besuch von Oskar.

1 Mama war ziemlich platt, dass jemand mich besuchen kam.
2 Sie beschwert sich nämlich immer, dass ich keine Freunde
3 habe. Jetzt hatte ich einen. Für Mama spielte es keine Rolle,
4 dass Oskar noch sehr klein und jung war. Sie fand seinen
5 blauen Helm viel interessanter.
6 „Seit wann trägt man solche Dinger beim Radfahren?",
7 fragte sie.
8 „Ich hab kein Fahrrad", sagte Oskar.
9 „Na, ein Motorrad aber sicher auch nicht", meinte Mama.
10 „Es ist gefährlich ohne Helm, es passieren ständig Unfälle", erklärte Oskar ernst.
11 „Aber nicht in meiner Küche, junger Mann!" Mama klang fast beleidigt.
12 Ich konnte sehen, dass sich Oskar unwohl fühlte. Er hatte vielleicht Angst,
13 er müsste seinen Helm abnehmen.
14 Aber Mama kennt sich aus mit komischen Leuten. Sie zwingt niemanden dazu,
15 etwas zu tun, was er nicht will. Sie guckt die Leute nur so lange an, bis sie es nicht
16 mehr aushalten. Und jetzt guckte sie Oskar an.
17 Oskar sagte: „Sie können mich anstarren, so lange Sie wollen. Aber dann starre ich
18 zurück." Und das tat er.
19 Oskar hatte richtig Spaß beim Zurückstarren.
20 Ich war jetzt wirklich neidisch auf seine Hochbegabung. Wenn Mama mich anstarrt,
21 schaue ich lieber auf den Boden. Auf die Idee, einfach zurückzustarren,
22 war ich noch nie gekommen.
23 Ich war gespannt, wer von beiden gewinnen würde. Oskar war viel kleiner
24 als Mama, deshalb war der Kampf ein bisschen unfair. Das dachte sie wohl auch.
25 Auf einmal sagte sie jedenfalls: „Ich brauch neue Fußnägel."
26 Auf ihren Nägeln klebten winzige Delfine. „Was wollen Sie denn statt
27 der Delfine draufkleben?", fragte Oskar. Es klang wie ein Friedensangebot.
28 Mama antwortete: „Mal sehen. Vielleicht irgendwelche anderen Fische."
29 Dann ging sie aus der Küche. Oskar wartete, bis sie weg war.
30 Dann sagte er leise: „Delfine sind keine Fische."
31 „Sie mag dich", sagte ich.
32 Oskar meinte. „Sie weiß noch nicht, ob sie mich mag. Sie findet mich
33 komisch, wegen des Helms."

(nach: Andreas Steinhöfel „Rico, Oskar und die Tieferschatten: Oskar". Aus: Rico, Oskar und die Tieferschatten.
Carlsen Verlag, Hamburg 2008, S. 64–68. Text gekürzt und vereinfacht)

2 Was denkst du über Oskar? Sprich mit einem Partner darüber.

Autorin: Gisela Faber

Name:	Klasse:	Datum:

Eine Figur genau untersuchen

1 Lies den Text aus Rico, Oskar und die Tieferschatten: Der Tieferschatten.

Ricos Mutter muss zu ihrem kranken Bruder fahren und lässt Rico für eine Weile allein. Rico findet Oskars roten Flugzeugstecker im Müllcontainer hinter dem Haus. Abends sieht er mit Frau Dahling fern und erfährt, dass Oskar entführt wurde. Er traut sich nicht, zur Polizei zu gehen. Er hat Angst, die Polizei würde ihn „auseinandernehmen" und er würde vor Nervosität keinen Satz herausbringen.

Vor etwa zehn Minuten zeigten beide Arme von Mickymaus[1] auf zwölf. Es ist also schon Mitternacht. Im Hinterhaus hat sich eben ein riesenhafter Tieferschatten bewegt, ich bin mir
5 ganz sicher. Deshalb bin ich jetzt aus meinem Zimmer ins Wohnzimmer umgezogen, in den Nachdenksessel.
Alle Lampen sind an, aber selbst wenn sie aus wären, könnte man durch die Fenster den Mond
10 nicht sehen. Draußen herrscht finstere Nacht. Stürmischer Wind bewegt die Zweige der Bäume, lässt ihre Blätter rascheln und treibt Nieselregen gegen die Scheiben.

Meine Bettdecke habe ich mitgenommen und mir
15 über die Beine gelegt. Ich sitze vor dem Computer und tippe mein Tagebuch. Ich muss sofort aufschreiben, was heute Abend geschehen ist, sonst kann ich garantiert nicht einschlafen. Und ich muss einen Plan entwickeln.
20 Wenn ich doch nur schneller denken könnte. Frau Dahling weiß von nichts.
Wenn ich Mama anrufe, mache ich ihr bloß Sorgen.
Ich bin ganz auf mich allein gestellt.
25 Ich habe große Ängste.

(aus: Andreas Steinhöfel: Rico, Oskar und die Tieferschatten.
© Carlsen Verlag GmbH, Hamburg 2008, S. 117)

_____

1 Zeiger von Ricos Wecker

2 Stell dir vor, ein Nachbar sieht Rico nachts auf seinem Nachdenksessel sitzen.
Was sieht er? Streiche in den Kästen unten die falschen Informationen durch.

> **Rico:** wirkt entspannt – wirkt ängstlich – sitzt im Dunkeln – sitzt im Nachdenksessel – sitzt am Computer – starrt auf sein Aquarium – sitzt in seinem Zimmer – sitzt im Wohnzimmer – hat alle Lampen angemacht – hat seine Bettdecke über die Beine gelegt – hat das Fenster geöffnet

> **draußen:** scheint der Mond hell – ist es dunkel – stürmt es – bewegen sich die Zweige der Bäume – rascheln die Blätter – ist die Nacht sternenklar – regnet es gegen die Fensterscheiben – geht die Sonne gerade unter – weht ein lauer Sommerwind

3 Stell dir vor, Rico hat nachts noch einen Blogeintrag über seine Beobachtung geschrieben. Du liest den Blog und schreibst ihm zurück. Wähle eine der folgenden Ideen aus und formuliere eine Antwort an Rico. Schreibe ins Heft.

> A Bleib ganz ruhig.
> B Geh am nächsten Morgen ins Hinterhaus.
> C Schließ die Haustür ab und lösch das Licht.
> D Weih lieber Frau Dahling ein.
>
> E Geh mit Frau Dahling zur Polizei.
> F Der Tieferschatten muss eine Ursache haben. Überleg noch einmal: Was könnte es sein?

Name:　　　　　　　　　Klasse:　　　　　Datum:

Eine Figur genau untersuchen

1 Lies den Text aus Rico, Oskar und die Tieferschatten: Der Tieferschatten.

Ricos Mutter muss kurzfristig zu ihrem kranken Bruder fahren und lässt Rico für eine Weile allein. Rico finded in dieser Zeit Oskars roten Flugzeuganstecker im Müllcontainer hinter dem Haus. Abends sieht er mit Frau Dahling fern und erfährt, dass Oskar entführt wurde. Er traut sich aber nicht zur Polizei zu gehen, weil er Angst hat, die Polizei würde ihn „auseinandernehmen" und er würde vor Nervosität keinen Satz herausbringen.

Vor etwa zehn Minuten zeigten beide Arme von Mickymaus[1] auf zwölf. Es ist also schon Mitternacht. Im Hinterhaus hat sich eben ein riesenhafter Tieferschatten bewegt, ich bin mir
5 ganz sicher. Deshalb bin ich jetzt aus meinem Zimmer ins Wohnzimmer umgezogen, in den Nachdenksessel.
Alle Lampen sind an, aber selbst wenn sie aus wären, könnte man durch die Fenster den Mond
10 nicht sehen. Draußen herrscht finstere Nacht. Stürmischer Wind bewegt die Zweige der Bäume, lässt ihre Blätter rascheln und treibt Nieselregen gegen die Scheiben.

Meine Bettdecke habe ich mitgenommen und mir
15 über die Beine gelegt. Ich sitze vor dem Computer und tippe mein Tagebuch. Ich muss sofort auf-schreiben, was heute Abend geschehen ist, sonst kann ich garantiert nicht einschlafen. Und ich muss einen Plan entwickeln.
20 Wenn ich doch nur schneller denken könnte. Frau Dahling weiß von nichts. Wenn ich Mama anrufe, mache ich ihr bloß Sorgen. Ich bin ganz auf mich allein gestellt.
25 Ich habe große Ängste.

(aus: Andreas Steinhöfel: Rico, Oskar und die Tieferschatten.
© Carlsen Verlag GmbH, Hamburg 2008, S. 117)

---

1 Zeiger von Ricos Wecker

2 Stell dir vor, ein Nachbar sieht Rico nachts auf seinem Nachdenksessel sitzen.
Was sieht er? Markiere die wichtigen Informationen im Textauszug oben.

3 Stell dir vor, Rico hat nachts noch einen Blogeintrag über seine Beobachtung geschrieben.
Du liest den Blog und schreibst ihm zurück: Wie reagierst du?
a. Ergänze den Ideenstern um weitere Ideen.
b. Wähle eine Idee aus und formuliere eine Antwort an Rico. Schreibe ins Heft.

Antwort an Rico

Weih lieber Frau Dahling ein.

Geh am nächsten Morgen ins Hinterhaus.

Autorin: Heike Frädrich

Name: Klasse: Datum:

Vorlage für ein Tonprotokoll

Die Gestaltung des Tons in einem Film kannst du mit Hilfe eines Tonprotokolls festhalten. Darin untersuchst du auch die Wirkung der einzelnen Geräusche.

Zeit	Welche Musik/Töne/Geräusche sind zu hören?	Welche Stimmung wird durch den Ton erzeugt? (z. B. friedlich, lustig, unheimlich, spannend)
• Minute:	•	•
• Minute:	•	•
• Minute:	•	•
• Minute:	•	•
• Minute:	•	•
• Minute:	•	•
• Minute:	•	•
• Minute:	•	•

Cornelsen   Autorin: Anna-Lena Wiederhold

Name: Klasse: Datum:

Vorlage für ein Storyboard

Bevor ihr die Fotos für eine Fotostory macht, müsst ihr zunächst ein Storyboard entwerfen. Damit plant ihr genau, was auf den einzelnen Fotos zu sehen sein soll.

1 Zeichnet in die Felder Skizzen für eure Fotos.
Denkt auch daran, Gedanken und Gefühle der Personen in Gedanken- und Sprechblasen darzustellen.

Bildüberschrift: _____

Skizze für das Foto	Ort/Hintergrund: _____ Personen auf dem Foto: _____ _____ Benötigte Requisiten: _____ _____ Kameraeinstellung: _____

Bildüberschrift: _____

Skizze für das Foto	Ort/Hintergrund: _____ Personen auf dem Foto: _____ _____ Benötigte Requisiten: _____ _____ Kameraeinstellung: _____

Bildüberschrift: _____

Skizze für das Foto	Ort/Hintergrund: _____ Personen auf dem Foto: _____ _____ Benötigte Requisiten: _____ _____ Kameraeinstellung: _____

Cornelsen   Autorin: Anna-Lena Wiederhold

Name:	Klasse:	Datum:

Rico, Oskar und die Tieferschatten

1 Was passiert beim ersten Treffen von Rico und Oskar?
Beantworte die Fragen mit den Wörtern vom Rand.

(die) Erleuchtung
(der) Sturzhelm
(die) Flügelspitze
(die) Rigatoni
(die) Stirn

Was trägt Oskar auf dem Kopf? Oskar trägt einen _____.

Was für eine Nudel sucht Rico? Rico sucht eine _____.

Oskar trägt ein kleines rotes Flugzeug am Hemd. Was ist abgebrochen?

An dem Flugzeug ist eine _____ abgebrochen.

Was bewegt sich beim Nachdenken in Oskars Gesicht?

In Oskars Gesicht bewegt sich seine _____.

Oskar versteht plötzlich etwas. Er hat eine _____.

2 Was sagen Oskar und Rico?
  a. Ordne die Silben unter den Linien und ergänze die Wörter.
  b. Verbinde die Sätze mit den Erklärungen vom Rand.

aufrichtig
hochbegabt
arrogant
tiefbegabt

Rico: „Ich bin _____."
(gabt – be – tief)

Oskar: „Ich bin _____."
(be – hoch – gabt)

Oskar: „Das war _____."
(gant – ro – ar)

Oskar: „Ich möchte mich

_____

(rich – auf – tig)
bei dir entschuldigen.

Das heißt:

Oskar kann besser lernen
als andere.

Oskar hat gesagt,
Rico ist doof.
Das war nicht nett.

Oskars Entschuldigung
ist ehrlich.

Rico kann vieles
nicht verstehen.

Name:	Klasse:	Datum:

Rico, Oskar und die Tieferschatten

3 Welche Eigenschaften hat Rico? Kreuze an.

Wie sieht Rico aus?
a. Rico ist viel größer als Oskar. ☐
b. Rico ist viel kleiner als Oskar. ☐

Rico sucht eine Fundnudel.
a. Er hat normale Ideen. ☐
b. Er hat komische Ideen. ☐

Ricos Zuhause liegt geradeaus
die Straße runter.
a. Er findet den Weg ohne Probleme. ☐
b. Er kann sich trotzdem verlaufen. ☐

Oskar glaubt, Rico ist doof.
a. Deshalb wird Rico sauer. ☐
b. Rico bleibt trotzdem freundlich. ☐

Oskar hat sich ehrlich entschuldigt.
a. Rico ist wieder nett. ☐
b. Rico bleibt trotzdem sauer. ☐

4 Stell dir vor, du bist Oskar.
Was kann Oskar über seine Begegnung mit Rico erzählen?
Schreibe einen kurzen Text.

Ich habe heute einen komischen Jungen
kennen gelernt.

_____

_____

_____

_____

_____

_____

_____

> Er heißt ... und ist viel ... als ich.
> Er suchte auf der Straße ...
> Das fand ich ...
> Er wohnt ...
> Aber er kann sich trotzdem ...
> Für mich war sofort klar: Der Typ ist ...
> Aber da wurde er ...
> Und da habe ich mich ...
> Vielleicht können wir ...

Cornelsen

Autor: Heidi Pohlmann

Bücher, Bücher, Bücher (Schülerbuch S. 138–151)

Interkulturelle Grunderfahrung

- Geistige und seelische Dimensionen: Fantasie, Emotion

Kompetenzschwerpunkte

- **Jugendbücher lesen und verstehen**
- **Produktionsorientiert mit Jugendbüchern umgehen**

Materialien und Differenzierung im Überblick

Unterrichtsverlauf	Lernziele und Kompetenzen	Schülerbuch	Servicepaket	Arbeitsheft
Einstieg (Klassengespräch)	*Vorwissen aktivieren, Bücher entdecken, Klappentexte Buchcovern zuordnen*	S. 138–139	Arbeitsblatt 88: *Worum geht es in den Büchern?* (DaZ)	
Erarbeitung I	Die Bausteine einer Geschichte kennen lernen *Text mit Handlungsbausteinen untersuchen, aus der Sicht einer anderen Figur erzählen, ein Rollenspiel planen und durchführen*	S. 140–143	⚙ Arbeitsblatt 83: *Zu einem Jugendbuchauszug schreiben*	⊙ S. 32–34: Die Handlungsbausteine erkennen ◉ S. 35–37: Aus anderer Sicht erzählen
Erarbeitung II	Die Hauptfiguren eines Buches beschreiben *Informationen über Figuren sammeln und am Text belegen, einen Brief aus der Sicht einer Figur schreiben, die Erzählform analysieren*	S. 144–146	⊙ Arbeitsblatt 84: *Eine literarische Figur beschreiben* ◉ Arbeitsblatt 85: *Eine literarische Figur beschreiben*	
Erarbeitung III	Einen Jugendbuchauszug lesen *einen fiktiven Ort in einer Erzählung beschreiben, einen Ort in einer Erzählung bildlich darstellen, eine Geschichte fortsetzen*	S. 147–149	⊙ Arbeitsblatt 86: *Einen Romanauszug lesen und weiterschreiben* ◉ Arbeitsblatt 87: *Einen Romanauszug lesen und weiterschreiben*	

Cornelsen

Unterrichtsverlauf	Lernziele und Kompetenzen	Schülerbuch	Servicepaket	Arbeitsheft
Erarbeitung IV	Projektidee: Eine Klassenbibliothek einrichten *eine Klassenbibliothek entwerfen und als Projekt vorstellen*	S. 150–151		

Methoden

- **Handlungsbausteine analysieren**
- **Eine Klassenbibliothek erstellen**

Seitenübersicht

S. 138 Eingangsseite	S. 139 Eingangsseite
Bücher, Bücher, Bücher *Illustration: Diskussion von Schülerinnen und Schülern über Bücher* • über Bücher und Literatur diskutieren	**Bücher, Bücher, Bücher** *Abbildungen: Illustration: Buchrücken* • einen Klappentext verstehen und dem Titel zuordnen
S. 140 Erarbeitung I	**S. 141 Erarbeitung I**
Die Bausteine einer Geschichte kennen lernen *Text: Vorstadtkrokodile*	**Die Bausteine einer Geschichte kennen lernen** *Text: Vorstadtkrokodile (Fortsetzung)* • den Text mit Hilfe der Handlungsbausteine untersuchen: Hauptfigur in Situation, Wunsch, Hindernis ⊙, Reaktion, Ende
S. 142 Erarbeitung I	**S. 143 Erarbeitung I**
Die Bausteine einer Geschichte kennen lernen *Text: Vorstadtkrokodile (Fortsetzung)* • Fragen zum Inhalt beantworten 🀫	**Die Bausteine einer Geschichte kennen lernen** *Text: Vorstadtkrokodile (Fortsetzung)* • aus der Sicht einer anderen Figur erzählen • ein Rollenspiel planen und durchführen 🀫
S. 144 Erarbeitung II	**S. 145 Erarbeitung II**
Die Hauptfiguren eines Buches beschreiben *Text: Magic Girls – Der verhängnisvolle Fluch* • Vermutungen über den Text anstellen	**Die Hauptfiguren eines Buches beschreiben** *Text: Magic Girls – Der verhängnisvolle Fluch (Fortsetzung)* • Fragen zum Text beantworten
S. 146 Erarbeitung II	**S. 147 Erarbeitung III**
Die Hauptfiguren eines Buches beschreiben • Informationen über Figuren sammeln und am Text belegen ● • über Figuren nachdenken ⊙ 🀫 • einen Brief aus der Sicht einer Figur schreiben • die Erzählform analysieren	**Einen Jugendbuchauszug lesen** *Text: Oskar und das Geheimnis der verschwundenen Kinder* • Fragen zum Text beantworten 🀫 • den Inhalt in eigenen Worten wiedergeben ●
S. 148 Erarbeitung III	**S. 149 Erarbeitung III**
Einen Jugendbuchauszug lesen *Text: Oskar und das Geheimnis der verschwundenen Kinder (Fortsetzung)* • einen fiktiven Ort in einer Erzählung beschreiben • einen fiktiven Ort in einer Erzählung bildlich darstellen	**Einen Jugendbuchauszug lesen** *Text: Oskar und das Geheimnis der verschwundenen Kinder (Fortsetzung)* • sich Gedanken über die Fortsetzung der Geschichte machen 🀫
S. 150 Erarbeitung IV	**S. 151 Erarbeitung IV**
Projektidee: Eine Klassenbibliothek einrichten • eine Klassenbibliothek vorbereiten: ein System für die Bücherordnung entwerfen	**Projektidee: Eine Klassenbibliothek einrichten** • eine Bibliotheksordnung entwerfen, ein Plakat gestalten • das Projekt auswerten

Name: Klasse: Datum:

Zu einem Jugendbuchauszug schreiben

**Am Anfang des Buches „Vorstadtkrokodile" muss Hannes
eine Mutprobe bestehen, um in die Bande aufgenommen
zu werden. Er soll auf ein Dach klettern und auf dem First***
„Krokodil" rufen.

* der First:
Giebel, Spitze
vom Dach

 1 Lies den Text.

Vorstadtkrokodile

1 Die Leiter schwankte immer wieder. Einige Sprossen**
2 waren so verrostet, dass sie durchbrechen konnten.
3 Hannes schaute nicht nach unten, er sah nur sein Ziel,
4 den Dachfirst oben.
5 Endlich war Hannes am Dach angekommen. Er sah
6 zum ersten Mal nach unten. Ihm wurde schwarz
7 vor den Augen. Damit er nicht vor Angst aufschrie,
8 presste er die Zähne fest aufeinander.
9 „Los! Weiter! Kletter doch auf das Dach!", rief Olaf.
10 „Nur keine Angst haben", rief Frank.
11 „Lass ihn herunterkommen. Er wird abstürzen",
12 sagte Maria leise zu ihrem Bruder.
13 Aber Hannes kletterte schon auf das Dach und kroch
14 hoch Richtung First. Langsam kam er voran. Er musste
15 vorsichtig sein, denn die alten Dachziegel waren brüchig
16 geworden.
17 Manchmal riss sogar ein Ziegel unter seinen Händen
18 weg und klatschte unten auf den Hof.
19 Dann blieb Hannes vor Schreck liegen,
20 ohne sich zu rühren.
21 Endlich war er am First angekommen.
22 Hannes keuchte. Er ruhte sich noch etwas aus und
23 setzte sich dann vorsichtig auf. Er hob beide Arme und
24 rief: „Krokodil! Krokodil! Ich habe es geschafft!"

(nach: Max von der Grün „Vorstadtkrokodile". Reinbek (Rowohlt) 1987. Text gekürzt und vereinfacht)

** die Sprossen:
Querstangen
der Leiter

 2 Markiere im Text Hinweise zu folgenden Handlungsbausteinen
mit den in Klammern stehenden Farben:
– **Situation von Hannes:** Zeilen 1–7 (gelb)
– **Hannes' Wunsch:** Zeilen 3–4 (rot)
– **Hindernis:** Zeilen 1–2, 14–18 (blau)
Tipp: Die Zeilenangaben helfen dir.

 3 Markiere die Textstellen, in denen die Gefühle von Hannes
beschrieben werden: Zeilen 7–8, 19–24 (grau).

Autorinnen: Nina Bähnk, Barbara Maria Krüss

Name: Klasse: Datum:

Zu einem Jugendbuchauszug schreiben

**Auch Hannes hat seine Angst überwunden und Mut gezeigt.
Er erzählt abends seiner Schwester von der Mutprobe.**

Zuerst erzählt Hannes seiner Schwester, was er getan hat.

 4 Führe die Satzanfänge weiter.
Schreibe die Sätze in dein Heft. Lasse dabei immer
eine Zeile frei.
Tipp: Die Textstellen von Aufgabe 2
und die Satzenden am Rand helfen dir beim Schreiben.

Heute habe ich …
Ich musste …
Zuerst habe ich …
Das war schon …
Aber dann bin ich …
Zum Schluss habe ich …

… Krokodil gerufen.
… ganz viel Angst gehabt.
… auf den Dachfirst geklettert.
… eine Mutprobe gemacht.
… auf ein altes Dach klettern.
… sehr gefährlich.

Anschließend berichtet Hannes, wie er sich dabei gefühlt hat.

5 **a.** Welche Stichworte aus dem Kästchen findest du treffend?
Kreise ein.
b. Formuliere Ich-Sätze.
Tipp: Du kannst die Satzanfänge am Rand nutzen.
c. Schreibe die Sätze in die passenden leeren Zeilen
von Aufgabe 4.

Ich bin …
Ich war …
Ich habe …
Ich fühle mich …

Angst überwunden	glücklich	erst ängstlich
Mut bewiesen	tolles Gefühl	aufgeregt

**Maria, Olaf und Frank haben bei der Mutprobe zugeschaut.
Sie sprechen gemeinsam darüber.**

 6 **a.** Lies die Äußerungen der 3 Kinder (Zeilen 9–12) noch einmal.
b. Schreibe den passenden Namen des Kindes vor die Aussage.

_____: „Ich habe Hannes Mut gemacht. Ich hatte selbst Angst."

_____: „Ich habe ihn angefeuert. Ich fand das cool."

_____: „Ich habe Angst um Hannes gehabt.
Ich wollte das mit der Mutprobe nicht."

Autorinnen: Nina Bähnk, Barbara Maria Krüss

Name: Klasse: Datum:

Eine literarische Figur beschreiben

**In dem Textauszug aus dem Buch „Der Fluss, der rückwärts fließt" von Jean-Claude Mourlevat wandert die Hauptfigur Hannah durch die Wüste.
Ihre Erlebnisse schreibt sie in ihr Tagebuch.**

1   **a.**   Lies den ersten Eintrag aus dem Tagebuch.

     b.   Was erfährst du über die Situation der Hauptfigur Hannah? Schreibe Stichworte auf.

allein in der Wüste; _____

_____

Der Fluss, der rückwärts fließt   *Jean-Claude Mourlevat*

Erster Tag: Bin seit heute Morgen gelaufen, ohne längere Pausen. Habe das Gefühl, dass man mir alles genommen hat. Nur Iorims Kompass und meine beiden Beine sind mir geblieben. Der Kompass sagt, in welche Richtung ich gehen muss, und meine Beine tragen mich dorthin. Habe versucht zu singen, gerate aber schnell außer Atem. Mein Feuer wärmt mich kaum. Würde am
5   liebsten alles trockene Holz der Oase hineinwerfen und ein riesiges Flammenmeer entfachen, das man Hunderte Kilometer weit sieht. Dann würde ich schreien: Hier bin ich! Hier bin ich! Kommt und holt mich! Aber das geht nicht. Nach mir werden andere hierherkommen und die brauchen Holz, um sich zu wärmen. Jedes Zweiglein zählt.

2   Welche Adjektive passen zu Hannah und ihrer Situation? Kreuze an.

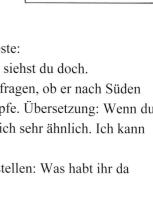

❑ wütend   ❑ einsam   ❑ erschöpft   ❑ ängstlich

❑ verantwortungsbewusst   ❑ fröhlich   ❑ abenteuerlustig

3   Sieh dir das Bild an und lies den zweiten Eintrag aus dem Tagebuch.

Zweiter Tag: […] Wurde nachmittags von einer kleinen Karawane
10   eingeholt: fünf Männer und fünf mit Taschen beladene Kamele, die sich mit den Schwänzen gegen die eigenen Flanken schlugen. Sie sind nicht besonders gesprächig. Weder die Männer noch die Kamele!
Zieht ihr nach Süden? Mindestens vier von ihnen machten die gleiche Geste: ausgebreitete Arme, die Handflächen nach oben. Das hieß eindeutig: Das siehst du doch.
15   Lektion Nummer eins: Es ist dumm, jemanden, der nach Süden zieht, zu fragen, ob er nach Süden zieht! Kann ich mit euch kommen? Leichtes Hin- und Herwiegen der Köpfe. Übersetzung: Wenn du mitkommen willst, komm. Sie tragen lange weiße Gewänder und sehen sich sehr ähnlich. Ich kann sie nicht auseinanderhalten. Nur ihre Augen sind zu sehen.
Über zwei Stunden vergingen, bevor ich es wagte, wieder eine Frage zu stellen: Was habt ihr da
20   in euren Taschen? – Salz, antwortete derjenige, der neben mir ging.
Erleichterung. Wenigstens sind sie nicht stumm!
Salz?, wiederholte ich in der Hoffnung auf eine Unterhaltung. Das hätte ich nicht tun sollen. Die beiden Hände öffneten sich, Handflächen nach oben. Schade, sagten diese Hände, du hast eben endlich eine richtige Frage gestellt, ich habe dir geantwortet, und nun verdirbst du alles, indem du
25   sie ein zweites Mal stellst … Hielt bis abends meinen Mund.

Autorin: Heidi Pohlmann
Illustrator: Rüdiger Trebels, Düsseldorf

Name: Klasse: Datum:

Eine literarische Figur beschreiben

4 Wie verhält sich Hannah im Gespräch mit den Männern?

    a. Markiere ihre vier Fragen an die Männer im Text.

    b. Ordne den vier Fragen die passenden Ereignisse zu. Verbinde mit Linien.

nach Frage 1	Sie traut sich erst nach zwei Stunden, eine neue Frage zu stellen.
nach Frage 2	Eingeschüchtert schweigt sie für den Rest des Tages.
nach Frage 3	Sie fühlt sich dumm, weil sie gefragt hat, obwohl sie die Antwort kennt.
nach Frage 4	Sie möchte ein Gespräch beginnen und wiederholt die Antwort.

5 Wie kannst du Hannahs Charakter beschreiben? Kreuze die zutreffenden Aussagen an.

    ❑ Sie ist vorsichtig.   ❑ Sie möchte niemanden belästigen.

    ❑ Sie kann sich gut durchsetzen.   ❑ Andere sind ihr gleichgültig.

    ❑ Sie möchte andere verstehen.   ❑ Sie denkt über ihr eigenes Verhalten nach.

6 **a.** Wie könnte Hannah am nächsten Tag auf die Schweigsamkeit der Männer reagieren?
Schreibe deine Vermutung in einem Satz auf.

    b. Lies dann den dritten Eintrag aus dem Tagebuch.

Hannah könnte sich der Schweigsamkeit der Männer _____

_____

_____

Dritter Tag: Sie sind wirklich nicht gesprächig, diese Männer! Überhaupt nicht gesprächig! Heute
Morgen haben sie mich mit ihrem ständigen Schweigen ganz verrückt gemacht. Ließ mich
absichtlich zurückfallen und sprach sehr laut mit mir selbst, wie ich gerade Lust hatte. Redete
irgendwas daher. Dummes Zeug. Brüllte zum Abschluss laut das Einmaleins! Danach ging es mir
30 besser und ich bin wieder zu ihnen nach vorne gelaufen.
    Sie haben nicht viel, aber sie teilen alles. Sie haben mir Tabak angeboten. Igitt!

         (aus: Jean-Claude Mourlevat: Der Fluss, der rückwärts fließt. Hannah. Aus dem Französischen von Maja von Vogel.
        © Pocket Jeunesse, 2002. © der deutschen Übersetzung: Carlsen Verlag GmbH, Hamburg 2007 (gekürzt))

7 Warum fühlt Hannah sich nach ihrem Selbstgespräch besser?
Erkläre ihr Verhalten in zwei bis drei Sätzen.
Die Ideen vom Rand helfen dir dabei.

_____

_____

_____

– die eigene Stimme hören
– die Langeweile vertreiben
– sich beruhigen
– Ärger loswerden

8 Welche Gedanken könnten Hannah durch den Kopf gehen? Schreibe einen
Tagebucheintrag in der Ich-Form aus Hannahs Perspektive auf ein extra Blatt.

Autorin: Heidi Pohlmann

Name: Klasse: Datum:

Eine literarische Figur beschreiben

**In dem Textauszug aus dem Buch „Der Fluss, der rückwärts fließt" von Jean-Claude Mourlevat wandert die Hauptfigur Hannah durch die Wüste.
Ihre Erlebnisse schreibt sie in ihr Tagebuch.**

1 **a.** Lies den ersten Eintrag aus dem Tagebuch.
  b. Was erfährst du über die Situation der Hauptfigur Hannah? Schreibe Stichworte auf.

_____

_____

Der Fluss, der rückwärts fließt *Jean-Claude Mourlevat*

Erster Tag: Bin seit heute Morgen gelaufen, ohne längere Pausen. Habe das Gefühl, dass man mir alles genommen hat. Nur Iorims Kompass und meine beiden Beine sind mir geblieben. Der Kompass sagt, in welche Richtung ich gehen muss, und meine Beine tragen mich dorthin. Habe versucht zu singen, gerate aber schnell außer Atem. Mein Feuer wärmt mich kaum. Würde am
5 liebsten alles trockene Holz der Oase hineinwerfen und ein riesiges Flammenmeer entfachen, das man Hunderte Kilometer weit sieht. Dann würde ich schreien: Hier bin ich! Hier bin ich! Kommt und holt mich! Aber das geht nicht. Nach mir werden andere hierherkommen und die brauchen Holz, um sich zu wärmen. Jedes Zweiglein zählt.

2 Welche Adjektive passen zu Hannah und ihrer Situation? Kreuze an.

❑ wütend ❑ einsam ❑ erschöpft ❑ ängstlich
❑ verantwortungsbewusst ❑ fröhlich ❑ abenteuerlustig

3 Sieh dir das Bild an und lies den zweiten Eintrag aus dem Tagebuch.

Zweiter Tag: […] Wurde nachmittags von einer kleinen Karawane
10 eingeholt: fünf Männer und fünf mit Taschen beladene Kamele, die sich mit den Schwänzen gegen die eigenen Flanken schlugen. Sie sind nicht besonders gesprächig. Weder die Männer noch die Kamele!
Zieht ihr nach Süden? Mindestens vier von ihnen machten die gleiche Geste: ausgebreitete Arme, die Handflächen nach oben. Das hieß eindeutig: Das siehst du doch.
15 Lektion Nummer eins: Es ist dumm, jemanden, der nach Süden zieht, zu fragen, ob er nach Süden zieht! Kann ich mit euch kommen? Leichtes Hin- und Herwiegen der Köpfe. Übersetzung: Wenn du mitkommen willst, komm. Sie tragen lange weiße Gewänder und sehen sich sehr ähnlich. Ich kann sie nicht auseinanderhalten. Nur ihre Augen sind zu sehen.
Über zwei Stunden vergingen, bevor ich es wagte, wieder eine Frage zu stellen: Was habt ihr da
20 in euren Taschen? – Salz, antwortete derjenige, der neben mir ging.
Erleichterung. Wenigstens sind sie nicht stumm!
Salz?, wiederholte ich in der Hoffnung auf eine Unterhaltung. Das hätte ich nicht tun sollen. Die beiden Hände öffneten sich, Handflächen nach oben. Schade, sagten diese Hände, du hast eben endlich eine richtige Frage gestellt, ich habe dir geantwortet, und nun verdirbst du alles, indem du
25 sie ein zweites Mal stellst … Hielt bis abends meinen Mund.

Autorin: Heidi Pohlmann
Illustrator: Rüdiger Trebels, Düsseldorf

Name: Klasse: Datum:

Eine literarische Figur beschreiben

4 Wie verhält sich Hannah im Gespräch mit den Männern?
  a. Markiere ihre vier Fragen an die Männer im Text.
  b. Beschreibe Hannahs Verhalten und ihre Gefühle in Stichworten.

nach der ersten Frage: *fühlt sich dumm, weil sie gefragt hat, obwohl sie Antwort weiß*

nach der zweiten Frage: _____

nach der dritten Frage: _____

nach der vierten Frage: _____

5 **a.** Wie könnte Hannah am nächsten Tag auf die Schweigsamkeit der Männer reagieren?
    Schreibe deine Vermutung in einem Satz auf.
  b. Lies dann den dritten Eintrag aus dem Tagebuch.

_____

_____

_____

Dritter Tag: Sie sind wirklich nicht gesprächig, diese Männer! Überhaupt nicht gesprächig! Heute Morgen haben sie mich mit ihrem ständigen Schweigen ganz verrückt gemacht. Ließ mich absichtlich zurückfallen und sprach sehr laut mit mir selbst, wie ich gerade Lust hatte. Redete irgendwas daher. Dummes Zeug. Brüllte zum Abschluss laut das Einmaleins! Danach ging es mir
30 besser und ich bin wieder zu ihnen nach vorne gelaufen.
Sie haben nicht viel, aber sie teilen alles. Sie haben mir Tabak angeboten. Igitt!

(aus: Jean-Claude Mourlevat: Der Fluss, der rückwärts fließt. Hannah. Aus dem Französischen von Maja von Vogel.
© Pocket Jeunesse, 2002. © der deutschen Übersetzung: Carlsen Verlag GmbH, Hamburg 2007 (gekürzt))

6 Warum fühlt Hannah sich nach ihrem Selbstgespräch besser?
  Erkläre ihr Verhalten in zwei bis drei Sätzen.

_____

_____

_____

_____

7 Charakterisiere Hannah in einem kurzen Text. Schreibe auf ein extra Blatt.

8 Wie könnte Hannahs Reise durch die Wüste weitergehen? Schreibe einen
  Tagebucheintrag in der Ich-Form aus Hannahs Perspektive auf ein extra Blatt.

Autorin: Heidi Pohlmann

Name: Klasse: Datum:

Einen Romanauszug lesen und weiterschreiben

Ein Student reist aus Angst vor einer Prüfung in die Zukunft.
Ob er dort bleiben will?

1 Lies den Romanauszug.

Das Geheimnis des Uhrmachers

Der Student öffnete die Augen. Die Lämpchen waren erloschen. Es roch eigenartig
versengt, und es war stockdunkel. Die Uhr stand still.
Er geriet in Panik, stand auf, stieß gegen das Armaturenbrett ... und sofort sprang
die Tür auf.

5 Schwankend machte er einen Schritt hinaus; er rieb sich die Augen. Das half jedoch
nichts; es blieb dunkel. Er war in einer pechschwarzen Finsternis gelandet.
Und doch musste er in der Werkstatt sein, denn er hörte das Ticken vieler Uhren.
Er war zweifellos in einer anderen Zeit angekommen – vorhin, am Dienstagabend,
um neun Uhr oder eine Minute nach neun, hatten Lampen ihr Licht verbreitet. Jetzt

10 aber war es Nacht. Ganz bestimmt nicht Viertel vor fünf – an welchem Nachmittag
auch immer!
Welche Nacht ist es wohl? Fragte er sich. Welche Stunde? Welches *Jahr*?
Der kalte Schweiß brach ihm aus. Irgendwas war verkehrt gelaufen. Hatte er
sein Examen bereits hinter sich? Wenn er bestanden hätte, würde er sich freuen;

15 wenn er durchgefallen war, das Gegenteil. Er empfand jedoch nichts, nichts außer
Angst. Vielleicht war viel mehr Zeit verstrichen. Vielleicht befand er sich so weit
in der Zukunft, dass das ganze Examen schon längst vergessen war. Das Examen
war völlig bedeutungslos geworden. Der Student suchte, sich tastend in der
Dunkelheit zu orientieren. Er fühlte die Tür der Zeituhr hinter sich – den Schrank,

20 dem er nicht mehr vertrauen konnte. Trotzdem, er musste zurück in seine eigene
Zeit.
Wenn ich nicht zurückkann, dachte er, muss ich für immer in einer anderen Zeit
leben als die Menschen, die ich kenne. Selbst wenn es nur ein paar Stunden später
wäre – ich hätte dann ein kleines Stück meines Lebens verloren. Ich habe, ganz

25 gleich auf welche Weise, einen Teil meiner eigenen Zeit verloren. Was hätte
in dieser Zeit nicht alles passieren können? Unangenehmes, aber auch Schönes.
Ich hätte dem liebsten Mädchen der Welt begegnen können ...
Nur würde ich dies jetzt nie erfahren. *Jetzt*. Was ist: *Jetzt*? Dieser Augenblick
ist für mich persönlich *Jetzt*; für andere ist es Zukunft. Regungslos stand er

30 im Dunkeln und hörte die Uhren ticken.

(aus: Tonke Dragt: Das Geheimnis des Uhrmachers. Aus dem Niederländischen übersetzt von Liesel Linn.
Frankfurt/M., Fischer Schatzinsel 1997, S. 43, Lizenz des Verlages Freies Geistesleben, Stuttgart)

Cornelsen Autorin: Birgit Hock

Name:	Klasse:	Datum:

Einen Romanauszug lesen und weiterschreiben

Mit den Aufgaben kannst du den Text genauer untersuchen.

2 Welche Informationen erhältst du über die Hauptfigur und die Situation?
Kreuze die zutreffenden Aussagen an.

◯ Ein Student begibt sich nach seinem Examen auf eine Reise.

◯ Nach seiner Zeitreise weiß der Student nicht, in welcher Zeit er sich befindet.

◯ Er befindet sich in einer Werkstatt mit tickenden Uhren.

◯ Er ist glücklich darüber, in einer anderen Zeit gelandet zu sein.

◯ Durch die Zeitreise hat er seine eigene Zeit und Zukunft verloren.

3 Der Auszug beginnt mit dem Satz: „Der Student öffnete die Augen."
Wie wird beschrieben, dass es im Raum dunkel ist und der Student nichts sehen kann?
Unterstreiche passende Stellen im Text.

4 Warum möchte der Student in seine eigene Zeit zurück?
Kreuze die zutreffende Aussage an.
Er möchte zurück, weil …

◯ er ein Mädchen kennen lernen möchte.

◯ dort seine Zukunft ist und er mit den Menschen in seiner Zeit leben will.

◯ er in der Zukunft erfährt, dass er sein Examen bestanden hat.

5 a. Markiere im Text alle Wörter und Wortgruppen, die mit Zeit zu tun haben.
   b. Schreibe sie in einen Cluster.

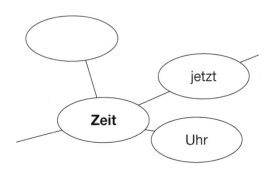

Cornelsen   Autorin: Birgit Hock

Name: Klasse: Datum:

Einen Romanauszug lesen und weiterschreiben

Mit den Handlungsbausteinen kannst du die Geschichte weiterschreiben.

6 Schreibe die Geschichte des Zeitreisenden weiter.
Mache dir dazu zunächst einen Erzählplan:
  – Notiere für jeden Handlungsbaustein deine Ideen.
  – Für die ersten drei Bausteine kannst du Stichworte vom Rand auswählen.
  – Denke dir für die Bausteine <u>Reaktion</u> und <u>Ende</u> selbst etwas aus.

In welcher <u>Situation</u> befindet sich die <u>Hauptfigur</u>?

_____

_____

- ein Student hat Angst vor dem Examen
- benutzt unerlaubt eine Zeituhr
- landet in einer unbekannten Zeit

Welchen <u>Wunsch</u> hat die Hauptfigur?

_____

_____

- möchte in seine eigene Zeit zurück

Warum gelingt es dem Studenten nicht, wieder in seine Zeit zurückzukommen? Welches <u>Hindernis</u> steht dem im Wege?

_____

_____

- die Zeituhr kann ihn nicht in die Vergangenheit bringen
- er kann sich nicht an den Geheimcode erinnern
- der Uhrmacher zwingt ihn, als Lehrling in der Werkstatt zu arbeiten

Wie <u>reagiert</u> der Student auf das Hindernis?
Was unternimmt er, um doch in seine Zeit zurückzukommen?

_____

_____

Wie <u>endet</u> die Geschichte?

_____

_____

7 Erzähle nun deine Geschichte mit Hilfe der Bausteine.
Beachte dabei die Tipps zum spannenden Erzählen.
Schreibe in dein Heft.

> **Spannend erzählen**
> - Verrate nicht zu viel auf einmal.
> - Erzähle ausführlich.
> - Beschreibe Figuren, Orte und Gefühle mit passenden Adjektiven.
> - Erzähle am Schluss, wie sich die Spannung löst.

Cornelsen   Autorin: Birgit Hock

⦿ Arbeitsblatt 87

Name: Klasse: Datum:

Einen Romanauszug lesen und weiterschreiben

6 Welche Gedanken macht sich die Hauptfigur über die Zeit?
Kreuze die zutreffenden Aussagen an.
- ◯ In einer fernen Zukunft wird ihr Examen ohne Bedeutung sein.
- ◯ Aus der Zukunft heraus kann sie die Vergangenheit verändern.
- ◯ In einer anderen Zeit kann sie keine Freunde finden.
- ◯ Wenn sie nicht in ihrer Zeit lebt, dann lebt sie auch nicht ihr Leben.

Der Student stellt plötzlich fest: „Ich habe, ganz gleich auf welche Weise, einen Teil meiner eigenen Zeit verloren." (Zeilen 23–24)

7 Was ist mit diesem Satz gemeint?
- **a.** Formuliere Fragen zu der Textstelle und schreibe sie auf.
- **b.** Beantworte die Fragen im Heft.

Was meint der Student mit seiner „eigenen Zeit"? _____

_____

_____

8 Gelingt es dem Studenten, in seine eigene Zeit zurückzureisen?
Wie könnte die Geschichte enden?
Schreibe deine Ideen für den Baustein <u>Ende</u> in Stichworten auf.
Du kannst die Stichworte vom Rand nutzen.

- er baut die Zeitmaschine um
- fünf Minuten vor Beginn der Prüfung
- lernt die Tochter des Uhrmachers kennen

_____

_____

_____

„Regungslos stand er im Dunkeln und hörte die Uhren ticken." (Zeilen 28–29)

9 Schreibe die Geschichte des Zeitreisenden ab diesem Moment weiter. Mache dir zunächst einen Erzählplan und notiere deine Ideen zu den Handlungsbausteinen:
- In welcher Situation befindet sich der Student?
- Welchen Wunsch hat er?
- Welches Hindernis steht ihm im Wege?
- Wie reagiert der Student auf das Hindernis?
- Was unternimmt er, um in seine Zeit zurückzukommen?
- Wie endet die Geschichte?

Spannend erzählen
- Verrate nicht zu viel auf einmal.
- Erzähle ausführlich.
- Beschreibe Figuren, Orte und Gefühle mit passenden Adjektiven.
- Erzähle am Schluss, wie sich die Spannung löst.

10 Erzähle nun deine Geschichte mit Hilfe der Bausteine.
Beachte dabei die Tipps zum spannenden Erzählen.
Schreibe in dein Heft.

Cornelsen   Autorin: Birgit Hock

Name: Klasse: Datum:

Worum geht es in den Büchern?

Was für ein Durcheinander! Die Beschreibungen der Cover sind vertauscht worden.

Beschreibung 1
a. Hier geht es um das alte Ägypten.
b. Die Hauptperson ist ein Mädchen.
c. Das Mädchen reist in das Niltal.

Beschreibung 2
a. Hier geht es um eine Zeitreise.
b. Die Hauptperson ist ein Junge.
c. Der Junge reist in das Jahr 2150.

1 **a.** Sieh dir die Cover an.
   b. Lies die Beschreibungen 1 und 2 der Cover.

> **Die Verneinung:**
> hier geht es um … → hier geht es nicht um …
> reist in das Jahr/Niltal … → reist nicht in das Jahr/Niltal
> ist ein Junge/Mädchen → ist kein Junge/Mädchen

2 Korrigiere die Beschreibung 1. Ergänze die Sätze wie im Beispiel.

a. Hier _geht es nicht um das alte Ägypten_. Es geht um eine Zeitreise.

b. Die Hauptfigur _____.

Die Hauptfigur ist ein Junge.

c. Der Junge _____,

sondern in das Jahr 2150.

3 Korrigiere die Beschreibung 2 wie im Beispiel.

a. Hier _geht es nicht um eine Zeitreise._

Es geht um das alte Ägypten.

b. Die Hauptfigur _____.

Die Hauptfigur _____

c. Das Mädchen _____,

sondern _____.

Autorin: Heidi Pohlmann
Illustrator: Rüdiger Trebels, Düsseldorf

Was wäre, wenn … (Schülerbuch S. 152–159)

Interkulturelle Grunderfahrung

- **Geistige und seelische Dimensionen: Fantasie, Emotion**

Kompetenzschwerpunkte

- **Kreatives Schreiben zu Bildern und Texten**

Materialien und Differenzierung im Überblick

Unterrichtsverlauf	Lernziele und Kompetenzen	Schülerbuch	Servicepaket	Arbeitsheft
Einstieg (Klassengespräch)	*Vorwissen aktivieren, produktiv mit Bildern umgehen: eigene Ideen dazu entwickeln*	S. 152–153	⊕ Arbeitsblatt 89: Mit dem Erzählplan frei erzählen Arbeitsblatt 92: Zu Reizwörtern erzählen und schreiben	
Erarbeitung I	Zu einer Bildergeschichte schreiben	S. 154	⊙ Arbeitsblatt 90: Eine Geschichte zu einem Bild erzählen ● Arbeitsblatt 91: Eine Geschichte zu einem Bild erzählen Arbeitsblatt 92: Zu Reizwörtern erzählen und schreiben (DaZ)	
Erarbeitung II	Zu Gedichten schreiben *ein eigenes Gedicht schreiben, einen Text, Bild und Geschichte zu einem Gedicht erstellen, eine Collage über eine Traumwelt anfertigen, eine Erzählung mündlich fortsetzen, eine Fortsetzung und eine eigene Geschichte schreiben*	S. 155–158		
Erarbeitung III	Projektidee: Die Geschichten präsentieren	S. 159		

Methoden

- **Zu einer Bildergeschichte schreiben**
- **Eine Geschichte präsentieren**

Seitenübersicht

S. 152 Eingangsseite	S. 153 Eingangsseite
Was wäre, wenn … *Illustrationen: wunderbare Situationen*	**Was wäre, wenn …** *Illustration: eine wunderbare Situation* • eine Fantasiegeschichte oder einen freien Text schreiben
S. 154 Erarbeitung I	**S. 155 Erarbeitung II**
Zu einer Bildergeschichte schreiben *Abbildung: Bildergeschichte* • eine Fortsetzung zur Bildergeschichte schreiben 🖑 • eine eigene Bildergeschichte schreiben	**Zu Gedichten schreiben** *Gedicht: Der Luftballon* • den Inhalt in eigenen Worten wiedergeben ☉ • ein eigenes Gedicht schreiben • einen Text oder ein Bild zu dem Gedicht erstellen
S. 156 Erarbeitung II	**S. 157 Erarbeitung II**
Zu Gedichten schreiben *Gedicht: Gehst du tags die Straße lang* • eine Geschichte zu einem Gedicht schreiben • im Internet recherchieren • ein Bild zu einem Gedicht malen	**Zu Gedichten schreiben** *Gedicht: Ich träume mir ein Land* • eine Collage über eine Traumwelt anfertigen 🖑
S. 158 Erarbeitung II	**S. 159 Erarbeitung III**
Zu Gedichten schreiben *Gedicht: Ein Krokodil* • in einer Gruppe eine Erzählung zu einem Gedicht mündlich fortsetzen 🖑 • eine erzählende Fortsetzung zu einem Gedicht schreiben 🖑 • eine eigene Geschichte aufschreiben	**Projektidee: Die Geschichten präsentieren** • ein Geschichtenbuch gestalten: Titel, Cover und einzelne Geschichten ausdenken • eine Ausstellung im Klassenzimmer vorbereiten: Titel und Plakate gestalten, Reihenfolge festlegen • die Ausstellung und die Geschichtenbücher vorstellen und bewerten

Name: Klasse: Datum:

Mit dem Erzählplan frei erzählen

In Bildern stecken Geschichten.

1 Was siehst du auf dem oberen Bild im Schülerbuch
auf der Seite 152?
Ordne die Adjektive den Nomen zu. Schreibe in dein Heft.

blondes, großer, neugieriger, blondes, feste, luftige, gebogene
Mädchen, Schritt, Wände, Wände, Mädchen, Gesichtsausdruck, Treppe

2 **a.** Schreibe jeden Handlungsbaustein aus der Randspalte
auf ein liniertes DIN-A3-Blatt.
Insgesamt benötigst du 5 Blätter.

> - Hauptfigur/ Situation
> - Wunsch
> - Hindernis
> - Reaktion
> - Ende

b. Stelle dir vor, du wärst in dem Bild.
Ordne die folgenden Fragen den Handlungsbausteinen zu.
Du kannst eigene ergänzen.
Schreibe auf das jeweilige Blatt.
Tipp: Lass zwischen den einzelnen Fragen immer 3 Linien frei.
– Wo bin ich?
– Was will ich hier?
– Was erlebe ich hier?
– Welche Hindernisse erlebe ich?
– Wurde das Hindernis beseitigt?
– Wie endet mein Erlebnis?
– Wie gefällt es mir hier?

3 Beantworte die Fragen.
Schreibe die Antwortsätze auf die freien Linien im Heft.

4 Unterstreiche in jedem Antwortsatz die Schlüsselwörter,
die beim Erzählen deiner Geschichte wichtig sind.

5 Übe, deine Geschichte mit Hilfe der Schlüsselwörter zu erzählen.

Name: Klasse: Datum:

Eine Geschichte zu einem Bild erzählen

Die Geschichte planen

1 Schreibe einen Erzählplan für eine Geschichte zu dem Bild.

   a. Sieh dir das Bild an und lies die Stichworte.

   b. Notiere Stichworte zu den fehlenden Handlungsbausteinen.

   c. Lege die Reihenfolge der Handlungsbausteine
      für deine Geschichte fest.

> ein Junge/ein Mädchen
> Baum im Garten
>   der Nachbarn
> jämmerliches Miauen
> Mitleid haben
> junge Katze
> Leiter zum Obstpflücken
> den Nachbarn um Hilfe
>   bitten

Wunsch ◯	Hindernis ◯
will die Katze vom Baum *retten*	*Angst, die Leiter* *hochzuklettern*

Ende ◯
die Katze unverletzt,   *die Hauptfigur stolz*

Hauptfigur/Situation ◯

_____

_____

_____

_____

Reaktion ◯

_____

_____

_____

_____

Cornelsen

Autorin: Regina Esser-Palm
Illustratorin: Dorina Tessmann, Berlin 194

Doppel-Klick 186
⇨ SB, S. 152–159

Name: Klasse: Datum:

Eine Geschichte zu einem Bild erzählen

2 Formuliere eine Einleitung, die zu deiner Geschichte und der Stimmung passt.

_____

_____

_____

_____

3 Finde eine Stelle in der Geschichte, an der du wörtliche Rede einsetzen kannst.
Schreibe die wörtliche Rede im Präsens auf.

_____

_____

_____

_____

Die Geschichte schreiben

4 Schreibe deine Geschichte vollständig auf.
  – Schreibe im Präteritum.
  – Gliedere deine Geschichte in Einleitung, Hauptteil und Schluss.
  – Verwende deine Einleitung und deine Stichworte zu den Handlungsbausteinen.
  – Füge die wörtliche Rede aus Aufgabe 3 an der passenden Stelle ein.
  – Überlege dir eine Überschrift, die den Leser neugierig macht.

Die Geschichte überprüfen und überarbeiten

5 Überarbeite deine Geschichte.
  a. Markiere Textstellen, die du verbessern möchtest.
  b. Überarbeite diese Stellen, bis sie dir gefallen.
  c. Überprüfe die Rechtschreibung und Zeichensetzung.
  d. Schreibe deine Geschichte mit allen Korrekturen sauber ab.

Autorin: Regina Esser-Palm

Name:	Klasse:	Datum:

Eine Geschichte zu einem Bild erzählen

Die Geschichte planen

1 Schreibe einen Erzählplan für eine Geschichte zu dem Bild.

    a. Sieh dir das Bild an und lies die Stichworte.

    b. Notiere Stichworte zu den Handlungsbausteinen.

    c. Lege die Reihenfolge der Handlungsbausteine
       für deine Geschichte fest.

> ein Junge/ein Mädchen
> Baum im Garten
>   der Nachbarn
> jämmerliches Miauen
> Mitleid haben
> junge Katze
> Leiter zum Obstpflücken
> den Nachbarn um Hilfe
>   bitten

Wunsch   ◯

_____

_____

Hindernis   ◯

_____

_____

Ende   ◯

_____

_____

Hauptfigur/Situation   ◯

_____

_____

_____

_____

Reaktion   ◯

_____

_____

_____

_____

Cornelsen

Autorin: Regina Esser-Palm
Illustratorin: Dorina Tessmann, Berlin

Name: Klasse: Datum:

Eine Geschichte zu einem Bild erzählen

2 Formuliere eine Einleitung, die zu deiner Geschichte und der Stimmung passt.

_____

_____

_____

_____

3 Finde eine Stelle in der Geschichte, an der du wörtliche Rede einsetzen kannst.
Schreibe die wörtliche Rede im Präsens auf.

_____

_____

_____

_____

Die Geschichte schreiben

4 Schreibe deine Geschichte vollständig auf.
- Schreibe im Präteritum.
- Gliedere deine Geschichte in Einleitung, Hauptteil und Schluss.
- Verwende deine Einleitung und deine Stichworte zu den Handlungsbausteinen.
- Füge die wörtliche Rede aus Aufgabe 3 an der passenden Stelle ein.
- Überlege dir eine Überschrift, die den Leser neugierig macht.

Die Geschichte überprüfen und überarbeiten

5 Überarbeite deine Geschichte.
- **a.** Markiere Textstellen, die du verbessern möchtest.
- **b.** Überarbeite diese Stellen, bis sie dir gefallen.
- **c.** Überprüfe die Rechtschreibung und Zeichensetzung.
- **d.** Schreibe deine Geschichte mit allen Korrekturen sauber ab.

Autorin: Regina Esser-Palm

Name: Klasse: Datum:

Zu Reizwörtern erzählen und schreiben

Manche Wörter regen deine Fantasie an.
Sie reizen dich zum Erzählen: Es sind Reizwörter.

der Affe	die Geheimtür	die Tierpflegerin	das U-Boot
das Unwetter	die Schlingpflanze	der Glockenturm	
die Geschwister	die Mütze	der Matrose	

1 Welche Wörter reizen dich besonders zum Erzählen?
    a. Markiere drei Wörter, die deine Fantasie anregen.
    b. Schreibe die drei Wörter auf: So erhältst du eine Reizwortkette.

2 Was für eine Geschichte möchtest du mit deinen Reizwörtern schreiben?
    Ergänze den folgenden Satz.
    Ergänze die richtige Präposition.

    Mit meinen Reizwörtern möchte ich eine _____

    Geschichte schreiben.

> lustige
> spannende
> traurige
> gruselige

3 Welche Reizwortkette passt **für dich** am besten zu dem Bild? Markiere sie.

der Geist – der Geheimgang – der Schatz

Sara und Ben – der dunkle Keller –
der geheimnisvolle Schlüssel

die Zwillinge – die Geheimtür –
der Traumraum

Cornelsen   Autorin: Angelika Adhikari

Name: Klasse: Datum:

Zu Reizwörtern erzählen und schreiben

Du kannst nun eine Geschichte zu Reizwörtern
schreiben. Wähle aus:
- **Du kannst zu dem Bild und den Reizwörtern**
  von Seite 198 eine Geschichte schreiben.
- **Du kannst aber auch eine ganz andere**
  Geschichte zu anderen Reizwörtern schreiben.

4 Schreibe deine Reizwörter in die Kette hinein.
- Du kannst die Reizwörter von Seite 198 übernehmen.
- Du kannst dir auch ganz andere Reizwörter auswählen.

Schreibe nun eine Einleitung.

5 Beantworte die folgenden Fragen. Schreibe Stichworte.
Tipp: Zeichne ein passendes Bild für deine Geschichte in den Rahmen.

Wer sind die Hauptfiguren? Wie heißen sie?

_____

_____

Wo spielt die Geschichte?

_____

_____

Wann spielt die Geschichte?

_____

_____

6 Wähle einen Anfang für deine Geschichte aus. Markiere den Anfang.

Eines Tages … Vor einiger Zeit … Irgendwann im Sommer …

Am Wochenende … Alles begann an … Eines Nachts …

7 Schreibe deine Einleitung in zwei oder drei Sätzen in dein Heft.
Verwende auch dein erstes Reizwort.
Tipp: Lass eine Zeile für die Überschrift frei.

Cornelsen   Autorin: Angelika Adhikari

Name: Klasse: Datum:

Zu Reizwörtern erzählen und schreiben

Im Hauptteil der Geschichte wird es spannend.

8 Beantworte die Fragen in Stichworten.
Du kannst die Ideen vom Rand verwenden.
Du kannst auch deine eigenen Ideen verwenden.

Was möchten die Hauptfiguren? Was tun sie?

_____

_____

_____

- sich (heimlich) treffen
- eine Nachtwanderung machen
- eine Abkürzung nach Hause nehmen
- etwas Leckeres essen

Was passiert auf einmal?

_____

_____

_____

- ein lauter Schrei ertönt
- ein starker Wind braust auf
- ein leises Kichern kommt aus der Ecke
- Totenstille: nichts bewegt sich mehr

Was denkt und fühlt die Hauptfigur?

_____

_____

_____

- ja nicht ängstlich sein
- sich freuen
- das Herz klopft
- eine Gänsehaut bekommen
- schwitzen

9 Schreibe nun den Hauptteil der Geschichte in dein Heft.
- Baue die Spannung auf:
  Erzähle ausführlich, aber verrate noch nicht den Schluss.
- Verwende verschiedene Satzanfänge.
- Verwende auch deine Reizwörter.
- Beschreibe Personen, Orte und Gefühle
  mit treffenden Adjektiven.
- Verwende wörtliche Rede, wenn du möchtest.

Zu Beginn …
Am Anfang … Zuerst …
Nun … Auf einmal …
Plötzlich … Danach …
Anschließend … Da …
Kurze Zeit später …

Zum Schluss löst sich die Spannung.

10 Schreibe einen kurzen Schluss in dein Heft.

11 Wie heißt deine Geschichte?
Schreibe deine Überschrift in die leere Zeile über die
Einleitung.

Glücklich fielen sich alle in
die Arme.
Müde und erschöpft ging er
zu Bett und schlief ein.

Cornelsen   Autorin: Angelika Adhikari

Einfach sagenhaft (Schülerbuch S. 160–175)

Interkulturelle Grunderfahrung

- **Geistige und seelische Dimensionen: Fantasie, Emotion**
- **Zeitlich-historische Erfahrung**

Kompetenzschwerpunkte

- **Sagen und ihre Merkmale erschließen**
- **Sagen nacherzählen**
- **Mit Sagen produktiv umgehen**

Materialien und Differenzierung im Überblick

Unterrichtsverlauf	Lernziele und Kompetenzen	Schülerbuch	Servicepaket	Arbeitsheft
Einstieg (Klassengespräch)	*Vorwissen aktivieren, produktiv mit Bildern und Überschriften von Sagen umgehen: eigene Ideen dazu entwickeln*	S. 160–161		
Erarbeitung I	Sagenmerkmale bestimmen *Methoden der Texterschließung anwenden: wesentliche Merkmale des Textes bestimmen, Gattungsmerkmale bestimmen und erläutern*	S. 162–165	⊕ Arbeitsblatt 93: Eine Sage lesen und verstehen ⊙ Arbeitsblatt 94: Eine Sage verstehen und Sagenmerkmale bestimmen ● Arbeitsblatt 95: Eine antike Sage verstehen: Das Trojanische Pferd Arbeitsblatt 98: Die Sage vom Siebengebirge (DaZ)	
Erarbeitung II	Zu einer Sage erzählen *wesentliche Elemente des Textes bestimmen, mit Handlungsbausteinen arbeiten, die Sage nacherzählen, die Sage aus einer anderen Sicht erzählen*	S. 166–167	⊙ Arbeitsblatt 96: Eine Sage nacherzählen ● Arbeitsblatt 97: Eine Sage nacherzählen	

Unterrichtsverlauf	Lernziele und Kompetenzen	Schülerbuch	Servicepaket	Arbeitsheft
Erarbeitung III	Eine Sage szenisch darstellen *als Übung zur Vorbereitung des szenischen Spiels die Szene in verteilten Rollen laut vorlesen, eine Szene als Spielszene schreiben, Regieanweisungen mit Stimmungen und Gefühlen aufschreiben, eine Aufführung vorbereiten*	S. 168–170		
Teste dich!	Eine Sage verstehen *Merkmale des Textes bestimmen, einen Dialog aufschreiben*	S. 171	Lernbegleitbogen (CD-ROM)	
Fördern	☉ Eine Sage verstehen *Zwischenüberschriften finden, mit Handlungsbausteinen arbeiten, die Sage nacherzählen*	S. 172–173		
Fordern	● Eine Sage verstehen *mit Handlungsbausteinen arbeiten, die Sage nacherzählen, Merkmale des Textes bestimmen*	S. 174–175		
Hörverstehen	Einem Hörtext Informationen entnehmen		Hörtext 10 mit Übung: Merkmale von Sagen untersuchen (CD-ROM) Hörtext 11 mit Übung: Eine Sage hören (CD-ROM)	

Methoden

- **Den Textknacker anwenden**
- **Handlungsbausteine analysieren**

Cornelsen

Seitenübersicht

S. 160 Eingangsseite	S. 161 Eingangsseite
Einfach sagenhaft *Bilder: historische Orte*	**Einfach sagenhaft** • sich zu den Bildern eine Geschichte ausdenken ⚇ • den Bildern Überschriften zuordnen • Vorwissen aktivieren
S. 162 Erarbeitung I	**S. 163 Erarbeitung I**
Sagenmerkmale bestimmen *Text: Eppelein von Gailingen* • Vermutungen über den Text anstellen ⚇ • die Sage mit dem Textknacker lesen	**Sagenmerkmale bestimmen** • Hintergrundinformationen über eine Sage recherchieren ⚇ • die erfundenen und wahren Anteile in der Sage herausfinden • die Sage aus einer anderen Sicht erzählen ◉ • über die Funktion von Sagen nachdenken ◉
S. 164 Erarbeitung I	**S. 165 Erarbeitung I**
Sagenmerkmale bestimmen *Text: Wie der Wendelstein zu seinem Namen kam* • die Sage mit dem Textknacker lesen • den Inhalt erschließen ⚇	**Sagenmerkmale bestimmen** • wahre und erfundene Anteile in der Sage feststellen ⊙ • Merkmale einer Sage im Text identifizieren ◉ • ein Sagenwesen beschreiben • einen fiktiven Dialog schreiben ⚇
S. 166 Erarbeitung II	**S. 167 Erarbeitung II**
Zu einer Sage erzählen *Text: Die Steinerne Brücke zu Regensburg* • die Sage mit dem Textknacker lesen • Begriffe aus der Sage mit eigenen Worten erklären	**Zu einer Sage erzählen** • die Sage mit Hilfe der Handlungsbausteine erschließen • die Sage aus der Sicht von unterschiedlichen Figuren erzählen • Sagen aus der eigenen regionalen Umgebung erzählen
S. 168 Erarbeitung III	**S. 169 Erarbeitung III**
Eine Sage szenisch darstellen *Text: Der Rattenfänger von Hameln* • die Sage mit dem Textknacker lesen • den Inhalt erschließen	**Eine Sage szenisch darstellen** *Text: Der Rattenfänger von Hameln* (Spielszene) • den Text mit verteilten Rollen lesen ⚇ • Rollenkarten erstellen, Rollen verteilen, die einzelnen Rollen üben, die ganze Szene proben und bewerten ⚇
S. 170 Erarbeitung III	**S. 171 Teste dich!**
Eine Sage szenisch darstellen • den Text in Szenen unterteilen und in Gruppen aufteilen ⚇ • Dialoge und Regieanweisungen schreiben und mit verteilten Rollen lesen ⚇ • die Szene in der Klasse vorführen und bewerten ⚇	**Eine Sage verstehen** *Text: Schatzgräberei am Frauenberg* • die Sage mit dem Textknacker lesen • Fragen zum Text beantworten • Sagenmerkmale im Text erkennen • anhand der Sage einen Dialog schreiben

Seitenübersicht

S. 172 Fördern	S. 173 Fördern
Eine Sage verstehen *Text: Die Wettenburg* • die Sage mit dem Textknacker lesen ⊙	**Eine Sage verstehen** *Text: Die Wettenburg* (Fortsetzung) • die Sage mit Hilfe der Handlungsbausteine untersuchen ⊙ • Sagenmerkmale im Text analysieren ⊙
S. 174 Fordern	**S. 175 Fordern**
Eine Sage verstehen *Text: Dädalus und Ikarus* • die Sage mit dem Textknacker lesen ●	**Eine Sage verstehen** *Text: Dädalus und Ikarus* (Fortsetzung) • die Sage mit Hilfe der Handlungsbausteine erschließen ● • Sagenmerkmale im Text analysieren ● • über die historische Bedeutung von Sagen nachdenken 👥 ●

Name: Klasse: Datum:

Eine Sage lesen und verstehen

Die Stadt Schwerte hat etwas Besonderes. In der Nähe soll ein Schatz vergraben sein. Man sagt, dass ein junger Mann ihn beinahe bekommen hätte. Davon erzählt diese Sage.

1   Lies den Text. Wende die 4 Schritte vom Textknacker an.

Der Schatz von Schwerte

1   Vor langer Zeit ging ei**n junger Mann**

2   nachts allein durch einen **Wald**. Er beeilte sich,

3   denn im Wald war es **dunkel** und **unheimlich**.

4   Plötzlich stand **eine Frau** vor dem Mann.

5   In ihrem langen weißen Kleid sah sie aus **wie ein Geist**.

6   Der **Mann erschrak** sehr. Er wollte wegrennen,

7   doch die Frau sprach sanft: „Bitte warte!

8   Du musst **keine Angst** haben."

9   Der Mann sah **die Frau** an. Sie sah nicht gefährlich aus.

10   Er wurde mutig und fragte: „Was machst du hier so allein?"

11   Sie antwortete: „Hier ist **ein Schatz vergraben**.

12   Und ich muss diesen Schatz **für immer bewachen**.

13   Aber wenn ein Mensch den Schatz holt, bin ich befreit

14   und muss den Schatz nicht mehr bewachen."

15   Der Mann konnte kaum glauben, was die Frau sagte.

16   Er fragte: „**Wie kann ich dir helfen** und dich erlösen?"

17   Sie antwortete: „Komm morgen Nacht allein wieder.

18   Dann zeige ich dir alles." Der Mann versprach es.

Autorin: Catherine Jaulgey
Illustration: Juliane Steinbach, Wuppertal

Doppel-Klick   197
⇨ SB, S. 160–175

Name: _____ Klasse: _____ Datum: _____

Eine Sage lesen und verstehen

1 **a.** Lies die Fragen.
b. Markiere die Antworten im Text.
c. Schreibe die Antworten auf. Schreibe ganze Sätze.

Warum beeilte sich der Mann?

_____

Wer stand plötzlich vor ihm?

_____

Was musste die Frau bewachen?

_____

Wie wird die Frau erlöst?

_____

Wie versprochen, kam der Mann in der nächsten Nacht wieder.

19 Die **Frau wartete** schon auf den jungen Mann.

20 Sie trug **einen Spaten** und zeigte auf eine dunkle Stelle:

21 **„Hier musst du graben!"**

22 Der **Mann** wurde **misstrauisch**. War dies eine Falle?

23 Deshalb sagte er: **„Grabe selbst!** Ich werde dir zusehen."

24 Die Frau sagte kein Wort, aber sie begann **ein Loch**

25 zu graben. Das Loch wurde **größer und größer**.

26 Dann sah der Mann etwas glänzen.

27 Er dachte: „Vielleicht ist hier doch ein Schatz vergraben!"

28 Vor Gier[1] hielt er es nicht mehr aus. Er nahm den Spaten

29 und grub schnell weiter. Bald sah er **ein Schloss**,

30 das zu einer schweren Tür gehörte.

31 Das Schloss glänzte wie pures Gold.

32 Aber **der Schlüssel** zu dem Schloss **fehlte**.

[1] **die Gier:** wenn jemand etwas unbedingt haben will

Cornelsen

Autorin: Catherine Jaulgey
Illustration: Juliane Steinbach, Wuppertal

Doppel-Klick 198
⇨ SB, S. 160–175

Name: Klasse: Datum:

Eine Sage lesen und verstehen

Du hast den zweiten Teil der Sage gelesen.

3   Was ist richtig? Was ist falsch?

	richtig	falsch
Wie versprochen, kam der junge Mann in der nächsten Nacht wieder in den Wald.		
Der Mann grub mit den Händen ein Loch.		
Der Mann konnte in der Erde ein Schloss erkennen.		
Der Mann fand auch den Schlüssel zum Schloss.		

Der Mann drehte sich zu der Frau um, die ihn die ganze Zeit beobachtete.

33   **„Wo ist der Schlüssel?"**, rief der Mann aufgeregt.

34   Aber **da öffnete sich die Tür** schon **von allein**.

35   „Siehst du, jetzt brauchst du keinen Schlüssel",

36   sagte die Frau geheimnisvoll.

37   Hinter der Tür lag **ein Keller**, in dem es glänzte und

38   schimmerte. Sofort lief der Mann in den Keller.

39   Er staunte mit großen Augen: Überall lag **Gold und Silber**.

40   Auf dem Boden lag auch **ein kleiner schmutziger**

41   **Schlüssel**.

42   Gierig stopfte der Mann das **Gold und das Silber**

43   **in seine Taschen**. Da rief **die Frau** von draußen:

44   **„Vergiss das Beste nicht!"**

45   Der **Mann dachte**, er solle **nur das Gold** nehmen und

46   das Silber liegen lassen. Das tat er auch.

47   Die **Frau rief wieder: „Vergiss das Beste nicht!"**

48   Der Mann stopfte sich **noch mehr Gold** in die Taschen.

49   Dann schleppte er sich **aus dem Keller** heraus.

50   Die schwere **Tür schlug** hinter ihm **zu**.

4   Die Frau ruft zweimal: „Vergiss das Beste nicht!"
Was meint sie damit? Lies noch einmal Zeile 40/41.

Die Frau meint den kleinen schmutzigen Schlüssel.

Autorin: Catherine Jaulgey
Illustration: Juliane Steinbach, Wuppertal

Name: Klasse: Datum:

Eine Sage lesen und verstehen

Draußen vor dem Keller stand die Frau.

51 Die Frau seufzte und weinte:

52 „**Warum** hast du den **Schlüssel nicht mitgenommen**?

53 Dann hättest du wiederkommen können. **Ich wäre erlöst**

54 und **du wärest der reichste Mann** auf der Welt!"

55 Mit diesen Worten **verschwand die Frau** in der Dunkelheit.

56 Das Türschloss und die Kellertür hat niemand mehr

57 gesehen.

58 Aber **man sagt** auch **heute** noch, dass **manchmal**

59 **um Mitternacht eine junge Frau** zu hören ist.

60 Sie läuft herum und **seufzt und weint**.

5 Der Mann hat den Schlüssel nicht mitgenommen.
Was ist deshalb passiert? Schreibe auf.

_____

_____

> die Frau,
> der Mann,
> nicht erlöst,
> nicht reich

Du hast die ganze Sage gelesen. Jetzt kannst du den Inhalt aufschreiben.

6 **a.** Ordne die Sätze in die richtige Reihenfolge. Nummeriere.
b. Schreibe die Sätze in der richtigen Reihenfolge in dein Heft.
   Denke an die Überschrift.

☐ Der Mann stopfte das Gold in seine Taschen, aber er vergaß das Beste:
den Schlüssel. Die Frau weinte, weil der Mann sie nicht erlöst hatte.

☐ Die Frau musste für immer einen Schatz bewachen.
Der Mann sollte ihr helfen, den Schatz auszugraben. Sie gruben ein Loch.

☐ Die Tür öffnete sich von ganz allein und führte in einen Keller.
Im Keller türmten sich Gold und Silber.

☐ 1 Ein junger Mann ging nachts allein durch den Wald.
Plötzlich stand vor dem Mann eine Frau im weißen Kleid.

☐ In dem Loch lag ein glänzendes Schloss,
aber der Schlüssel zur Tür fehlte.

Cornelsen

Autorin: Catherine Jaulgey
Illustration: Juliane Steinbach, Wuppertal

Doppel-Klick   200
⇨ SB, S. 160–175

Name: Klasse: Datum:

Eine Sage verstehen und Sagenmerkmale bestimmen

Die Sage „Jūratė und Kastytis" erzählt von der unglücklichen Meeresgöttin Jūratė.

1 Überfliege die Sage und betrachte das Bild.

a. Was siehst du auf dem Bild? Beschreibe es.

_____

_____

b. Worum könnte es in der Sage gehen? Schreibe einen Satz auf.

_____

Jūratė und Kastytis

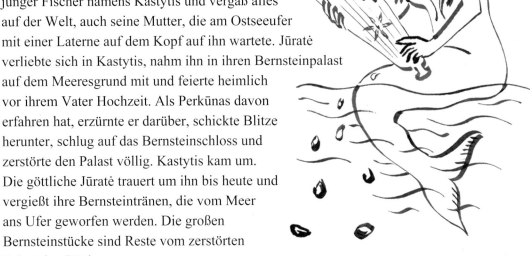

Die Meeresgöttin Jūratė, die beliebteste Tochter des Donnergottes Perkūnas,
wurde von ihm königlich beschenkt: Er ließ auf dem Meeresgrund
einen Bernsteinpalast* errichten, wo Jūratė mit Fischen
und Meerestieren lebte. Abends stieg sie nach oben,
5 schaukelte sich auf den Wellenkronen und sang
litauische Lieder, die Kanklės, eine Zither,
auf dem Schoß haltend.
Eines Abends hörte ihren Gesang ein schöner
junger Fischer namens Kastytis und vergaß alles
10 auf der Welt, auch seine Mutter, die am Ostseeufer
mit einer Laterne auf dem Kopf auf ihn wartete. Jūratė
verliebte sich in Kastytis, nahm ihn in ihren Bernsteinpalast
auf dem Meeresgrund mit und feierte heimlich
vor ihrem Vater Hochzeit. Als Perkūnas davon
15 erfahren hat, erzürnte er darüber, schickte Blitze
herunter, schlug auf das Bernsteinschloss und
zerstörte den Palast völlig. Kastytis kam um.
Die göttliche Jūratė trauert um ihn bis heute und
vergießt ihre Bernsteintränen, die vom Meer
20 ans Ufer geworfen werden. Die großen
Bernsteinstücke sind Reste vom zerstörten
Palast der Göttin.

Nacherzählt von Vilija Gerulaitiene

(© Vilija Gerulaitiene)

---

* der Bernstein: klarer, teilweise auch undurchsichtiger gelber Schmuckstein, der aus dem Harz von Bäumen entstanden ist. Das Harz stammt
von Bäumen, die vor 40 bis 50 Millionen Jahren im Meer versunken sind. An der Ostseeküste findet man heute noch Bernstein, nicht nur
in Litauen.

Autoren: Werner Bentin, Renate Krull
Illustrator: Carsten Märtin, Oldenburg

Doppel-Klick 201
⇨ SB, S. 160–175

Name:	Klasse:	Datum:

Eine Sage verstehen und Sagenmerkmale bestimmen

Mit Hilfe der Aufgaben kannst du überprüfen, ob du die Sage verstanden hast.

2 Lies die Sage auf Seite 1 jetzt genau.
Tipp: Wende den dritten Textknackerschritt an. Du kannst Schlüsselwörter markieren.

3 Die folgenden Sätze geben einige Situationen aus der Sage wieder. Ihre Reihenfolge ist
aber durcheinandergeraten.
  a. Ordne die Sätze in der richtige Reihenfolge von 1 bis 7.
     Schreibe die richtige Nummer davor.
  b. Überprüfe zum Schluss die Reihenfolge, indem du die Sätze nacheinander liest.

☐ Jūratė trauert bis heute und weint Tränen aus Bernstein.

☐ Sie verliebten sich ineinander und Kastytis ging mit hinunter auf den Meeresgrund.

☐ Der Donnergott Perkūnas ließ seiner Tochter Jūratė einen Bernsteinpalast auf
   dem Meeresgrund bauen.

☐ Heimlich feierten sie Hochzeit.

☐ Abends schaukelte Jūratė gern auf den Wellen und sang litauische Lieder.

☐ Als Perkūnas davon erfuhr, zerstörte er den Palast und Kastytis starb.

☐ Kastytis, ein schöner junger Fischer, hörte den Gesang und vergaß alles auf der Welt.

4 Welche Aussagen treffen auf die Sage „Jūratė und Kastytis" zu?
Kreuze an.

❏ Kastytis errichtete einen Palast aus Bernstein.
❏ Jūratė lebte in ihrem Bernsteinpalast mit Fischen und Meerestieren.
❏ Ein alter Fischer verliebte sich in Jūratė.
❏ Die Sage spielt an der Ostsee.
❏ Die Mutter von Kastytis trug eine Laterne auf dem Kopf.
❏ Perkūnas schickte Blitze herunter und schlug auf das Bernsteinschloss.
❏ Perkūnas, der Donnergott, ist Jūratės Vater.
❏ Perkūnas zerstörte das Bernsteinschloss völlig.
❏ Die Bernsteintränen werden vom Meer ans Ufer geworfen.
❏ Kastytis' Mutter wartete am Ufer des Mittelmeeres auf ihren Sohn.
❏ Die großen Bernsteinstücke sind Reste eines Palastes auf dem Meeresgrund.

Cornelsen

Autoren: Werner Bentin, Renate Krull

Name: Klasse: Datum:

Eine Sage verstehen und Sagenmerkmale bestimmen

Sagen handeln manchmal an einem Ort, den es heute noch gibt.

5 In welchem Land spielt die Sage?
  a. Finde es auf der Karte.
  b. Male das Land mit einer hellen Farbe aus.
     Markiere die Küstenlinien etwas dunkler.

Sagen wurden früher mündlich weitererzählt und später manchmal aufgeschrieben.

6 Schreibe auf, wer die Sage „Jūratė und Kastytis"
nacherzählt und aufgeschrieben hat.

_____

In Sagen spielen oft Wesen mit übernatürlichen Eigenschaften und Kräften eine Rolle.

7 Nenne Wesen mit übernatürlichen Eigenschaften, von denen in dieser Sage erzählt wird.

_____

Sagen erklären manchmal eine auffällige Naturerscheinung auf eine sagenhafte Weise.

8 Welche Naturerscheinung wird in der Sage „Jūratė und Kastytis" erklärt?
Schreibe sie auf.

_____

_____

_____

In Sagen ist einiges wahr, aber vieles ist auch erfunden und hinzugedichtet.

9 Was könnte an dieser Sage wahr sein? Was könnte erfunden sein?
Schreibe Stichworte auf.

wahr: _____

_____

erfunden: _____

_____

_____

Cornelsen

Autoren: Werner Bentin, Renate Krull
Illustrator Karte: Carsten Märtin, Oldenburg

Name: Klasse: Datum:

Eine antike Sage verstehen: Das Trojanische Pferd

Was sich vor 3000 Jahren in der Stadt Troja zugetragen hat, wurde uns von dem griechischen Dichter Homer überliefert. Homer lebte vor ungefähr 2700 Jahren.

1 **a.** Lies die Überschrift und den Vorspann des Textes.
  b. Sieh dir die Bilder auf den Seiten 1 und 2 an.
  c. Worum könnte es in der Sage gehen? Schreibe einen Satz auf.

_____

_____

  d. Lies nun die Sage.

Das Trojanische Pferd

Um die Stadt Troja wurde ein Krieg geführt. Odysseus' Leute versuchten zehn Jahre lang erfolglos, Troja zu erobern.

|1| „Oh, großer König", sagte Odysseus, nachdem sie alle gut gegessen
und getrunken hatten. „Wir kämpfen und kämpfen, aber Troja fällt nicht.
[…] Ich will endlich siegen, wenn ich schon so lange gekämpft habe!"
„Das wollen wir auch, Odysseus, wir auch!", riefen viele. „Aber leider
5 geht es nicht!"
„Nicht mit roher Gewalt. Aber wir können Troja mit einer List erobern."
Alle spitzten die Ohren: „Was schlägst du vor?"
|2| „Wir sollten ein Pferd aus Holz bauen, ein sehr großes Pferd.
Die besten unserer Krieger verstecken sich dann im Bauch des Pferdes.
10 Wir erklären in einem Schreiben feierlich den Krieg für beendet und
bieten den Trojanern das Pferd als Geschenk und Entschuldigung an."
„Und was meinst du, wird weiter geschehen?"
„Was wohl? Ich hoffe, sie werden das Geschenk annehmen und das Pferd
in die Stadt bringen. Und dann fällt Troja wie ein überreifer Apfel in unsere
15 Hand. Jetzt brauchen wir strengste Geheimhaltung, schönes festes Holz,
Geduld und Fleiß. Das Pferd muss wunderschön werden. Denn ich bin
mir sicher – falls wir Troja damit besiegen, wird das Trojanische Pferd
in die Geschichte eingehen. Auch nach tausend Jahren wird man darüber
sprechen."
20 |3| Die Griechen machten sich an die Arbeit. Holz wurde herangeschafft,
Künstler und Handwerker geholt. Das Pferd wurde auf einer Holzplattform
mit vier Rädern gebaut. Eine Geheimtür, die sich nur von innen öffnen ließ,
führte in seinen Bauch.
Es war eine dunkle, geheimnisvolle Nacht – auch die Götter schliefen,
25 als Odysseus sich zusammen mit dreißig seiner Krieger im Bauch
des Pferdes versteckte. […]

Karte:
Griechen-land
Türkei
Canakkale
Troja
Türkei
Edremit
Pergamon
Bergama
Lesbos
Chios
Izmir
Ephesus
Samos

Cornelsen

Autoren: Werner Bentin, Renate Krull
Illustrator Karte: Volkhard Binder, Berlin

Doppel-Klick 204
⇨ SB, S. 160–175

Name: Klasse: Datum:

Eine antike Sage verstehen: Das Trojanische Pferd

Das Trojanische Pferd (Fortsetzung)

4   Am nächsten Tag berichteten Kundschafter
König Priamos von Troja: „Die griechische Flotte segelt
aufs offene Meer hinaus. Kein Grieche ist in der Nähe
30 der Stadt zu sehen. Nur ein großes Holzpferd steht da.
Wir haben neben dem Pferd ein versiegeltes Schreiben
gefunden. Hier ist es."
König Priamos öffnete es und las: „An König Priamos.
Wir geben auf, weil die Götter auf eurer Seite stehen.
35 Der Krieg ist zu Ende. Als Zeichen der Versöhnung,
damit ihr nicht an Rache denkt, schenken wir euch
das hölzerne Pferd. Wir haben es euch zu Ehren
das Trojanische Pferd genannt."

© shutterstock / Michael Rosskothen

5   König Priamos begab sich vor das Tor Trojas und
40 betrachtete lange das hölzerne Pferd. Er befahl, es in
die Stadt zu bringen und auf dem Marktplatz aufzustellen.
Rundherum sollte ein Fest stattfinden.
So geschah es. Alle Trojaner kamen, um zu feiern.
Ziegen, Lämmer, Gänse und Hühner wurden gebraten.
45 Viele Fässer Wein wurden geöffnet und getrunken.

© shutterstock / CREATISTA

Die leckeren Düfte kamen auch bis in den Bauch des Pferdes, wo die griechischen Krieger
mucksmäuschenstill, verschwitzt und hungrig, eng gedrängt einer neben dem anderen lagen.
Das Wasser lief ihnen im Munde zusammen. Aber keiner gab auch nur einen Mucks von sich.
Mitten in der Nacht, als die Trojaner betrunken in tiefen Schlaf gefallen waren, schlichen
50 die Griechen aus ihrem Versteck heraus. […] Odysseus öffnete die Stadttore. Das griechische Heer
war in der Zwischenzeit zurückgekehrt. Die Krieger strömten in die Stadt […].

(aus: Dimiter Inkiow: Die Abenteuer des Odysseus. Gabriel Verlag, Wien, 1999. (verkürzt))

Und so eroberten Odysseus' Leute doch noch die Stadt Troja.

2 Im Text sind fünf Absätze gekennzeichnet.
   a. Markiere in jedem Absatz die Schlüsselwörter.
   b. Schreibe für jeden Absatz eine passende Überschrift auf.

1. _____

2. _____

3. _____

4. _____

5. _____

Cornelsen   Autoren: Werner Bentin, Renate Krull

Name: Klasse: Datum:

Eine antike Sage verstehen: Das Trojanische Pferd

Mit den fünf Handlungsbausteinen kannst du den Inhalt der Sage verstehen.

3 Beantworte die Fragen zu den **Handlungsbausteinen der Sage**.
Tipp: Du kannst im Text Schlüsselwörter markieren und dann die Fragen beantworten.

Handlungsbaustein: **Hauptfigur in Situation**
Wer ist die Hauptfigur? In welcher Situation steckt sie?

_____

_____

Handlungsbaustein: **Wunsch**
Welchen Wunsch hat die Hauptfigur?

_____

Handlungsbaustein: **Hindernis**
Welche Tatsache macht es der Hauptfigur schwer, den Wunsch zu realisieren?
Tipp: Dabei spielt auch eine andere Figur eine Rolle.

_____

_____

Handlungsbaustein: **Reaktion**
Wie reagiert die Hauptfigur auf das Hindernis?

_____

_____

Handlungsbaustein: **Ende**
Wie überwindet die Hauptfigur das Hindernis? Wie endet die Sage?

_____

_____

Sagen haben oft einen wahren Kern.

4 Was könnte an dieser Sage wahr sein?
Beantworte die Frage in Stichworten.
Tipp: Das Bild und die Karte auf Seite 1 helfen dir.

_____

_____

_____

Autoren: Werner Bentin, Renate Krull

Name: Klasse: Datum:

Eine Sage nacherzählen

Die Sage „Schatzgräberei am Frauenberg" findest du im Schülerbuch auf den Seiten 171. Mit Hilfe der Handlungsbausteine kannst du sie nacherzählen.

1 Lies die Sage noch einmal.

2 Beantworte die Fragen zu den Handlungsbausteinen.
Kreuze jeweils die richtige Antwort an.

a. Wer sind die Hauptfiguren?

    ○ drei Männer aus Troja

    ○ drei Männer aus Weidenhausen

    ○ ein kleiner Hund

b. Welchen Wunsch haben sie?

    ○ Sie wollen einen Schatz vergraben.

    ○ Sie wollen einen Schatz heben.

    ○ Sie wollen Wünschelruten herstellen.

c. In welcher Situation befinden sich die Hauptfiguren?

    ○ Sie müssen sich einen Zauberspruch merken.

    ○ Sie dürfen sich nicht umdrehen.

    ○ Sie dürfen beim Graben kein Wort reden.

d. Welche Hindernisse sind ihnen im Weg?

    ○ Der Kessel ist zu schwer und ein Hund stört sie.

    ○ Der Kessel ist leer und ein Hund stört sie.

    ○ Sie haben keine Wünschelrute und finden den Kessel nicht.

e. Wie reagieren die Hauptfiguren auf die Hindernisse?

    ○ Die Männer graben ungerührt weiter.

    ○ Einer der Männer verliert die Nerven und flucht.

    ○ Sie ergreifen die Flucht.

f. Wie endet die Geschichte? Sind die Hauptfiguren erfolgreich?

    ○ Die Männer heben den Schatz und werden reich.

    ○ Die Männer sind wie vom Erdboden verschluckt.

    ○ Die Männer können den Schatz nicht heben.

Cornelsen

Autorin: Renate Krull
Illustratorin: Christa Unzner, Berlin

Name: Klasse: Datum:

Eine Sage nacherzählen

Auf Karteikarten kannst du Stichworte zur Handlung der Sage notieren.

3 Schreibe zu jedem Handlungsbaustein Stichworte auf die Karteikarten.
Verwende dabei auch deine richtigen Antworten aus Aufgabe 2.

Hauptfiguren:

_____

_____

_____

_____

Situation:

_____

_____

_____

_____

Wunsch:

_____

_____

_____

_____

Hindernis:

_____

_____

_____

_____

Reaktion:

_____

_____

_____

_____

Ende:

_____

_____

_____

_____

4 Erzähle die Sage nach.

    a. Schneide die Karteikarten aus.

    b. Ordne die Karten in der richtigen Reihenfolge.

    c. Erzähle die Sage einer Partnerin oder einem Partner.

Starthilfe

Drei Männer aus
Weidenhausen wollten …

Autorin: Renate Krull

Doppel-Klick 208
⇨ SB, S. 160–175

Name: Klasse: Datum:

Eine Sage nacherzählen

Die Sage „Schatzgräberei am Frauenberg" findest du im Schülerbuch auf den Seiten 171. Mit Hilfe der Handlungsbausteine kannst du sie nacherzählen.

1 Lies die Sage noch einmal.

2 Beantworte die Fragen zu den Handlungsbausteinen.

   a. Schreibe die Bausteine jeweils auf die erste Zeile der Karteikarten.

   b. Schreibe zu jedem Handlungsbaustein Stichworte oder kurze Sätze auf.

   Tipp: Du kannst die Wörter und Wortgruppen vom Rand verwenden.

> **Die Handlungsbausteine:**
> Wer sind die **Hauptfiguren**?
> Welchen **Wunsch** haben sie?
> In welcher **Situation** stecken sie?
> Welche **Hindernisse** sind ihnen im Weg?
> Wie **reagieren** die Hauptfiguren auf die Hindernisse? Wie versuchen sie, sie zu überwinden?
> Wie **endet** die Geschichte?
> Sind die Hauptfiguren erfolgreich?

Hauptfiguren/Wunsch _____

_____

_____

_____

_____

> in der Nacht
> Schatz und Hund verschwinden
> die Wünschelrute
> drei Männer aus Weidenhausen
> den Ort nicht wiederfinden
> Angst haben
> kein Wort reden
> der schwere Kessel
> ein Hund bellt und heult
> der Krach
> die Geduld verlieren und fluchen
> einen Schatz heben
> am Frauenberg bei Marburg
> das Schweigen brechen
> davonlaufen wollen

Situation _____

_____

_____

_____

_____

_____

Name: Klasse: Datum:

Eine Sage nacherzählen

3 Erzähle die Sage mit Hilfe deiner Notizen nach.

Wähle eine Aufgabe aus:

- Erzähle die Sage einer Partnerin oder einem Partner.
- Schreibe die Sage ins Heft.

Starthilfe

Drei Männer aus
Weidenhausen wollten …

Name: Klasse: Datum:

Die Sage vom Siebengebirge

Timo hat in einem Buch die Sage vom Siebengebirge gefunden.

1 Worum geht es in der Sage?
    a. Sieh dir das Bild an und lies die Wörter.
    b. Verbinde die Wörter mit den passenden Stellen im Bild.
    c. Ergänze den Satz unter dem Bild.

die Riesen

die Schaufeln

die sieben Berge

Die Geschichte spielt im Siebengebirge am Fluss Rhein. Es geht um

_____, _____ und

_____ .

2 Warum ist die Geschichte eine Sage?
    a. Lies die Erklärung.
    b. Markiere die Mitglieder der Wortfamilie sagen.
    c. Schreibe jedes markierte Wort auf die nächste freie Linie.

Das Siebengebirge ist ein sagenhafter Ort. So ein _sagenhafter_ Ort hat immer

eine Geschichte. Das kommt so: Irgendwann sagte jemand etwas über diesen Ort.

Und ein anderer fand es interessant und er _____ es mündlich

weiter. Und so wurde die Geschichte weitergesagt und _____ .

Deshalb nannte man diese Geschichte dann eine Sage. In einer _____

ist manches wahr und manches ist erfunden.

Autorin: Heidi Pohlmann
Illustrator: Jürgen Trebels, Düsseldorf

Cornelsen

Regen, Sonne, Wind – Gedichte (Schülerbuch S. 176–191)

Interkulturelle Grunderfahrung

• **Geistige und seelische Dimensionen: Fantasie, Emotion**

Kompetenzschwerpunkte

• **Gedichte untersuchen, deuten und produktiv gestalten**
• **Gedichte vortragen**

Materialien und Differenzierung im Überblick

Unterrichtsverlauf	Lernziele und Kompetenzen	Schülerbuch	Servicepaket	Arbeitsheft
Einstieg (Klassengespräch)	*Vorwissen aktivieren, Gedichte laut vorlesen*	S. 176–177	Frühlingsglaube von Ludwig Uhland (editierbarer Schülerbuchtext, CD-ROM) Septembermorgen von Eduard Mörike (editierbarer Schülerbuchtext, CD-ROM)	
Erarbeitung I	Gedichte untersuchen *die Reimwörter markieren, Merkmale eines Gedichtes analysieren und vergleichen, zu einem Gedicht malen und schreiben, Vergleiche erschließen*	S. 178–181	✹ Arbeitsblatt 99: Reime in Gedichten ⊙ Arbeitsblatt 100: Ein Regengedicht verstehen ◉ Arbeitsblatt 101: Zwei Regengedichte vergleichen ⊙ Arbeitsblatt 102: Ein Gedicht verstehen ◉ Arbeitsblatt 103: Metaphern in einem Sonnengedicht entschlüsseln	⊙ S. 38–41: Gedichtmerkmale bestimmen
Erarbeitung II	Gedichte aus Japan: Ein Haiku gestalten *Form mit Versen und Silben analysieren, Bilder zu Haikus zeichnen, einen Merksatz formulieren, Fotos zuordnen, ein Stimmungsbild malen, ein Haiku schreiben*	S. 182–183		⊙ S. 38–41: Gedichtmerkmale bestimmen

Cornelsen

Unterrichtsverlauf	Lernziele und Kompetenzen	Schülerbuch	Servicepaket	Arbeitsheft
Erarbeitung III	Ein Gedicht vortragen *Gedicht mit Betonungszeichen versehen und das Vortragen mit verschiedenen Stimmungen üben und vortragen*	S. 184–185		
Teste dich!	Ein Gedicht untersuchen und vortragen *Inhalt erschließen, Form, Reimformen und sprachliche Bilder analysieren, Pausen, Lautstärke, Geschwindigkeit beachten*	S. 186	Lernbegleitbogen (CD-ROM)	
Fördern	☉ Ein Gedicht untersuchen *Inhalte erschließen, Form, Reimformen und Strophe untersuchen, sprachliche Bilder analysieren*	S. 187	Arbeitsblatt 104: Sonnenwörter (DaZ) Arbeitsblatt 105: Ein Sonnengedicht schreiben (DaZ)	
Fordern	◉ Ein Gedicht untersuchen *Reimschema, sprachliche Bilder, Stimmung analysieren, Gedicht schreiben, Gedicht mit Mimik und Gestik vortragen*	S. 188–189		
Probearbeit	Ein Gedicht untersuchen *Gedichtmerkmale und Wirkung des Gedichts analysieren, sprachliche Bilder im Gedicht erschließen und definieren*	S. 190–191 Fit für die Probe	Probearbeit 5: Ein Gedicht untersuchen und deuten Probearbeit 5: Diagnose und Auswertung	
Hörverstehen	Einem Hörtext Informationen entnehmen		Hörtext 12 mit Übung: Theodor Storm: Herbst (CD-ROM) Hörtext 13 mit Übung: Theodor Fontane: Mittag (CD-ROM)	

Methoden

- **Ein Gedicht betont vortragen**
- **Eigene literarische Texte schreiben**

Seitenübersicht

S. 176 Eingangsseite	S. 177 Eingangsseite
Regen, Sonne, Wind – Gedichte *Gedicht mit Foto: Frühlingsglaube* *Gedicht mit Foto: Der Regenbogen*	**Regen, Sonne, Wind – Gedichte** *Gedicht mit Foto: Septembermorgen* *Gedicht mit Foto: Spiegel* • die Fotos den Gedichten zuordnen • Vorwissen aktivieren
S. 178 Erarbeitung I	**S. 179 Erarbeitung I**
Gedichte untersuchen *Gedicht: Frühlingsahnung* • das Gedicht zusammenfassen • die Reimwörter markieren ⊙ • verschiedene Merkmale eines Gedichtes analysieren	**Gedichte untersuchen** • die Merkmale eines Gedichtes untersuchen und im Internet nach Hörfassungen suchen ⊙ • Gedichte vergleichen 🖧 • zu einem Gedicht ein Bild malen oder einen Text schreiben ⬤ 🖧
S. 180 Erarbeitung I	**S. 181 Erarbeitung I**
Gedichte untersuchen *Gedicht: Zeichen* • Vergleiche als sprachliches Bild im Gedicht identifizieren • zwei indirekte Vergleiche analysieren ⬤	**Gedichte untersuchen** *Gedicht: Wäre die Wolke ein Kissen …* • Vergleiche im Gedicht analysieren und ihre Funktion reflektieren
S. 182 Erarbeitung II	**S. 183 Erarbeitung II**
Gedichte aus Japan: Ein Haiku gestalten *Vier Haikus* • die Form des Haikus mit Versen und Silben analysieren • passende Bilder zu den Haikus zeichnen • einen Merksatz für das Silbenschema des Haikus formulieren ⬤	**Gedichte aus Japan: Ein Haiku gestalten** *Zwei Haikus mit zwei Fotos* • den Haikus die Fotos zuordnen ⊙ • zu einem Haiku ein Stimmungsbild malen • ein eigenes Haiku schreiben
S. 184 Erarbeitung III	**S. 185 Erarbeitung III**
Ein Gedicht vortragen *Gedicht: Regenschirme* • ein Gedicht mit Betonungszeichen versehen und das Vortragen mit verschiedenen Stimmungen üben	**Ein Gedicht vortragen** • sich für ein Metrum entscheiden und das Gedicht vortragen
S. 186 Teste dich!	**S. 187 Fördern**
Ein Gedicht untersuchen und vortragen *Gedicht: Wintereinbruch* • den Inhalt des Gedichtes erschließen • Form, Reimformen und Strophe untersuchen • sprachliche Bilder analysieren • das Gedicht zum Vortragen vorbereiten: Pausen, Lautstärke, Geschwindigkeit markieren • das Vortragen üben	**Ein Gedicht untersuchen** *Gedicht: Die Sonne* • den Inhalt des Gedichtes erschließen ⊙ • Form, Reimformen und Strophe untersuchen ⊙ • sprachliche Bilder analysieren ⊙

Seitenübersicht

S. 188 Fordern	S. 189 Fordern
Ein Gedicht untersuchen *Gedicht: Oktober* • das Reimschema definieren ⬤ • sprachliche Bilder analysieren ⬤ • die Stimmung des Gedichtes definieren und die Ergebnisse in einem Text zusammenfassen ⬤	**Ein Gedicht untersuchen** • ein eigenes Gedicht zu einer Jahreszeit schreiben ⬤ • das Reimschema definieren ⬤ • das Gedicht mit Betonungszeichen versehen und den Vortrag mit Mimik und Gestik üben ⬤ • das Gedicht vortragen und Feedback geben ⬤
S. 190 Fit für die Probe	**S. 191 Fit für die Probe**
Ein Gedicht untersuchen *Gedicht: Novembertag* • eine Aufgabenstellung erschließen	**Ein Gedicht untersuchen** • Gedichtmerkmale aufschreiben und die Wirkung des Gedichts analysieren • sprachliche Bilder im Gedicht erschließen und definieren • mit Hilfe der Checkliste die eigene Arbeit überprüfen

Name: Klasse: Datum:

Reime in Gedichten

Die folgenden Strophen eines Gedichts erzählen von einem Baum in einer bestimmten Jahreszeit.

> **Merkmal:**
> In Gedichten heißen die Abschnitte **Strophen**. Die Zeilen nennt man **Verse**.

_____ *James Krüss*

1 Der Apfelbaum ist aufgeblüht.
2 Nun summen alle Bienen.
3 Die Meise[1] singt ein Meisenlied.
4 Der Frühling ist erschienen.[2]

5 Die Sonne wärmt den Apfelbaum.
6 Der Mond scheint auf und nieder.
7 Die kleine Meise singt im Traum
8 die Apfelblütenlieder.

9 Der Apfelbaum ist aufgeblüht.
10 Der Winter ist vorbei.
11 Mit Blütenduft und Meisenlied
12 erscheint der junge Mai.

[1] **die Meise**: ein kleiner Singvogel
[2] **ist erschienen**: ist gekommen

(aus: Der wohltemperierte Leierkasten. © 1989 cbj Verlag, München, in der Verlagsgruppe Random House GmbH)

 1 **a.** Von welchem Baum erzählt das Gedicht? Schreibe einen Satz.

_____

b. Welche Jahreszeit beschreibt das Gedicht? Schreibe einen Satz.

_____

_____

Cornelsen

Name: Klasse: Datum:

Reime in Gedichten

Du kannst das Gedicht untersuchen.

 2 **a.** Wie viele Strophen hat das Gedicht?

_____

b. Wie viele Verse hat jede Strophe?

_____

 3 In dem Gedicht ist die Überschrift in einem Vers versteckt.
a. Welcher Vers kommt zweimal vor? Unterstreiche.
b. Schreibe den Vers als Überschrift über das Gedicht.

In Gedichten reimen sich die Verse.

 4 Welche zwei Wörter reimen sich?
a. Markiere die passenden Reimwörter in der gleichen Farbe.

blüht	Bienen	Baum	nieder	vorbei
Lieder	Traum	Mai	Lied	erschienen

b. Schreibe die Reimwörter auf.

blüht - Lied, _____

_____

 5 **a.** Finde die Reimwörter in dem Gedicht.
b. Markiere sie.

Viele Gedichte beschreiben Bilder.
Nicht jeder sieht dasselbe Bild.

 **6** Welche Bilder stellst du dir zu dem Gedicht vor?
Zeichne zu jeder Strophe ein Bild.

Name: Klasse: Datum:

Ein Regengedicht verstehen

Du kannst das Gedicht „Im Regen" auf dich wirken lassen, es untersuchen und seinen Inhalt verstehen.

1 Lies das Gedicht mehrmals als Ganzes, Strophe für Strophe.

Im Regen *Justinus Kerner*

Zählt man die Zeit im Jahr,	*a*	5 Zählt man die Zeit im Jahr,	_____
Drin* freudvoll war dein Herz,	*b*	Drin blau der Himmel blieb,	_____
Sind's wen'ge Tage nur,	*c*	Sind's wen'ge Tage nur,	_____
Die andern trug der Schmerz.	*b*	Die andern waren trüb.	_____

Drum, da der Himmel selbst   _____

So oft in Tränen steht,   _____

Klag' nimmer*, Menschenherz,   _____

Dass dir's nicht besser geht.   _____

* drin: hier: an denen
* nimmer: hier: niemals

2 Worum geht es in dem Gedicht? Kreuze an.

In dem Gedicht geht es nicht nur um Regen, sondern auch
❑ um die Sehnsucht nach schönem Wetter.
❑ um Zeiten, in denen man traurig ist und trübe Gedanken hat.
❑ um Regentage, die einem die Stimmung vermiesen.

3 Bei einigen Wörtern sind Buchstaben ausgelassen.
a. Wie lauten die Wörter vollständig? Schreibe sie auf.

Sind's: *Sind es*   wen'ge:_____   Klag':_____   dir's:_____

b. Wie verändert sich das Gedicht, wenn man die Wörter vollständig ausspricht?
Probiere es aus und kreuze dann deine Antwort an:

❑ Das Gedicht ist dann schwerer zu sprechen.
❑ Das Gedicht wirkt dann fröhlicher.

4 a. In dem Gedicht wiederholen sich einige Verse. Markiere sie.
b. Welche Tage sind mit diesen Versen gemeint?
Ergänze in den Lücken passende Wörter aus dem Gedicht.

Es sind Tage, an denen man _____ hatte und der Himmel _____ blieb.

Autoren: Werner Bentin, Heidi Pohlmann

Name: Klasse: Datum:

Ein Regengedicht verstehen

5 **a.** Welche Verse in dem Gedicht reimen sich?
Ergänze die Reimform neben den Versen mit den Buchstaben a, b, c, d, e, f.
Tipp: Verwende für Wörter, die sich reimen, denselben Buchstaben.
In der ersten Strophe sind die Buchstaben schon eingetragen.
b. Markiere in der Reimform Verse, die sich reimen.
c. Was fällt dir auf? Ergänze den Satz.

In dem Gedicht reimen sich in jeder Strophe die Verse _____

6 Untersuche nun die Strophen in dem Gedicht genauer. Ergänze den Text:

Das Gedicht hat _____ Strophen. Jede Strophe besteht aus _____ Versen.

Jeweils der _____ und der _____ Vers in jeder Strophe sind

durch einen _____ verbunden. Zwei Verse aus der ersten Strophe

wiederholen sich in der _____.

7 In dem Gedicht wird ausgedrückt, dass die Anzahl der glücklichen und sonnigen Tage
gering ist. Was könnte das mit den Wiederholungen der Verse
in der ersten und zweiten Strophe zu tun haben? Ergänze den Satz:

Mit der Wiederholung der Verse 1 und 3 aus der ersten Strophe wird besonders betont,

dass es nur wenige _____ und _____ Tage gibt.

8 In der dritten Strophe werden „Himmel" und „Menschenherz" wie Personen angesprochen.
Was könnte damit gemeint sein? Kreuze an.

Der Himmel steht in Tränen bedeutet,
❑ dass es regnet.
❑ dass Menschen weinen.
❑ dass der Himmel traurig ist.

Mit „Menschenherz"
❑ ist das Herz eines Menschen gemeint.
❑ werden die Menschen angesprochen,
    die das Gedicht lesen oder hören.

9 Lies noch einmal die dritte Strophe. Beantworte dann beide Fragen:
Wozu werden die Leserinnen und Leser in der dritten Strophe aufgefordert?
Mit welchen Worten wird diese Aufforderung begründet?

_____

_____

_____

Autoren: Werner Bentin, Heidi Pohlmann

Name: Klasse: Datum:

Zwei Regengedichte vergleichen

**In den Gedichten „Sommerregen" und „Der Regen schlägt das Haus mit Ruten"
gibt es Gemeinsamkeiten und Unterschiede. Du findest sie heraus,
wenn du die Gedichte vergleichst.**

1 Lies die beiden Gedichte mehrmals. Du kannst sie auch leise vor dich hin sprechen.

Sommerregen *Josef Guggenmos*

Ich sah den Regen kommen	_a_	Dann strömte der Regen nieder,	___
von weither über das <u>Land</u>.	_b_	wusch alle Blätter <u>blitzblank</u>	___
Mit eiligen Schritten nahte	_c_	und rauschte zur durstigen Erde,	___
die schwärzliche <u>Regenwand</u>.	_b_	die gierig den Segen <u>trank</u>.	___
5 Die Blätter der Büsche und Bäume	_d_	Der Regen ist <u>weitergezogen</u>.	___
starrten grau vor <u>Staub</u>.	___	Auf seinem Rücken <u>schreibt</u>	___
Schwer klopften die ersten Tropfen	___	die Sonne einen <u>Regenbogen</u>	___
nieder auf das <u>Laub</u>.	___	in glühender <u>Herrlichkeit</u>.	___

Der Regen schlägt das Haus mit Ruten *Max Dauthendey*

Draußen die Regenwolken, die schwimmend großen,	___
Sind wie die Fische mit großen Flossen,	___
Die Wasser aus den Kiemen stoßen.	___
Der Regen schlägt das Haus mit Ruten,	___
5 Laute Wasserfluten schwemmen vom Dach:	___
Ein früher Abend kommt zu uns ins Gemach.	___
Wir hören die langen Finger vom Regen,	___
Die fahrig sich am Fenster bewegen,	___
Als will der Regen sich zu uns auf die Kissen legen.	___

2 Was siehst du? Was hörst du? Schreibe Stichworte auf.

_____

_____

Cornelsen
Autoren: Werner Bentin, Sabine Schlüter
Sommerregen. Aus: Josef Guggenmos. Die Tiere feiern Karneval. Arena Verlag,
Würzburg 1994.

Name: Klasse: Datum:

Zwei Regengedichte vergleichen

3 Worum geht es in den Gedichten? Schreibe zu jedem Gedicht einen Satz auf.

_____

_____

_____

4 Untersuche die Form der beiden Gedichte. Beantworte dazu diese Fragen.
- Wie sind die Gedichte aufgebaut (Strophen und Verse)?
- Was fällt dir bei den Reimen auf? Achte auch auf Veränderungen.

Tipp: Benenne dazu sich reimende Wörter mit denselben Buchstaben.

„Sommerregen" hat _____

_____

_____

„Der Regen schlägt das Haus mit Ruten" besteht _____

_____

5 Wie unterscheidet sich der Regen in beiden Gedichten?
Woran hast du das erkannt? Gib dazu Textstellen an.

_____

_____

_____

6 In beiden Gedichten gibt es sehr anschauliche Ausdrücke und Formulierungen.
Finde die Textstellen. Schreibe die Zeilen dahinter.

„Sommerregen"	„Der Regen schlägt das Haus mit Ruten"
Mit eiligen Schritten nahte / die schwärzliche Regenwand (Z. _____)	Regen schlägt das Haus mit Ruten (Z. _____)
wusch alle Blätter blitzblank (Z. _____)	Abend kommt zu uns ins Gemach (Z. _____)

7 Wähle eine Textstelle aus Aufgabe 5 aus. Was stellst du dir vor? Beschreibe es.

_____

_____

Name: Klasse: Datum:

Ein Gedicht verstehen

Du erschließt den Inhalt des Regengedichts und untersuchst seine Form.

Justinus Kerner
Im Regen

_____   _____

_____   _____

_____   _____

_____   _____

Zählt man die Zeit im Jahr,   _____
Drin blau der Himmel blieb,   _____
Sind's wen'ge Tage nur,   _____
Die andern waren trüb.   _____

_____   _____

_____   _____

_____   _____

_____   _____

> Drum, da der Himmel selbst
> So oft in Tränen steht,
> Klag' nimmer, Menschenherz,
> Dass dir's nicht besser geht.

> Zählt man die Zeit im Jahr,
> Drin freudvoll war ein Herz,
> Sind's wen'ge Tage nur,
> Die andern trug es Schmerz.

1 Ordne die drei Strophen des Gedichts in der richtigen Reihenfolge.
  a. Lies zunächst die drei Strophen.
  b. Schreibe die beiden Strophen vom Rand auf die richtigen Linien.

2 a. Lies das Gedicht noch einmal als Ganzes.
  b. Was ist das Thema? Kreuze an.

In dem Gedicht geht es nicht nur um Regen, sondern auch …
  ◯ um das Weltklima.
  ◯ um die Zeiten, in denen man traurig ist.
  ◯ um Herzschmerz an Regentagen.

3 Was bedeutet der Titel des Gedichts? Erkläre ihn in einem Satz.

  _____

  _____

  _____

4 Auf welches Wort bezieht sich das Personalpronomen „es"
  in dem Vers „Die andern trug es Schmerz"? Kreuze an.
  ◯ das Jahr   ◯ das Herz   ◯ die Tage   ◯ die Zeit

Cornelsen
Autorin: Sabine Schlüter

Name:	Klasse:	Datum:

Ein Gedicht verstehen

5 Wie ist das Gedicht aufgebaut? Ergänze die Lücken.
Beachte dabei das Reimschema, das rechts neben dem Gedicht steht.

Das Gedicht hat _____ Strophen. Jede Strophe besteht aus _____ Versen.

Jeweils die _____ und vierten Verse einer Strophe sind durch einen _____ verbunden.

Zwei Verse aus der ersten Strophe wiederholen sich in der _____.

6 a. Markiere die Verse, die sich wiederholen.
   b. Beschreibe die Wirkung der Wiederholung in einem Satz.

_____

_____

7 a. In welchen Versen wird der Himmel wie eine Person dargestellt? Markiere die Textstellen.
   b. Kreuze die richtige Aussage an. Der Himmel in Tränen bedeutet, …

  ⃝ dass es regnet.   ⃝ dass der Himmel traurig ist.
  ⃝ dass die Menschen weinen.   ⃝ dass Gott traurig ist.

8 Finde eine weitere Personifikation in der gleichen Strophe. Schreibe sie auf.

_____

9 Was bedeuten die Verse „Klag' nimmer, Menschenherz, / Dass dir's nicht besser geht"?
Kreuze an.

  ⃝ Man soll sich nicht über Regentage beklagen, sondern einen Regenschirm mitnehmen.
  ⃝ Das Herz sollte an Regentagen nicht schmerzen.
  ⃝ Man soll sich über die unglücklichen Tage im Leben so wenig beklagen wie über
     Regentage.

10 Schreibe eine eigene Strophe für das Gedicht. Ergänze die Lücken.

Zählt man die Zeit im Jahr,

Drin _____,

Sind's wen'ge Tage nur,

Die andern _____.

11 Bereite das Gedicht für den Vortrag vor.
   a. Schreibe das Gedicht ab.
   b. Trage Pausenzeichen ein.
   c. Unterstreiche Wörter, die du besonders betonen möchtest.
   d. Überlege, in welcher Stimmlage du es vortragen möchtest.
   e. Übe den Vortrag des Gedichts mit einer Partnerin oder einem Partner.
   Tipp: Beachte die Arbeitstechnik „Ein Gedicht ausdrucksvoll vortragen" im Schülerbuch
   auf Seite 139.

> **Starthilfe**
>
> **Im Regen**
> Zählt man die Zeit im Jahr, I
> Drin <u>freudvoll</u> war ein Herz, II
> Sind's wen'ge Tage nur,

Autorin: Sabine Schlüter

 223
⇨ SB, S. 176–191

Name: Klasse: Datum:

Metaphern in einem Sonnengedicht entschlüsseln

Das Gedicht „Dein Lächeln war wie Sonne" stellt die Liebe in Metaphern dar.

1 Lies das Gedicht mehrmals und lass es auf dich wirken.

Dein Lächeln war wie Sonne

Im tiefen Eis ganz steifgefroren
war ich hin bis zu den Ohren.   *der Winter*   *Die Vorgeschichte*
Winterdunkel, ach, so lang
war mir schrecklich, schrecklich bang.

5 Dann du! Dein Lächeln war wie Sonne,
ich taute endlich, welche Wonne!   _____   _____
Aus Eis die Wasser flossen,
die Frühlingsblumen sprossen.

In Sommersonnenfarben,
10 da heilten meine Narben.   _____   _____
Wir flogen und wir lachten,
toll, was wir alles machten.

Jetzt fallen plötzlich Blätter.
Im Sommer warst du netter!   _____   _____
15 Kaum mehr bleibt die Sonne da.
Ist nun ein neuer Winter nah?

2 Die Jahreszeiten im Gedicht haben übertragene Bedeutungen. Schreibe zu jeder Strophe
die Jahreszeit, in der sie spielt. Ergänze zu jeder Strophe eine passende Überschrift.

3 Welche Gefühle könnten die folgenden Metaphern ausdrücken?
Schreibe deine Ideen auf.

steifgefroren war ich: *Das Ich fühlt sich einsam und unwohl.* _____

ich taute endlich, welche Wonne: _____

_____

da heilten meine Narben: _____

_____

Jetzt fallen plötzlich Blätter: _____

_____

Cornelsen

Autoren: Werner Bentin, Heidi Pohlmann

Name: Klasse: Datum:

Sonnenwörter

Es gibt viele zusammengesetzte Nomen mit *Sonne*.

1 Findest du die richtigen Sonnenwörter?
Schreibe die zusammengesetzten Nomen mit ihrem Artikel auf.

| ☼
 Sonnen
 ☼ | + | *die Creme*
 der Schirm
 das Bad
 der Tag
 die Brille
 das Licht
 der Brand | = | die Sonnencreme _____ <br> der _____
 _____
 _____
 _____
 _____
 _____ |

2 Ergänze in der Sonnengeschichte die Sonnenwörter aus Aufgabe 1.

Heute ist ein schöner _____.

Sonja geht hinaus und blinzelt.

Das _____ ist sehr hell.

Sie schützt ihre Augen mit

einer _____.

Sonja hat helle Haut und bekommt schnell

einen _____.

Deshalb benutzt sie für ihre Haut eine

gute _____.

Sonja liegt in der Sonne. Sie nimmt ein _____.

Aber ohne Schatten ist es zu heiß und bald öffnet sie den _____.

Cornelsen

Autorin: Heidi Pohlmann
Illustrator: Rüdiger Trebels, Düsseldorf

Name: Klasse: Datum:

Ein Sonnengedicht schreiben

Die besondere Sprache in Gedichten „malt Bilder in unserem Kopf".
In diesem Gedicht kannst du selbst kraftvolle Adjektive ergänzen.

1 Welche besonderen Wörter passen?
Schreibe die Adjektive aus dem Kasten zu den Gerüchen
und Geräuschen.

 **Gerüche:**

Es duftet nach Gras: *grasduftig*

Die Erde riecht nach Rauch: _____

Die Blumen duften süß: _____

Geräusche:

Die Bienen brummen: _____

Die Vögel zwitschern: _____

Der Wind flüstert: _____

👂	windflüstrig bienenbrummig vogelzwitschrig
👁	goldgelb glutrot lichtgrün
🧥	geborgen warm weich
👃	blumensüß erdrauchig grasduftig

2 Lies das Gedicht unten.
  a. Ergänze in jeder Schreibzeile zwei kraftvolle Adjektive aus dem Kasten oben.
     Die Reihenfolge bestimmst du.
  b. Zeichne ein passendes Bild in den Rahmen.

Ein Mantel aus Sonne
Ich liege im Gras und fühle mich
eingehüllt in einen Mantel aus Sonne,

warm, weich .

Die Augen voller Sonnenfarben,

lichtgrün .

Meine Nase schnuppert Sonnendüfte,

_____ .

Sonnenlaute in meinen Ohren,

_____ .

Nie wieder Winter!

Cornelsen

Autorin: Heidi Pohlmann
Illustrator: Rüdiger Trebels, Düsseldorf

Name: Klasse: Datum:

Probearbeit: Ein Gedicht untersuchen und deuten

Hier kannst du überprüfen, wie gut du ein Gedicht lesen, verstehen und deuten kannst.

1 Lies das Gedicht mehrmals. Du kannst es auch leise vor dich hin sprechen.

Frühlingsglaube *Ludwig Uhland*

Die linden Lüfte sind erwacht,   _____

Sie säuseln und weben Tag und Nacht,   _____

Sie schaffen an allen Enden.   _____

O frischer Duft, o neuer Klang!   _____

5   Nun, armes Herze, sei nicht bang[*]!   _____

Nun muss sich alles, alles wenden[*].   _____

Die Welt wird schöner mit jedem Tag,   _____

Man weiß nicht, was noch werden mag;   _____

Das Blühen will nicht enden.   _____

10   Es blüht das fernste, tiefste Tal: _____

Nun, armes Herz, vergiss der Qual!   _____

Nun muss sich alles, alles wenden: _____

[*] bange sein: keine Angst haben   [*] wenden: hier: neu beginnen

2 **a.** Schließe die Augen und lasse das Gedicht auf dich wirken.
b. Was hast du gesehen, gerochen und gehört? Schreibe Stichworte auf.   ☐ /3 P.

_____

_____

3 Worum geht es in dem Gedicht?
Woran hast du das erkannt? Beantworte die Fragen in ganzen Sätzen.   ☐ /3 P.

_____

_____

_____

 Autor: Werner Bentin

Name: Klasse: Datum:

Probearbeit: Ein Gedicht untersuchen und deuten

4 Das Gedicht beginnt mit den Worten: „Die linden Lüfte sind erwacht".
Erkläre, was mit diesen Worten gemeint sein könnte.

☐ /2 P.

_____

5 Wie ist das Gedicht aufgebaut?
    a. Untersuche die Strophen und die Verse in dem Gedicht.
    b. Schreibe in wenigen Sätzen auf, was du herausgefunden hast.

☐ /4 P.

_____

6 a. Benenne die Reime in dem Gedicht mit Buchstaben.
    Schreibe sie hinter die Verse.
    b. Was fällt dir bei der Reimform auf? Ergänze dazu die folgenden Sätze.

☐ /6 P.

Beide Strophen haben die _____ Reimform. Jede Strophe

beginnt mit einem _____. Bei den Versen _____

in der ersten Strophe sowie bei den Versen _____

in der zweiten Strophe ändert sich dann die _____.

Die Reimform ist hier ein _____.

7 Die Veränderung der Reimform in den Strophen hat auch etwas mit dem Inhalt
des Gedichts zu tun.
    a. Finde in jeder Strophe einen Vers, mit dem du das belegen kannst.
    b. Schreibe jeweils den Vers auf. Gib auch die Zeilennummern an.

☐ /2 P.

Erste Strophe: _____ (Z. ___)

Zweite Strophe: _____ (Z. ___)

8 Die sprachlichen Formulierungen machen das Gedicht besonders anschaulich.
Was stellst du dir vor, wenn du diese Textstellen liest? Schreibe es auf.
Tipp: Lies vorher noch einmal das Gedicht ganz in Ruhe.

☐ /4 P.

„Sie schaffen an allen Enden."

_____

_____

„O frischer Duft, o neuer Klang!"

_____

Gesamt:

☐ /24 P.

_____

Autor: Werner Bentin

Probearbeit: Ein Gedicht untersuchen und deuten

Diagnose und Auswertung

Aufgabe	Teilkompetenzen	Lösungen/Erwartungen	Diagnose
2	Stichworte zur Wirkung des Gedichtes notieren	z. B. blühende Wiesen, Knospen an den Bäumen, Duft der Blüten, Summen der Bienen	Teilkompetenz erreicht ☐ teilweise erreicht ☐ nicht erreicht ☐
3	Über den Inhalt des Gedichtes schreiben	Es geht um den Beginn des Frühlings. Erkennen kann man das daran, dass vom wärmeren Wind, vom Blühen gesprochen wird, wodurch die Natur immer schöner wird.	Teilkompetenz erreicht ☐ teilweise erreicht ☐ nicht erreicht ☐
4	Den Beginn des Gedichtes erklären	Damit könnte der Frühlingswind gemeint sein, der uns Wärme bringt.	Teilkompetenz erreicht ☐ teilweise erreicht ☐ nicht erreicht ☐
5	Den Aufbau des Gedichtes untersuchen	Das Gedicht besteht aus zwei Strophen. Jede Strophe hat sechs Verse.	Teilkompetenz erreicht ☐ teilweise erreicht ☐ nicht erreicht ☐
6 a	Die Reimform des Gedichtes erkennen	a d a d b e c f c f b e	Teilkompetenz erreicht ☐ teilweise erreicht ☐ nicht erreicht ☐
6 b	Sätze ergänzen und die Reimform erkennen	Beide Strophen haben die **gleiche** Reimform. Jede Strophe beginnt mit einem **Paarreim**. Bei den Versen **4 bis 6** in der ersten Strophe sowie bei den Versen **9 bis 12** in der zweiten Strophe ändert sich dann die **Reimform**. Die Reimform ist hier ein **umarmender Reim**.	Teilkompetenz erreicht ☐ teilweise erreicht ☐ nicht erreicht ☐
7	Die Veränderung der Reimform mit Versen belegen	Erste Strophe: Vers 2 oder 3 sollte hier zitiert werden. Zweite Strophe: Vers 7 oder 9 sollte hier zitiert werden.	Teilkompetenz erreicht ☐ teilweise erreicht ☐ nicht erreicht ☐
8	Sprachliche Formulierungen des Gedichtes erläutern	„Sie schaffen an allen Enden." – Die linden Lüfte gelangen überall hin. Durch sie wird die Erde erwärmt, sodass die Natur wieder zu neuem Leben erwacht. „O frischer Duft, o neuer Klang!" – Überall duften die Blüten. Man kann auch das Summen der Insekten hören.	Teilkompetenz erreicht ☐ teilweise erreicht ☐ nicht erreicht ☐

Autor: Werner Bentin

Arbeitstechniken (Schülerbuch S. 192–225)

Materialien im Überblick

Arbeitstechniken	Schülerbuch	Servicepaket	Arbeitsheft
Das Lernen organisieren	S. 192–197	Arbeitsblatt 109: Vorlage für ein Lerntagebuch Arbeitsblatt 110: Vorlage für einen Wochenrückblick Arbeitsblatt 111: Vorlage für einen Arbeitsplan Arbeitsblatt 112: Vorlage für Checkliste	
Lesen und vorlesen	S. 198–205	✪ Arbeitsblatt 106: Den Textknacker anwenden ⊙ Arbeitsblatt 116: Eine Geschichte zum Vorlesen vorbereiten Arbeitsblatt 118: Checkliste: Einen Text mit dem Textknacker erschließen	
Erzählen	S. 206–209	✪ Arbeitsblatt 107: Tätigkeiten beschreiben ✪ Arbeitsblatt 108: Einen Vorgang beschreiben Arbeitsblatt 113: Vorlage für die Handlungsbausteine	
Sich informieren	S. 210–215	Arbeitsblatt 117: Aufgabenstellungen verstehen Wie entstehen Wolken? (editierbare Schülerbuchtexte, CD-ROM) Wunderwelt der Wolken (editierbarer Schülerbuchtext, CD-ROM) Arbeitsblatt 119: Der Pharao im alten Ägypten (DaZ)	
Miteinander arbeiten und präsentieren	S. 216–221	Arbeitsblatt 114: Vorlage für einen Organisationsplan	
Schreiben und überarbeiten	S. 222–225	Arbeitsblatt 115: Vorlage für die Textlupe	

Arbeitstechniken: Das Lernen organisieren (Schülerbuch S. 193–197)

Kompetenzen

- Das Lernen dokumentieren
- Die Arbeitsaufträge verstehen

Arbeitstechniken: Lesen und vorlesen (Schülerbuch S. 198–205)

Kompetenzen

- Lesetechniken und Lesestrategien anwenden
- Sachtexte mit dem Textknacker lesen und verstehen
- Eine Geschichte betont vorlesen

Arbeitstechniken: Erzählen (Schülerbuch S. 206–209)

Kompetenzen

- Mit Handlungsbausteinen erzählen
- Eine Geschichte überarbeiten

Arbeitstechniken: Sich informieren (Schülerbuch S. 210–215)

Kompetenzen

- Gezielt Informationen aus Quellen entnehmen und nutzen
- Sich bei Recherchen an Inhaltsverzeichnissen und Stichwortregistern orientieren
- Sich im Internet informieren: Suchmaschinen nutzen

Arbeitstechniken: Miteinander arbeiten und präsentieren (Schülerbuch S. 216–221)

Kompetenzen

- Informationen beschaffen, strukturiert vortragen und Feedback geben
- Ein Plakat gestalten

Arbeitstechniken: Schreiben und überarbeiten (Schülerbuch S. 222–225)

Kompetenzen

- In einer Schreibkonferenz überarbeiten
- Texte mit der Textlupe bearbeiten

Name:	Klasse:	Datum:

Den Textknacker anwenden

Der Textknacker hilft dir, Texte zu lesen und zu verstehen.

 1 Lies den Text. Wende die Schritte vom Textknacker an.

1. Schritt: Vor dem Lesen
2. Schritt: Das erste Lesen
3. Schritt: Den Text genau lesen

So nutzen Jugendliche die elektronischen Medien

1 Wissenschaftler fragten Jugendliche, **wie wichtig** ihnen

2 die **verschiedenen elektronischen Medien** sind. Sie wollten

3 herausfinden, **wann** Jugendliche **welche Medien bevorzugen**.

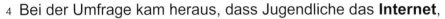

4 Bei der Umfrage kam heraus, dass Jugendliche das **Internet**,

5 den **Fernseher** und den **MP3-Player beim Chillen**[1] fast gleich

6 gern verwenden. Sind sie **allein**, nutzen sie am liebsten

7 das **Internet**.

8 Gemeinsam mit der **Familie** rückt das **Fernsehen** auf Platz eins.

9 Sind die Jugendlichen **allein**, liegt das Fernsehen auf Platz zwei.

[1] das Chillen, beim Chillen [sprich: tschillen]: beim Erholen

 4. Schritt: nach dem Lesen

 2 Schreibe die wesentlichen Informationen auf.

a. Was fragten die Wissenschaftler Jugendliche?

_____

_____

b. Welche Medien verwenden Jugendliche beim Chillen?

_____

_____

c. Welches Medium nutzen Jugendliche am liebsten mit der Familie?

_____

Cornelsen   Illustrator: Carsten Märtin, Oldenburg

Name: Klasse: Datum:

Tätigkeiten beschreiben

Andy ist Maler.
Hier siehst du, welche Tätigkeiten zu seinem Beruf gehören.

◎ **1** Sieh dir die Bilder an.

die Farben mischen

den Untergrund
vorbereiten[1]

die Türen lackieren

[1] **den Untergrund vorbereiten:**
zum Beispiel alte Farbe mit
einem Spachtel ablösen

die Wände tapezieren[2]

das Gerüst aufbauen
streichen

die Außenfassade

[2] **tapezieren:**
die Wände mit Tapeten aus
bedrucktem Papier oder Stoff
verschönern

 2 Was tut Andy als Maler?
Schreibe in ganzen Sätzen auf.
Tipp: Die Satzanfänge helfen dir.

Andy mischt _____

Er bereitet _____

_____

_____

_____

_____

_____

Cornelsen   Illustrator: Carsten Märtin, Oldenburg

Name: Klasse: Datum:

Einen Vorgang beschreiben

**Marvin möchte die Vögel draußen im Winter füttern.
Er errichtet ein Vogelhaus. Diese Bilder beschreiben den Vorgang.**

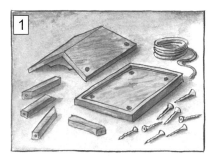

Auch du kannst den Vorgang mit Hilfe der Bilder beschreiben.

1 Was muss man nacheinander tun? Nummeriere.

☐ das Vogelhaus mit Vogelfutter befüllen

☐ das Vogelhaus in einen Baum hängen

☐ die Bauteile zusammenbauen

☐ die Bauteile für das Vogelhaus ordnen

2 Beschreibe den Vorgang. Verwende die Wortgruppen aus Aufgabe 1.
Verdeutliche die Reihenfolge durch passende Satzanfänge.

Zuerst ordnet man die Bauteile für das Vogelhaus.

Danach _____

_____

_____

_____

> Dann …
> ~~Zuerst~~ …
> Zum Schluss …
> Danach …

Cornelsen

Illustrator: Carsten Oldenburg

Name: Klasse: Datum:

Vorlage für ein Lerntagebuch

Dieses Lernwegetagebuch gehört:

Name, Vorname		
Straße, Nummer		Foto
PLZ, Ort		
Telefon		
Klasse		
Schuljahr		

Meine Eltern:

Name		
Telefonnummer		
Handynummer		

Wenn ich krank bin, bringt mir diese Mitschülerin / dieser Mitschüler Informationen:

1. Name:		☏
2. Name:		☏

Meine Schule:

Name der Schule	
Anschrift: **Straße, Hausnummer** **PLZ, Ort**	
Telefonnummer	
Faxnummer	
E-Mail-Adresse	
Homepage	

Meine Ansprechpartner an der Schule:

Lehrerin/Lehrer	☏	@
Lehrerin/Lehrer	☏	@
Sekretärin	☏	@
Schulleiterin/Schulleiter	☏	@

Autorin: Annegret Doll

Name: Klasse: Datum:

Vorlage für einen Wochenrückblick

Das war mein Ziel für diese Woche:

_____

_____

Mein Ziel der Woche habe ich erreicht: ☐ ja ☐ nein

So war meine Woche:

☺   😐   ☹

1	2	3	4	5	6	7	8	9	10

Das ist mir in dieser Woche gut gelungen:

_____

_____

_____

_____

Das will ich mir noch mal anschauen:

_____

_____

_____

_____

Das nehme ich mir vor:

_____

_____

_____

_____

_____   _____   _____
Unterschrift   Unterschrift   Unterschrift
Schülerin / Schüler   Lehrerin / Lehrer   Eltern

Autorin: Annegret Doll

Vorlage für einen Arbeitsplan

**Bevor du mit einem Projekt beginnst, stellst du am besten einen Plan
für die zu erledigenden Aufgaben auf.
Wenn eine Aufgabe erledigt ist, setzt du ein Häkchen in die Tabelle.**

Unser Organisationsplan für	Wann erledigst du die Aufgabe?	Was benötigst du dafür?	Eigene Bemerkungen	Erledigt ✓
Aufgabe und Ziel				

Vorlage für eine Checkliste

In einer Checkliste kannst du alle notwendigen Arbeitsschritte auflisten und sie anschließend überprüfen.

Checkliste: _____	ja	nein
1. _____ _____	☐	☐
2. _____ _____	☐	☐
3. _____ _____	☐	☐
4. _____ _____	☐	☐
5. _____ _____	☐	☐
6. _____ _____	☐	☐
7. _____ _____	☐	☐
8. _____ _____	☐	☐
9. _____ _____	☐	☐
10. _____ _____	☐	☐

Cornelsen   Autorin: Annegret Doll

Name: Klasse: Datum:

Vorlage für die Handlungsbausteine

Mit Hilfe der Handlungsbausteine kannst du den Kern eines Erzähltextes erschließen.

1 Beantworte die Fragen zu den Handlungsbausteinen des Textes „Potilla" von Cornelia Funke.

2 Schreibe deine Antworten auf die Karten.

Handlungsbaustein: Figur in Situation

_____

_____

_____

_____

Handlungsbaustein: Wunsch

_____

_____

_____

_____

Handlungsbaustein: Reaktion

_____

_____

_____

_____

Handlungsbaustein: Hindernis

_____

_____

_____

_____

Handlungsbaustein: Ende

_____

_____

_____

_____

Name: Klasse: Datum:

Vorlage für einen Organisationsplan

Bevor ihr mit den Vorbereitungen für euer Fest beginnt, stellt ihr am besten einen Plan auf. Wenn eine Aufgabe erledigt ist, wird ein Häkchen am Ende der Zeile gesetzt. Diesen Plan könnt ihr für jedes Projekt verwenden.

Unser Organisationsplan für Aufgabe und Ziel	Wann erledigen wir die Aufgabe?	Was benötigen wir dafür?	Eigene Bemerkungen	Erledigt ✓

Cornelsen

Name: Klasse: Datum:

Vorlage für die Textlupe

Die Textlupe ist ein Arbeitsblatt. Mit der Lupe könnt ihr Texte gemeinsam überarbeiten. Für jeden Text benutzt ihr eine neue Textlupe.

1 Fülle die Zeilen und Spalten der Textlupe aus, um einen selbstgeschriebenen Text zu verbessern.

Die Textlupe			
	Das hat mir gut gefallen.	Hier fällt mir etwas auf. Hier habe ich noch eine Frage.	Meine Tipps und Vorschläge.
Sind die Satzanfänge abwechslungsreich gestaltet?			
Wurden treffende Verben und Adjektive verwendet?			
Ist der Text im Präteritum geschrieben?			
Sind alle wichtigen Informationen angegeben?			
Ist die Rechtschreibung korrekt?			

Eine Geschichte zum Vorlesen vorbereiten

Potilla *Cornelia Funke*

Eines Abends, als Arthur durch den Wald ging, begann ein furchtbares Unwetter. Der Donner grollte und der Wind heulte. Arthur hatte Angst.

1 Jetzt reicht's, dachte Arthur und drehte sich um. Da hörte er ein lautes Rascheln aus dem Wald. Etwas kam direkt auf ihn zu. Erschrocken duckte er sich hinter den nächstbesten Busch.
5 Zwischen den Bäumen tauchte eine unheimliche Gestalt auf. Gebückt und krummbeinig stand sie da und sah sich um. „So, meine Schöne", hörte Arthur eine raue Stimme flüstern.

10
Hochwohlgeboren, spitz die Ohren!
Ehrenpreis und Menschenstrumpf
Macht die Fee nun steif und stumpf.
Stille stehn nun Raum und Zeit,
Und du schläfst in Ewigkeit!

Weg mit dir! Auf Nimmerwiedersehen!
15 Und viel Spaß in der Menschenwelt!

Die Gestalt hob den Arm. Etwas flog durch die Luft – und landete mit einem dumpfen Plumps neben Arthur im Gras. Er wurde vor Schreck
20 fast ohnmächtig.

Cornelsen

Illustrator: Matthias Pflügner, Berlin

Name: Klasse: Datum:

Eine Geschichte zum Vorlesen vorbereiten

2 Die unheimliche Gestalt hüpfte von einem krummen Bein aufs andere und lachte dabei so sehr, dass es sie schüttelte. Arthur schlotterte vor Angst. Kalter Regen trommelte durch das Blätterdach und
25 durchweichte seine Kleider. Eine Sekunde noch, dachte er, dann fall ich tot um. Doch nun endlich hatte das unheimliche Wesen genug vom Tanzen. Einen Moment stand es noch stumm und reglos da, dann drehte es sich um – und war verschwunden. […]

30 **3** Zögernd hob Arthur den klitschnassen Kopf. Neben ihm im Gras lag ein Strumpf. Ein dreckiger, scheußlich gemusterter Strumpf, in dem offensichtlich irgendetwas steckte. Arthur holte seine kleine Taschenlampe aus der Hosentasche und
35 legte sie so ins Gras, dass der Lichtschein auf den Strumpf fiel. Einen Atemzug lang zögerte er. Dann knotete er die merkwürdige Ranke auf, mit der der Strumpf verschnürt war – und griff hinein.

(aus: Potilla von Cornelia Funke, © Dressler Verlag, Hamburg 2004)

Name: Klasse: Datum:

Aufgabenstellungen verstehen

Aufgabenstellungen kannst du besser verstehen, wenn du auf die Operatoren achtest. Sie verraten dir, was in einer Aufgabe von dir verlangt wird.

1 Lies die folgende Aufgabe mehrmals genau und langsam.

> **1** Schreibe einen kurzen Text über den Golfstrom und seine Bedeutung.
>   **a.** Informiere dich im Internet über den Golfstrom. Notiere Stichworte.
>   **b.** Beschreibe den Verlauf des Golfstroms in ganzen Sätzen.
>   **c.** Erkläre in drei bis vier Sätzen, warum der Golfstrom unser Klima beeinflusst.

Der erste Satz einer Aufgabe fasst oft zusammen, was das Arbeitsergebnis sein soll. In den Teilaufgaben (a–c) werden anschließend die einzelnen Arbeitsschritte erklärt, die dafür nötig sind. Um diese Arbeitsschritte zu verstehen, musst du auf die Operatoren achten.

2 Wozu fordern dich die Operatoren in den Teilaufgaben a–c auf?
   a. Unterstreiche die Operatoren.
   b. Schreibe die verwendeten Operatoren zu den passenden Erklärungen.

Ich soll Informationen sammeln.   _____

Ich soll die Informationen in Stichworten aufschreiben.   _____

Ich soll darstellen, wie der Weg des Golfstroms aussieht.   _____

Ich soll die Einflüsse des Golfstroms auf unser Klima
nennen und sagen, warum das so ist.   _____

3 Welche Arbeitsschritte musst du für die Aufgabe erledigen? Schreibe die notwendigen Arbeitsschritte abschließend noch einmal in eigenen Worten auf.

_____

_____

_____

_____

_____

_____

Cornelsen

Autorin: Heidi Pohlmann
Illustrator: Matthias Pflügner, Berlin

Name: Klasse: Datum:

Checkliste: Einen Text mit dem Textknacker erschließen

Mit einer Checkliste kannst du überprüfen,
ob du beim Lesen des Textes an alles gedacht hast.

1 Schreibe eine Checkliste zum Lesen und Verstehen von Texten.
    a. Lies die Arbeitstechnik „Der Textknacker".
    b. Schreibe zu jedem Schritt Checkfragen in die Liste.

Der Textknacker
1. Schritt: Vor dem Lesen
Du siehst dir den Text als Ganzes an.
- Worauf fällt dein Blick als Erstes?
- Was erzählen dir die Bilder und die Überschrift?
- Worum könnte es gehen?

2. Schritt: Das erste Lesen
Du überfliegst den Text. Oder du liest den Text einmal durch.
- Welche Wörter, Wortgruppen oder Absätze fallen dir auf?

3. Schritt: Den Text genau lesen
Du liest den Text genau und in Ruhe – Absatz für Absatz.
- Absätze und Zwischenüberschriften gliedern den Text.
- Schlüsselwörter sind besonders wichtige Wörter.
- Bilder am Rand oder im Text helfen dir, den Text zu verstehen.
- Manche Wörter werden am Rand oder unter dem Text erklärt.
- Schlage Wörter, die du nicht verstanden hast, im Lexikon nach.
- Welche Fragen hast du an den Text?

4. Schritt: Nach dem Lesen
Du arbeitest mit dem Inhalt des Textes.
- Welche Informationen sind für dich und deine Aufgabe wichtig?

Checkliste: Einen Text mit dem Textknacker erschließen	ja	nein
Habe ich mir den Text als Ganzes angesehen und auf Bilder sowie auf die Überschrift geachtet?	☐	☐
Habe ich	☐	☐
	☐	☐
	☐	☐

2 Überprüfe mit Hilfe der Checkliste, ob du beim Lesen des Textes
an alles gedacht hast.

Name: Klasse: Datum:

Der Pharao im alten Ägypten

Du möchtest dich über das alte Ägypten informieren.
Eine Frage interessiert dich besonders. Wer war der Pharao?

1 Überfliege den Lexikonartikel.

Der Pharao

Der Pharao war der Herrscher im → alten Ägypten.
Er wurde als Sohn der Götter angesehen. Der Pharao
gab die Pläne der Götter an die Menschen weiter.
Als Erkennungszeichen trug er einen falschen Bart,
5   ein Zepter und eine Krone.
Nach seinem Tod wurde ein Pharao
in einem riesigen Grab, zum Beispiel
in einer → Pyramide, beigesetzt. Vorher wurde
sein Körper mumifiziert. → Mumien sind
10   vor dem Zerfall geschützt und bleiben
Tausende von Jahren gut erhalten. Das war sehr wichtig.
Denn nach altägyptischem Glauben konnte man nur
mit einem gut erhaltenen Körper
im → Totenreich weiterleben. Damit der Pharao
15   dort ein gutes Leben führen konnte, legte man ihm
viele wertvolle Geschenke in sein Grab.

2 **a.** Lies den Lexikonartikel genau.
    b. Ergänze den Lückentext mit den passenden Informationen.

Im alten Ägypten war der Pharao _____. Er galt

als _____. Als Erkennungszeichen trug er

_____

_____ .

Die alten Ägypter glaubten, dass die Toten nur _____

_____ im Totenreich weiterleben konnten.

Deswegen wurde der Pharao nach seinem Tod _____ .

Damit er im Totenreich ein gutes Leben führen konnte, _____

_____ .

Cornelsen
Autorin: Heidi Pohlmann
Illustrator: Rüdiger Trebels, Düsseldorf

Rechtschreiben (Schülerbuch S. 226–255)

Materialien im Überblick

Arbeitstechniken	Schülerbuch	Servicepaket	Arbeitsheft
Die Arbeitstechniken			
Das Partnerdiktat	S. 228		
Das Abschreiben	S. 229		
Nachschlagen im Wörterbuch	S. 230–231	Arbeitsblatt 121: Wörter ordnen und nachschlagen	S. 4–5: Im Wörterbuch nachschlagen
Rechtschreibstrategien und Regeln			
Sprechen – hören – schreiben	S. 232		S. 42–43: Sprechen – hören – schreiben
Wörter trennen	S. 233		
Wörter verlängern	S. 234	Arbeitsblatt 123: Wörter mit b, d, g am Ende Arbeitsblatt 124: Wörter verlängern Arbeitsblatt 133: Wörter verlängern (DaZ)	S. 44–45: Wörter verlängern
Wörter ableiten	S. 235	Arbeitsblatt 124: Wörter ableiten	S. 46: Wörter ableiten
Mit Wortbausteinen üben	S. 236	Arbeitsblatt 129: Mit Wortbausteinen üben: Wortfamilien untersuchen	S. 47–48: Mit Wortbausteinen üben
Wortstämme erkennen	S. 236		
Wortbausteine: Vorsilben und Nachsilben üben	S. 237	Arbeitsblatt 124: Mit Wortbausteinen üben: Vorsilben Arbeitsblatt 131: Zusammengesetzte Adjektive Arbeitsblatt 132: Adjektive mit den Nachsilben -voll und -lich Arbeitsblatt 138: Verben mit Vorsilben Arbeitsblatt 134: Adjektive auf -ig, -lich, -isch (DaZ)	

Arbeitstechniken	Schülerbuch	Servicepaket	Arbeitsheft
Regelwissen anwenden: Nomen großschreiben	S. 238–239	⚙ Arbeitsblatt 120: Nomen erkennen ⚙ Arbeitsblatt 121: Wörter ordnen und nachschlagen ⚙ Arbeitsblatt 122: Aus Verben werden Nomen Arbeitsblatt 127: Adjektive werden zu Nomen Arbeitsblatt 128: Nomen mit -ung, -keit, -heit und -nis Arbeitsblatt 130: Regelwissen anwenden: Nomen großschreiben	S. 49–51: Regelwissen anwenden: Nomen großschreiben
Regelwissen anwenden: Wörter mit s-Laut schreiben	S. 240	⚙ Arbeitsblatt 135: Wörter mit ß ⚙ Arbeitsblatt 136: Wörter mit ss und ß im Wechsel Arbeitsblatt 137: Unregelmäßige Verformen mit ss und ß	S. 54: Regelwissen anwenden: Wörter mit s-Laut schreiben
Regelwissen anwenden: Wortgruppen getrennt schreiben	S. 241		S. 52–53: Regelwissen anwenden: Wortgruppen getrennt schreiben
Merkwörter mit Wortlisten üben	S. 242–243	Arbeitsblatt 139: Wörter mit ie, i und langem i Arbeitsblatt 140: Wörter ohne h und mit h Arbeitsblatt 142: Wörter mit ie: Verben mit -ieren (DaZ) Arbeitsblatt 143: Wörter mit h (DaZ)	S. 55: Merkwörter mit h üben

Cornelsen

Arbeitstechniken	Schülerbuch	Servicepaket	Arbeitsheft
Texte lesen – üben – richtig schreiben: Die Trainingseinheiten	S. 244–253	Arbeitsblatt 144: Zeichensetzung bei wörtlicher Rede	S. 56–57: 1. Trainingseinheit: Nomen mit b, d, g, wörtliche Rede
		Arbeitsblatt 124: Mit Wortbausteinen üben: Vorsilben	S. 58–59: 2. Trainingseinheit: Wörter mit Doppelkonsonant, Worttrennung, Komma bei Nebensätzen
		Arbeitsblatt 128: Nomen mit -ung, -keit, -heit und -nis	S. 60–61: 3. Trainingseinheit: Nominalisierungen, Aufzählungen bei Wortgruppen
		Arbeitsblatt 132: Adjektive mit den Nachsilben -voll und -lich	S. 62–63: 4. Trainingseinheit: Verbformen mit ss oder ß, Anredepronomen, Komma bei Satzreihen
		Arbeitsblatt 137: Unregelmäßige Verbformen mit ss und ß	
		Arbeitsblatt 138: Verben mit Vorsilben	
		Arbeitsblatt 145: Komma bei Nebensätzen	
		Arbeitsblatt 146: Komma vor dass	
		Arbeitsblatt 147: Komma bei Aufzählungen, Anreden, Nebensätzen	
		Arbeitsblatt 134: Adjektive auf -ig, -lich, -isch (DaZ)	
		Arbeitsblatt 141: sein – werden (DaZ)	
		Arbeitsblatt 148: Zeichensetzung bei wörtlicher Rede (DaZ)	
		Arbeitsblatt 149: Das Komma bei dass-Sätzen (DaZ)	
		Arbeitsblatt 150: Komma bei weil, als, wenn (DaZ)	
Teste dich! Richtig schreiben	S. 254–255	Lernbegleitbogen (CD-ROM)	S. 64–65: Teste dich! Richtig schreiben
Probearbeit		Probearbeit 6: Rechtschreibstrategien anwenden	
		Probearbeit 6: Diagnose und Auswertung	

Rechtschreiben: Rechtschreibdidaktische Grundlagen

Die deutsche Orthografie wird von Prinzipien geprägt, die sich unterschiedlich stark bzw. in unterschiedlichem Umfang auf die Schreibweise des Deutschen auswirken. Dabei ist zu berücksichtigen, dass das Deutsche primär eine Lautschrift ist, die Prinzipien allerdings dazu führen, dass die Laute nicht eindeutig abgebildet werden. Die Ursache hierfür ist in der Entwicklung des Deutschen als Schreibschrift zu sehen.

In der folgenden Zusammenstellung wird versucht, die **Prinzipien der Orthografie** mit den **Strategien oder Methoden** in Beziehung zu setzen. Bei der rechtschreibdidaktischen Umsetzung muss ferner berücksichtigt werden, dass es unterschiedliche **Lerntypen** und **Lernkanäle** der Lerner gibt. Dabei dürfte es in der Regel nicht den klassischen einen Lerntyp geben, sondern bei den meistern Lernern wird es sich um eine Mischform handeln. Ein weiterer wichtiger Gesichtspunkt ist die Berücksichtigung eines **Grundwortschatzes**, der sich an der Vorkommenshäufigkeit der Wörter orientiert. Erst wenn Wörter immer wieder in unterschiedlichen Kontexten schriftlich verwendet werden, schleifen sich deren Schreibweisen ein, werden die Schreibweisen idealerweise automatisiert. Zu beachten ist besonders in den Eingangsstufen, dass zur Vermeidung von **Interferenz** (auch Ranschburg'sche Hemmung genannt) die Schreibung zu verwechselnder RS-Phänomene (z. B. eu – äu) zeitlich versetzt erfolgt, wenn man phänomenorientiert arbeiten will.

Grundprinzipien der deutschen Orthografie	Aus den Grundprinzipien abgeleitete Einzelprinzipien	Orthografische Erscheinung – RS-Phänomene	Vermutet wird die Wirksamkeit einzelner RS-Strategien	Von der Sache her dominanter Lernkanal (akustisch, visuell, schreibmotorisch, sprechmotorisch, kognitiv)
phonologisches	phonematisches	Phonem-Graphem-Beziehungen	FReSch-Methode: Silbenschwingen, Kennzeichnung durch Silbenbögen • Achtung: offene (auf Vokal endend) und geschlossene (auf Konsonant endend) Silbe kann unterschieden werden • Grenze der FReSch-Methode bei Doppelkonsonanten und semantisch (morphematisch und lexikalisch) bestimmten Schreibweisen	akustisch sprechmotorisch motorisch (bei FReSch) darunter auch Merkwörter (in, im, …) Abschreiben
	syllabisches	Worttrennung; *Silbe als Baustein der lautlichen Wortform*		
	intonatorisches	Abbildung von phonologisch-syntaktischen Einheiten (eher unbedeutend)		

Autorin: Annegret Doll

Grundprinzipien der deutschen Orthografie	Aus den Grundprinzipien abgeleitete Einzelprinzipien	Orthografische Erscheinung – RS-Phänomene	Vermutet wird die Wirksamkeit einzelner RS-Strategien	Von der Sache her dominanter Lernkanal (akustisch, visuell, schreibmotorisch, sprechmotorisch, kognitiv)
semantisches	morphematisches	keine absolute Morphemkonstanz der deutschen Sprache, aber Wortverwandt-schaften über Morpheme erkennbar; Ableitungen, Wortver-längerungen *Morphem als Baustein der semantischen Wortform*	Ableiten Verlängern Signalgruppen (Muster erkennen) Regularien: Wortverwandtschaft ist erkennbar und bestimmt die Schreibweise Nachschlagen	visuell schreibmotorisch kognitiv darunter auch Merkwörter (nämlich, vielleicht, …) Abschreiben
	lexikalisches	Groß- und Kleinschreibung Getrennt- und Zusammenschreibung Schreibung von Homophonen	Regeln Nachschlagen	kognitiv darunter auch Merk-wörter (Lid, Lied, …)
	syntaktisches	Zeichensetzung Interpunktion	Regeln bedingt Nachschlagen von Regeln	kognitiv
	textuales	Textgliederung		

Die Darstellung der Prinzipien richtet sich nach Nerius, Dieter et al.: Deutsche Orthographie, Leipzig, 1989[2].
Ähnliche Begrifflichkeiten finden sich in Anlehnung z. B. an Nerius in verschiedenen, auch aktuellen Abhandlungen und Vorlesungsgrundlagen.

Zum Teil **überlagern sich** die **Prinzipien**: Die Groß- und Kleinschreibung wird sowohl vom lexikalischen als auch syntaktischen Prinzip bestimmt: Nomen, Eigennamen, Anredepronomen, Abkürzungen, Satzanfänge, Überschriften. Zum Teil stehen die **Prinzipien** auch **in Konkurrenz** zueinander: So sind die **Silbengrenzen ≠ Morphemgrenzen** [vgl. we-ben (Silbe), web-en (Morphem)].

Autorin: Annegret Doll

Doppel-Klick 251
⇨ SB, S. 226–255

Rechtschreiben: Didaktisch-methodische Grundlegung

Die Aufgabe der Rechtschreibarbeit besteht generell darin, die Rechtschreibsicherheit zu fördern. Im vorliegenden *Doppel-Klick Bayern 6* wird das Fundament dafür gelegt, insbesondere im Blick auf die Progression in den Bänden 7 bis 10. Im Kern geht es darum, den Schülerinnen und Schülern der mittleren Schulformen auf ihrem bisher erreichten rechtschriftlichen Niveau zu begegnen und sie mit adäquaten Lern- und Übungsangeboten auf dem Weg zu mehr Rechtschreibsicherheit zu begleiten.

Den Rechtschreibkapiteln liegen folgende rechtschreibdidaktische Grundprinzipien und Ziele zugrunde:

- **Differenzierungen:** Das Kapitel wurde als individueller Lernbereich ohne ausgewiesene Differenzierungen entwickelt. Das Kapitel bietet die Möglichkeit, rechtschriftliche Probleme zielgerichtet zu üben und bereits erworbene Kenntnisse und Fertigkeiten zu festigen.
- **Rechtschreibgespür** entwickeln: Rechtschreibzweifel zulassen und fördern und als Stärke einsetzen, um Schreibentscheidungen treffen zu können.
- **Fehlertoleranzverhalten** entwickeln: Fehler als Fenster der Denkwelt zulassen und bewusst wahrnehmen, denn Fehler sind Vorformen des Könnens auf jeder Stufe der Rechtschreibentwicklung.
- **Wortbildungsprozesse** vermitteln: Der aktive Umgang mit grundlegenden Wortbildungsmustern führt dazu, dass innengeleitete Prozesse der Sprachbildung angeregt werden und somit langfristig Sprachentwicklung stattfinden kann. Dieser forschend-entdeckende Zugang zur Sprache fördert nicht nur das Sprachbewusstsein und damit die Wortschatzerweiterung, sondern auch die Rechtschreibsicherheit. Mit dem vorliegenden Band 6 beginnt eine systematische Entwicklung grundlegender Wortbildungsmuster.
- Das Prinzip der **Wortfamilie** nutzen: Wissen über Wortbildungen mit ein und demselben Wortstamm steigert die Rechtschreibsicherheit. Der Umgang mit Wortfamilien fördert das richtige Schreiben von rechtschriftlich problematischen Wortstämmen, das sich durch das wiederholende Schreiben von Wörtern einer Familie in unterschiedlichen Übungen und Aufgaben zwangsläufig ergibt.
- **Grundwortschatzorientierung:** Implizites und induktives Erwerben von (ausschließlich elementaren) Regeln anhand von „Modellwörtern", „Modellsätzen" und Analogiereihen. Orientierung am Grundwortschatz bedeutet, dass in den Übungen und Aufgaben überwiegend Wörter vorkommen, deren Häufigkeit und Fehleranfälligkeit in der Kinder- und Erwachsenensprache nachgewiesen ist.
- **Rechtschreibstrategien:** Elementare Merksätze lernen und anwenden und methodische Hilfen gezielt als Stütze einsetzen.
- **Abschreiben** als eine der wirkungsvollsten Techniken im Rechtschreiblernprozess – Viel-Kanal-Lernen durch optische, graphomotorische und akustische Einprägung – kennen lernen und gezielt nutzen. Richtiges Abschreiben ist sowohl ein Ziel als auch eine wichtige Strategie im Rechtschreiblernprozess.
- **Wiederholung** als „Geheimnis des Erfolgs". Die Wiederholungsstrategie im vorliegenden Band 6 ist deswegen der Schlüssel zum Erfolg, weil das menschliche Gehirn nur das fest verankert, was auch wiederholt wurde.
- **Schreiberfolge** als Ansporn, besonders bei fehleranfälligen Wörtern, gewährleisten. Denn „Erfolg spornt an, Misserfolg lähmt".
- **Wörterbucharbeit** fordern und fördern: Im Zuge der Sensibilisierung für eigene Fehler wird die Wörterbucharbeit als Zeichen einer rechtschreibbewussten Haltung entwickelt.
- **Entdeckendes Lernen** fördern: Motivation und Anregungen zum Erforschen der Rechtschreibung vermitteln.
- **Ranschburg'sche Hemmung** beachten: Keine kontrastive Einführung von Wörtern mit ähnlichen oder nur leicht abweichenden Musterbildern, um Störungen im Lernprozess zu vermeiden.
- Ein **individuelles Fehlerprofil** aufbauen: Individuelle Fehleranalyse trainieren, Problemwörterkartei und Checklisten anlegen.

Rechtschreiben: Grundwortschatzorientiertes Arbeiten

In *Doppel-Klick Bayern 6* wird ein differenzierter und auf die speziellen Bedürfnisse der Eingangsstufe in der Sekundarstufe I ausgerichteter **Grundwortschatz** entwickelt, der nach Themenbereichen geordnet ist. Die Schülerinnen und Schüler lernen dabei, Wörter eigenaktiv nach den Regeln der **Laut-Buchstaben-Beziehungen** zu konstruieren, **orthografische bzw. morphematische und silbische Regelmäßigkeiten** zu erkennen und anzuwenden.

Die Bildungsstandards richten den Blick auch und gerade in der Sekundarstufe I (wieder) stärker auf grundwortschatzorientiertes Arbeiten. Neben der Aufgabenstellung eines Grundwortschatzes ist vor allem die Bezugnahme auf das Schreiben von Texten sowie auf einen Unterricht interessant, der auf eine individuelle Lernstandsanalyse und darauf aufbauende Förderpläne hin ausgerichtet ist. *Doppel-Klick* setzt diese Forderung um, indem alle Übungsformen und die angebotenen Wörterlisten auf dem vorliegenden Grundwortschatz beruhen. Die Schülerinnen und Schüler kommen deshalb mit dem vorliegenden Wortmaterial vielfältig und in unterschiedlichen thematischen Kontexten in Berührung. Daher bietet der Grundwortschatz in besonderer Weise die Möglichkeit, das selbstständige Lernen in einem auf differenzierende und individualisierende Elemente ausgerichteten Unterricht unterstützend zu begleiten. Ein derartiger Grundwortschatz sollte vielfältig erschlossen und gegliedert sein, um von einem entwicklungsorientierten Verständnis von (Recht-)Schreiben ausgehend die Schülerinnen und Schüler in ihrem eigenen und individuell verschiedenen Lernprozess zu unterstützen.

Unter den insgesamt 1 021 Wörtern sind auch 36 flektierte Wortformen, die besonders häufig falsch geschrieben werden. Der vorliegende Grundwortschatz korreliert mit veröffentlichten (Grund-)Wortschätzen der wissenschaftlichen Literatur. Gleichzeitig wird sichergestellt, dass er einen hohen Deckungsgrad mit Aufsätzen und Diktaten von Schülerinnen und Schülern der fünften und sechsten Klasse in Mittelschulen in Bayern aufweist.

Auf dem separat erhältlichen USB-Stick ist der Grundwortschatz in drei Sortierungen abgebildet, für die *Doppel-Klick Bayern 6* vielfältige Anknüpfungspunkte bietet:

1. Sortierung nach Sachgruppen
(Wörter-)Lernen erfolgt nicht additiv, sondern in Beziehungsgeflechten, weshalb hier 70 % der verwendeten Wörter sogenannten Sachgebieten zugeordnet wurden. Dadurch werden die gelernten Wörter regelmäßig geübt und miteinander in Beziehung gesetzt.

2. Sortierung nach rechtschriftlichen Einzelphänomenen
Um den Grundwortschatz als „Materiallager" für eigene Unterrichtsideen nutzen zu können, wird er sortiert nach den gängigen orthografischen Einzelphänomenen angeboten. Insbesondere im Prozess eines wiederholenden Schriftspracherwerbs ist es für die Förderung schwacher Schülerinnen und Schüler, aber auch für diejenigen mit Migrationshintergrund wichtig, ein Wortmaterial lautgetreuer Wörter für basale Übungen zur Verfügung zu haben. Dazu werden im Kontrast Merkwörter zur Definition eines Ausnahmeinventars und zum Training notwendiger wortspezifischer Einprägungen ausgewiesen. Selbstverständlich werden auch wichtige flektierte Wortformen aufgeführt.

3. Sortierung nach morphematischen Einzelphänomenen
Die grundlegenden morphematischen Gesetzmäßigkeiten unserer Sprache zu verstehen, ist eine notwendige Voraussetzung, um eine gute (Recht-)Schreiberin bzw. ein guter (Recht-)Schreiber zu werden. Der Grundwortschatz ist deshalb auch nach morphematischen Einzelphänomenen sortiert. Nur wenn Nachsilben wie -ung oder -keit intuitiv als wortbildend für Nomen erkannt werden, ist auch die deshalb notwendige Großschreibung des Wortes selbstständig ableitbar.

Unterrichtserfahrungen zeigen, dass die Wirksamkeit dieses Wortschatzes nicht nur von der numerischen Häufigkeit der Wortbegegnung abhängt. Wichtiger ist die methodische Einbettung in Unterrichtsverfahren, welche die Schülerinnen und Schüler ermutigen, durch eigenaktives Suchen und Auswählen, durch Strukturieren und Erkennen von Gemeinsamkeiten bzw. Unterschieden zu einem individuellen (Recht-)Schreibwissen und zu einer individuellen (Recht-)Schreibsensibilität zu gelangen.

Rechtschreiben: Aufbau

Die Arbeitstechniken (Schülerbuch S. 228–231)

Die Schülerinnen und Schüler lernen verschiedene Arbeitstechniken kennen, um sie selbstständig und ihrem jeweiligen Lernstand und Lerntyp entsprechend anzuwenden.

- Partnerdiktate ermöglichen als kooperative Lernform den Austausch über Schreibweisen, Rechtschreibregeln und Fehlerschwerpunkte.
- In Laufdiktaten trainieren die Schülerinnen und Schüler ihre Merkfähigkeit. Die Bewegung wirkt sich zudem positiv auf die Konzentration und damit auf den Lernerfolg aus.
- Das Abschreiben fordert und fördert unterschiedliche Teilkompetenzen, die beim Viel-Kanal-Lernen miteinbezogen werden: Auge, Gedächtnis, Hand und Ohr.
- Durch das Üben von Merkwörtern mit Wörterlisten und das Sammeln von Fehlerwörtern lernen die Schülerinnen und Schüler die Arbeit an ihren individuellen Fehlerschwerpunkten und weitere Möglichkeiten der selbstständigen Kontrolle des Lernerfolgs kennen.
- Durch das Nachschlagen wird die sichere Verwendung des Wörterbuchs geübt. Die Schülerinnen und Schüler erhalten dadurch ein zusätzliches Hilfsmittel, Fehler zu vermeiden.

Die Rechtschreibstrategien und Regeln (Schülerbuch S. 232–243)

In diesem Teilkapitel geht es darum, das Rechtschreibgespür zu schärfen und zu entwickeln. In diesem Zusammenhang werden wesentliche Rechtschreibstrategien vorgestellt: **Wörter gliedern** und **trennen, Wörter verlängern, Wörter ableiten** und das intensive **Üben mit Wortbausteinen** (Wortstamm, Vor- und Nachsilben). Darüber hinaus wird **Regelwissen vermittelt** und angewandt (Nomen großschreiben, Wörter mit s-Laut schreiben, Wortgruppen getrennt schreiben). Abschließend werden **Merkwörter mit Wortlisten geübt** und Fehlerwörter für die Arbeit an individuellen Fehlerschwerpunkten gesammelt. **Leitendes Element,** das sich durch alle Bände von Doppel-Klick zieht, ist die Einteilung in **Mitsprech-, Nachdenk- und Merkwörter** – analog zu den Prinzipien der deutschen Orthografie: phonetisches bzw. phonologisches Prinzip, grammatische Prinzipien (Stammprinzip, semantisches und syntaktisches Prinzip) und Sonderfälle (jene Wörter, deren Schreibung nicht phonetisch oder über Regelwissen abgeleitet werden kann). Diese schülernahe Begrifflichkeit hat das Ziel, das **strategiegeleitete Rechtschreiblernen** funktional zu unterstützen. Mitsprech- und Nachdenkwörter stehen am Anfang dieses Teilkapitels, abschließend werden Merkwörter mit v, chs, ä sowie zur Dehnung (Ausnahmen) fokussiert.

Die Teilkapitel sind in der Regel **textgebunden** konzipiert, sodass die Schülerinnen und Schüler anhand von Texten ohne Phänomenhäufung die Rechtschreibstrategien verstehen und ausprobieren können. Sie erkennen in den Rechtschreibstrategien nicht nur Instrumente auf dem Weg zu immer größerer Rechtschreibsicherheit, sondern „erspüren" die **Funktion der Hilfen** im Prozess ihres eigenen rechtschriftlichen Handelns.

Folgende Tipps und Techniken werden ihnen an die Hand gegeben:

- das langsame und deutliche Sprechen in Silben und dazu Hören (Laut-Buchstaben-Zuordnung),
- das Bilden des Plurals oder des Infinitivs, um Ablaute „hörbar zu machen",
- das Suchen verwandter Wörter oder des Singulars, um Umlaute zu identifizieren,
- das Orientieren an gleichen Wortstämmen, die bereits richtig geschrieben werden können,
- das Identifizieren von Wortstämmen mit wechselndem Stammvokal,
- das korrekte Zusammensetzen von Nomen oder Adjektiven aus Wortbestandteilen, die bereits richtig geschrieben werden können,
- das Entdecken von Regelhaftigkeiten, um sich an quantitativ häufigen Schreibungen zu orientieren,
- das bewusste Anwenden von Merkwörtern und -sätzen in Zweifelsfällen.

Die Trainingseinheiten (Schülerbuch S. 244–255)

Jede Einheit beginnt mit einem inhaltlich abgeschlossenen Text, der mit bestimmten thematischen Einheiten integrativ verbunden ist. Die behandelten rechtschriftlichen Phänomene orientieren sich am Grund-/Basiswortschatz sowie an den Kompetenzerwartungen und Inhalten des LehrplanPLUS. Alle Trainingseinheiten sind aus Gründen der Transparenz gleich aufgebaut und setzen die folgenden Akzente:

- **Trainingstext** mit einer **inhaltlichen Frage,**
- Aufgaben zu **ein bis zwei Phänomenen** bzw. **Strategieübung** (auch **Regelwissen anwenden**),
- Aufgaben aus dem Bereich der **Zeichensetzung,**
- **Abschreiben** des Trainingstextes am Ende der Trainingseinheit.

Orientiert an den Anforderungen des LehrplanPLUS und mit Blick auf die Progression in den weiteren Bänden werden in den einzelnen Trainingseinheiten folgende Schwerpunkte gesetzt:

1. Trainingseinheit: Zusammengesetzte Nomen, Komma bei Nebensätzen;
2. Trainingseinheit: Verben mit Vorsilben, Komma bei Satzreihen;
3. Trainingseinheit: Schreibweisen von Zeitangaben, Verben: besondere Zeitformen, Komma bei Nebensätzen;
4. Trainingseinheit: Nominalisierungen, wörtliche Rede;
5. Trainingseinheit: Anredepronomen, Wortgruppen mit „sein", Adjektive mit Nachsilben.

Rechtschreiben: Die Arbeitstechniken (Schülerbuch S. 228–231)

Allgemeine Erläuterungen und Schwerpunkte

Inhalt

Die Schülerinnen und Schüler trainieren die folgenden Arbeitstechniken:

- Diktatformen: Partnerdiktat
- das Abschreiben
- das Nachschlagen von Wörtern in Wörterbüchern
- das Training von Merkwörtern mit Wörterlisten

Jede Arbeitstechnik wird am Beispiel konkreter Texte bzw. Übungswörter mit bestimmten rechtschriftlichen Inhalten vermittelt, ausprobiert und angewendet.

Intention

Die Schülerinnen und Schüler üben und verinnerlichen die Arbeitstechniken so, dass sie prinzipiell auch in jedem anderen Übungskontext angewendet werden können, und zwar selbstständig und den individuellen Rechtschreibschwerpunkten entsprechend.

Charakter der Arbeitstechniken und Übungsformen

Der von Doppel-Klick beschrittene Weg fördert in besonderer Weise Übungsformen, welche die Eigenaktivität und das selbstgesteuerte Lernen der Schülerinnen und Schüler stützen.

Deshalb werden in Doppel-Klick u. a. Übungsformen beschrieben, die zwar der landläufigen Bezeichnung folgend „Diktat" genannt werden, mit dem Diktat klassischer Ausprägung aber nur wenig gemein haben. Insbesondere vermelden die Übungsformen die methodisch problematische Umkodierung vom Hören zum Schreiben, die Fremdsteuerung durch die Lehrkraft und die didaktische Reduktion auf die Notenfindung. Dagegen fördern sie das Vertrauen in die eigenen Fähigkeiten der Schülerinnen und Schüler. Sie fördern nicht nur ihre Merk- und Konzentrationsfähigkeit, sondern in Verbindung mit der Rechtschreibkartei, den Wörterlisten und der Grundwortschatzorientierung die Einbettung einzelner Wörter in größere, nicht nur morphematische Zusammenhänge.

Alle Diktatformen sind ziel- und erfolgsorientierte Methoden. Von besonderem Wert sind Partnerdiktate und Partnerkontrollen. Durch die gemeinsame Konzentration auf Texte, Schreibweisen und Fehlerschwerpunkte und den intensiven Austausch darüber wird die Fähigkeit der Schülerinnen und Schüler gestärkt, eigene Rechtschreibkompetenzen im Detail wahrzunehmen, sich darüber „im geschützten Raum" auszutauschen sowie eigene Leistungsstärken und -schwächen individuell zu diagnostizieren und mit ihnen umzugehen. Partnerdiktate und Partnerkontrollen fördern über die Rechtschreibung hinaus insbesondere die Teamfähigkeit, d. h. die Fähigkeit zu Selbst- und Mitbestimmung, die Fähigkeit zum Miteinander- und Voneinander-Lernen, zu Kooperation und Solidarität. Mit dieser Fähigkeit wird eine unerlässliche Qualifikation des Lebens angebahnt und gefestigt.

Die Zulassung von Hilfsmitteln wie Wörterbüchern, Wörterlisten oder einer Rechtschreibkartei entspricht einer Praxis, wie sie auch im Arbeitsleben der Erwachsenen üblich und selbstverständlich ist. Die Schülerinnen und Schüler erhalten damit ein verlässliches Instrumentarium, das sie unabhängig vom konkreten Kontext oder von den jeweiligen rechtschriftlichen Inhalten immer wieder erfolgreich einsetzen können.

Erläuterungen zum Kapitel

Angebotene Arbeitstechniken

Arbeitstechniken führen nur dann zu positiven Unterrichtsergebnissen, wenn sie bewusst eingeübt und methodisch reflektiert geübt werden. Neben dem Training der rechtschriftlichen Einzelphänomene stehen deshalb besonders die Einführung und das Üben der jeweiligen Arbeitstechnik im Zentrum einer Doppelseite. Die angebotenen Übungen haben auch insofern Arbeitstechnikcharakter, als sie immer wieder angewendet und auf das Üben anderer rechtschriftlicher Phänomene übertragen werden sollen.

Das Abschreiben ist eine der wichtigsten rechtschreibspezifischen Arbeitstechniken, da es, unter lernpsychologischen Gesichtspunkten betrachtet, unterschiedlichste Teilkompetenzen der bzw. des einzelnen Lernenden fordert und fördert: Abschreiben ist Viel-Kanal-Lernen, denn

- die mehrfache optische Einprägung beim Lesen, beim Erfassen von Merkeinheiten,
- beim Kontrollieren,
- die graphomotorische Einprägung beim Schreiben und evtl. Korrigieren,
- die akustische Einprägung beim inneren / halblauten Mitsprechen

beziehen Auge, Gedächtnis, Hand und ggf. Ohr mit ein.
Alle diese Kanäle finden ihre volle Berücksichtigung und sind beim Abschreiben miteinander verbunden.
Neben dem Abschreiben ermöglichen alle Trainingseinheiten auch andere Formen des Rechtschreibtrainings:
Die Diktatformen: Detailliert beschrieben und mit Beispielen zum Ausprobieren versehen sind die **Partnerdiktate.** Das Partnerdiktat ist eine individuelle Übungsform und im Rahmen offener Unterrichtsituationen einsetzbar. Das Arbeitstempo der einzelnen Schülerinnen und Schüler findet Berücksichtigung, die individuellen Gedankengänge kommen zum Tragen.

Das Training mit Wörterlisten ist eine adäquate Übungsmethode für die permanente Arbeit für schwierige bzw. fehlerträchtige Übungswörter, insbesondere für (Merk-)Wörter des Grundwortschatzes, die ein rechtschriftliches Ausnahmeinventar darstellen. Die auf dieser Seite angebotenen Übungsformen zeichnen sich durch Vielfalt der methodischen (und damit kognitiven) Zugänge aus, um – ebenso wie das Abschreiben – das Viel-Kanal-Lernen zu ermöglichen.

Die Rechtschreibkartei, das Nachschlagen: Den Forderungen des Bildungsplans 2017 folgend und den kognitiven Prozessen entsprechend, denen der individuelle Rechtschreiberwerb unterliegt, lernen die Schülerinnen und Schüler auf diesen Seiten „Rechtschreibstrategien beim Schreiben an[zu]wenden und Nachschlagewerke [zu] verwenden". Mit der Rechtschreibkartei steht den Lernenden außerdem eine dauerhafte Rechtschreibhilfe und eine ausbaufähige Selbstkontrollmöglichkeit zur Verfügung, die sie in die Lage versetzt, eigene Rechtschreibleistungen zu reflektieren sowie individuelle Lernfortschritte wahrzunehmen und festzuhalten.

Angebotene rechtschriftliche Phänomene

Die Beispieltexte und -wörterlisten enthalten schwerpunktmäßig einzelne rechtschriftliche Phänomene wie

- Wörter mit langem i,
- Wörter mit b, d, g am Ende,
- Wörter mit kurzem Vokal und mehreren Konsonanten,
- Wörter mit Nachsilben,

- Wörter mit Dehnungs-h,
- Wörter mit Vorsilben,
- Wörter mit Umlauten und
- gemischte Merkwörter.

Rechtschreiben: Rechtschreibstrategien und Regeln (Schülerbuch S. 232–243)

Erläuterungen und Schwerpunkte

Inhalt und Intention

Die grundlegenden Rechtschreibregeln und -strategien werden wiederholend trainiert. Dabei spielt der Progressionsgedanke eine besondere Rolle, denn die Einheiten bauen aufeinander auf und werden mit Klasse 10 abgeschlossen sein. Um Selbstständigkeit im Rechtschreiben zu erwerben, wird in diesem Teilkapitel besonderer Wert darauf gelegt, Strategien der Vermeidung von Fehlern zu entwickeln. Dabei spielt der Umgang mit Wortbausteinen (Silben bzw. Morphemen) eine wichtige Rolle.

Angebotene Rechtschreibstrategien und Regeln

Die **Rechtschreibstrategien und Regeln** orientieren sich an der FReSch-Methodik. Diese phonologisch ausgerichtete Methode wird für die Auseinandersetzung mit morphologischen Phänomenen durch weitere Strategien ergänzt. Jede Strategie erhält ein Symbol, das die Anwendung der Strategien in den Trainingseinheiten in einen inneren Zusammenhang stellt.

Neben der **FReSch-Methodik** (Schwingen, Verlängern, Ableiten), die besonders in Bezug auf semantisch (morphematisch und lexikalisch) bestimmte Schreibweisen und das Phänomen Doppelkonsonanten ihre Grenzen hat, werden weitere für die deutsche Rechtschreibung notwendige **Strategien** erarbeitet (Arbeit mit Wortbausteinen und Signalgruppen, Arbeit mit Regeln; vgl. Schülerbuch 6, S. 232–243).

Das Rechtschreibgespür soll in diesem Kapitel geschärft und entwickelt werden. In diesem Zusammenhang werden wesentliche Rechtschreibstrategien vorgestellt:

Sprechschwingendes Schreiben ist ein sinnvolles methodisches Hilfsmittel, um Schülerinnen und Schüler beim Durchgliedern von Wörtern zu unterstützen. Das Training von Einheiten oberhalb der Buchstabenebene unterstützt die wichtige Fähigkeit des Erfassens größerer Einheiten und führt intuitiv zur Silbe als einer wichtigen Segmentierungseinheit des Wortes.

Die Tipps zum sprechschwingenden Schreiben helfen den Schülerinnen und Schülern dabei, den Schreibbewegungsablauf zu optimieren. Sie sprechen Wörter in Silben, das heißt in rhythmisch strukturierten Sprecheinheiten. Dadurch werden mehrere Wahrnehmungsbereiche in koordinierter Weise angesprochen und müssen sich wechselseitig aufeinander beziehen. Die durch die Silbenstrukturierung beabsichtigte Verlangsamung der Schreibgeschwindigkeit fördert die Synchronisation des Schreib- und Leseprozesses bzw. der optischen Kontrolle des eben Geschriebenen und führt so zu einer bewussteren Schreibhandlung.

Der·Verweis auf die individuelle Rechtschreibkartei bestärkt die Schülerinnen und Schüler im selbsttätigen Üben des sprechschwingenden Schreibens, auch zu Hause.

Mit Wortbausteinen üben / Wörter gliedern und trennen / Wörter verlängern / Wörter ableiten: Die vorrangigen Ziele dieser Übungsseiten sind, die Rechtschreibsicherheit durch die Bewusstmachung von Regelhaftigkeiten in der Schreibung von gleichen und ähnlichen Wortstämmen zu gewinnen sowie die Selbstkontrollfähigkeiten zu stärken.

Darüber hinaus wird **Regelwissen** vermittelt und angewandt (Nomen großschreiben, Wörter mit s-Laut schreiben, Wortgruppen getrennt schreiben). Abschließend werden **Merkwörter mit Wortlisten geübt** und Fehlerwörter für die Arbeit an individuellen Fehlerschwerpunkten gesammelt.

Rechtschreiben: Texte lesen – üben – richtig schreiben (Schülerbuch S. 244–255)

Aufbau und Funktion der Trainingseinheiten

Insgesamt gesehen stellt das Abschreiben, das den Trainingseinheiten als Leittechnik zugrunde liegt, eine ideale Kombination an Lernkanälen dar, da unterschiedliche Lernkanäle im Schreibprozess bedient werden. Die Vorübungen, vor dem eigentlichen Abschreibprozess, in den Trainingseinheiten dienen dabei der Wiederholung und Anwendung der zuvor erlernten und geübten Strategien und Arbeitstechniken. Gleichzeitig wird die inhaltliche Durchdringung durch eine Fragestellung aufgegriffen und auch das Arbeiten mit Regeln, das besonders im Hinblick auf die gymnasiale Anschlussfähigkeit zunehmend auch bei den Strategien aufgegriffen werden muss.

Doppelseitige Trainingseinheiten

Jede Trainingseinheit folgt dem gleichen Grundaufbau:

- Ein Trainingstext am Anfang der Einheit enthält wichtige Beispielwörter des zu übenden Phänomens. Die Texte sind aber niemals überfrachtet mit entsprechenden Beispielen und daher nicht „gekünstelt", sondern stellen am Grundwortschatz und am jeweiligen Thema orientiertes natürliches Textmaterial dar.
- Der Trainingstext ist in Sinneinheiten gegliedert und wichtige Beispielwörter sind farbig hervorgehoben. Daher eignen sich die Trainingstexte auch für Nachschriften.
- Inhaltlich ist jeder Text an ein Themen- oder Gattungskapitel angebunden und ermöglicht dadurch entsprechende Querbezüge bzw. integrative Anbindungsmöglichkeiten.
- Eine immer gleiche Übungsabfolge bietet als „Geländer" Übungssicherheit sowie Gelegenheit zu erfolgsorientiertem Trainieren und ermöglicht gleichzeitig ein zunehmend selbsttätiges Arbeiten der Schülerinnen und Schüler. Sie eignet sich deshalb auch in besonderer Weise für binnendifferenzierende Maßnahmen.

Das Prinzip des immer gleichen Aufbaus der Trainingseinheiten nach dem Doppelseitenprinzip ist hier am Beispiel der 1. Trainingseinheit dargestellt:

1. Trainingseinheit: zusammengesetzte Nomen, Komma bei Nebensätzen	**1. Trainingseinheit: zusammengesetzte Nomen, Komma bei Nebensätzen**
Trainingstext „Flugangst" mit inhaltlichem Bezug zum Themenkapitel „Von Angst und Mut"	Regelwissen und Rechtschreibstrategien zum rechtschriftlichen Phänomen

1 den Text lesen
2 • den Text erschließen
  • zur Verständnissicherung schreiben
3 • das rechtschriftliche Phänomen im Text identifizieren
  • am Text arbeiten
4 • die Regeln ausprobieren und üben
	5 die Regeln ausprobieren und üben
	6 die Regeln anwenden, übertragen, festigen
	
	Regeln zu einem weiteren Phänomen
	
	7, **8** die Regeln üben und anwenden
	9 den Trainingstext abschreiben

244	245

Auch in den Trainingseinheiten finden sich die bekannten Doppel-Klick-Hilfen zur Förderung des selbsttätigen Arbeitens der Schülerinnen und Schüler: Starthilfen, Tipps für die Lösung, (grundwortschatzbasierte) Wörterlisten, Hervorhebungen zum besseren Verständnis, Verweise in der Randspalte.

Der immer gleiche Aufbau der Trainingseinheiten ermöglicht sowohl die funktionale Einbettung des Rechtschreibunterrichts in den Schreibunterricht einer gesamten Klasse als auch das individuelle und differenzierende Üben an speziellen Rechtschreibproblemen.

Die Trainingseinheiten schließen mit einem **Teste dich!** ab. Hier bieten Übungen die Möglichkeit zur Überprüfung der Kompetenzen in Bezug auf die Rechtschreibstrategien und Arbeitstechniken mit Wortmaterial + Phänomenen, die sich auf den abschließenden Fehlertext beziehen.

Rechtschreiben: 1. Trainingseinheit (Schülerbuch, S. 244–245)

Trainingstext: Flugangst

Zentrale Inhalte

- Strategien und Arbeitstechniken des Rechtschreibunterrichts anwenden
- Sich mit Rechtschreibphänomenen textbezogen auseinandersetzen

Ziele und Kompetenzen im Einzelnen

- Signalgruppen erkennen
- Zusammengesetzte Nomen zerlegen und bilden
- Nomen verlängern
- Nebensätze mit Konjunktionen üben
- Haupt- und Nebensätze verknüpfen
- Den Trainingstext abschreiben

Rechtschreiben: 2. Trainingseinheit (Schülerbuch, S. 246–247)

Trainingstext: Die Libelle

Zentrale Inhalte

- Strategien und Arbeitstechniken des Rechtschreibunterrichts anwenden
- Sich mit Rechtschreibphänomenen textbezogen auseinandersetzen

Ziele und Kompetenzen im Einzelnen

- Mit Wortbausteinen üben
- Verben mit Vorsilben bilden
- Nomen mit Nachsilben üben
- Satzreihen üben und mit Konjunktionen verknüpfen
- Den Trainingstext abschreiben

Rechtschreiben: 3. Trainingseinheit (Schülerbuch, S. 248–249)

Trainingstext: Es tut mir leid

Zentrale Inhalte

- Strategien und Arbeitstechniken des Rechtschreibunterrichts anwenden
- Sich mit Rechtschreibphänomenen textbezogen auseinandersetzen

Ziele und Kompetenzen im Einzelnen

- Die Schreibweise von Tageszeiten und Wochentagen üben
- Signalgruppen erkennen
- Wörter für Wortfamilien finden
- Die Zeitform Perfekt üben
- Unregelmäßige Verben in Wortreihen aufschreiben
- Haupt und Nebensätze verknüpfen
- Den Trainingstext abschreiben

Rechtschreiben: 4. Trainingseinheit (Schülerbuch, S. 250–251)

Trainingstext: Leider nur ein Traum

Zentrale Inhalte

- Strategien und Arbeitstechniken des Rechtschreibunterrichts anwenden
- Sich mit Rechtschreibphänomenen textbezogen auseinandersetzen

Ziele und Kompetenzen im Einzelnen

- Nominalisierungen üben
- Satzzeichen bei wörtlicher Rede üben
- Wörtliche Rede mit Begleitsätzen üben
- Den Trainingstext abschreiben

Rechtschreiben: 5. Trainingseinheit (Schülerbuch, S. 252–253)

Trainingstext: Ein verfälschter Artikel

Zentrale Inhalte

- Strategien und Arbeitstechniken des Rechtschreibunterrichts anwenden
- Sich mit Rechtschreibphänomenen textbezogen auseinandersetzen

Ziele und Kompetenzen im Einzelnen

- Anredepronomen üben
- Wortgruppen mit sein bilden
- Merkwörter mit Wörterlisten üben
- Adjektive mit Nachsilben bilden
- Den Trainingstext abschreiben

Rechtschreiben: Teste dich! Richtig schreiben (Schülerbuch, S. 254–255)

Zentrale Inhalte

- Strategien und Arbeitstechniken des Rechtschreibunterrichts anwenden
- Sich mit Rechtschreibphänomenen textbezogen auseinandersetzen

Ziele und Kompetenzen im Einzelnen

- Nomen und Nominalisierungen großschreiben
- Wörter ableiten
- Die Schreibweise von Tageszeiten prüfen
- Satzgefüge üben
- Rechtschreib- und Zeichensetzungsfehler finden
- Den Fehlertext richtig aufschreiben

Name: Klasse: Datum:

Nomen erkennen

Einige Wörter schreiben wir **immer groß**.
Wir nennen sie **Nomen (Namenwörter)**:
der Baum, das Kind, die Zeit.

Im Freibad

1 Die Sonne scheint und der Himmel ist blau.

2 Endlich ist das Freibad geöffnet!

3 Lena und Jurek rennen auf die Wiese.

4 Lena stellt die Tasche ab.

5 Jurek legt das Handtuch hin.

6 Der Freund von Jurek ist schon da.

7 Alle springen schnell in das Becken.

8 Sie schwimmen um die Wette.

9 Der Bademeister passt auf, dass nichts passiert.

10 Der Tag ist herrlich. Nur das Wasser ist noch kalt.

1 **a.** Lies den Text.

b. Markiere die Nomen.

Zu den Nomen gehört meist ein **Artikel (Begleiter)**:
der, das, die.

2 Schreibe die Nomen mit ihren Artikeln in die passende Spalte.

der	das	die

Name:	Klasse:	Datum:

Nomen erkennen

**Wir sagen *ein*, *eine*, wenn wir ein Lebewesen oder
einen Gegenstand nicht genau kennen: *eine Tasche*.
Wir sagen *der*, *das*, *die*, wenn wir das Lebewesen oder
den Gegenstand genau kennen: *die Tasche von Lena*.**

3 Ergänze die Nomen mit den Artikeln.

der Baum – ein _____

der Ball – _____

das Kleid – ein _____

das Kind – _____

die Tasche – eine _____

die Wiese – _____

! **Nomen** können in der **Einzahl** (Singular)
und in der **Mehrzahl** (Plural) stehen:
das Wort – die Wörter.

4 Ergänze die Tabelle.

Einzahl	Mehrzahl
der _____	*die Bäume* _____
der Ball _____	_____
das _____	*die Kleider* _____
das Kind _____	_____
die _____	*die Taschen* _____
die Wiese _____	_____

Autorin: Michaela Krauß

Doppel-Klick 263
⇨ SB, S. 226–255

Name: Klasse: Datum:

Wörter ordnen und nachschlagen

Simon und seine Schwester Anna kochen und backen gerne.
Simon hat notiert, welche Rezepte sie schon ausprobiert haben.
Er will die Rezepte in einem Karteikasten nach dem Abc ordnen.

der Apfelkuchen	die Waffeln	der Hamburger
die Spagetti	die Lasagne	der Döner
die Tomatensuppe	das Gyros	der Obstsalat

1 a. Markiere den ersten Buchstaben.

b. Ordne die Wörter nach dem Abc.
   Schreibe sie auf.

der Apfelkuchen, _____

_____

_____

Simon findet noch mehr Rezepte.
Er möchte auch diese Rezepte nach dem Abc ordnen.

2 Wie muss er die Rezepte ordnen?

a. Markiere den ersten Buchstaben.

b. Nummeriere in jedem Kasten die Rezepte
   in der richtigen Reihenfolge.

☐	der Hamburger
☐	der Gurkensalat
1	die Folienkartoffel

☐	das Brötchen
☐	der Apfelkuchen
☐	die Champignons

☐	der Obstsalat
☐	der Quark
☐	die Pizza

Autorin: Michaela Krauß

Name: Klasse: Datum:

Wörter ordnen und nachschlagen

Auch Anna hat einige Rezepte notiert.
Simon will die Rezepte in seinen Karteikasten aufnehmen.

3 Die Wörter haben die gleichen Buchstaben am Anfang.
 a. Markiere den ersten und den zweiten Buchstaben.
 b. Ordne die Wörter nach dem Abc.
  Nummeriere sie in der richtigen Reihenfolge.

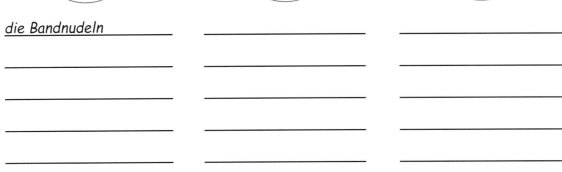

B

☐ das Brötchen
☐ der Birnenkuchen
1 die Bandnudeln
☐ der Blumenkohl
☐ der Bohnensalat

F

☐ der Fisch
☐ die Frikadelle
☐ der Feldsalat
☐ die Folienkartoffel
☐ die Falafel

G

☐ das Gulasch
☐ das Gyros
☐ die Gans
☐ die Gemüsesuppe
☐ der Grünkohl

Wenn Wörter den gleichen Buchstaben am Anfang haben,
ordnest du sie nach dem zweiten Buchstaben.

4 Schreibe die Wörter aus Aufgabe 3 nach dem Abc
 untereinander auf.

B   **F**   **G**

die Bandnudeln _____   _____   _____

_____   _____   _____

_____   _____   _____

_____   _____   _____

_____   _____   _____

Autorin: Michaela Krauß

Name: Klasse: Datum:

Aus Verben werden Nomen

In der Jugendherberge

1 Die Jugendlichen der Klasse 8 übernachten

2 bei ihrer Klassenfahrt in einer Jugendherberge.

3 Bei der Ankunft gibt der Herbergsvater Hinweise:

4 „Die Fläche vor dem Haus ist für das Fahren mit

5 Inlinern gut geeignet. Auf der Wiese ist das Spielen

6 mit dem Ball erlaubt. Das Betreten der Zimmer ist nur

7 mit Hausschuhen erwünscht. Auf den Fluren ist

8 das Rennen nicht erwünscht. Nach 22 Uhr ist

9 das Verlassen der Zimmer nicht mehr erlaubt."

 1 Was ist auf der Wiese erlaubt?

_____

 2 Diese Verben sind im Text zu Nomen geworden.
Sie werden deshalb großgeschrieben.

fahren, spielen, betreten, rennen, verlassen

a. Finde die neuen Nomen im Text und markiere sie.

b. Markiere auch den Artikel das vor den neuen Nomen.

 3 **a.** Schreibe die Verben, die im Text zu Nomen geworden sind,
mit dem Artikel **das** auf.

b. Markiere den Artikel **das**.

_____

> **Aus Verben** können **Nomen** werden.
> Der Artikel **das** macht es! **das Aufbrechen**

 4 **a.** Bilde aus diesen Verben Nomen.

wandern, laufen, üben, tanzen, kochen, lesen

b. Schreibe sie auf. Markiere den Artikel das.

wandern – das Wandern, _____

_____

Cornelsen

Autorin: Miriam Wiedner
Illustrator: Oleg Assadulin, Berlin

Doppel-Klick 266
⇨ SB, S. 226–255

Name: Klasse: Datum:

Aus Verben werden Nomen

Es gibt noch andere Wörter, die Verben zu Nomen machen.

Gutes Benehmen erwünscht

1 Die Jugendlichen sollen sich beim Essen in der Jugendherberge

2 gut benehmen. Deshalb gibt es Regeln.

3 Die Jugendlichen sollen pünktlich zum Essen da sein.

4 Beim Sprechen untereinander sollen die Jugendlichen

5 rücksichtsvoll sein.

6 Das Messer ist zum Schneiden da.

7 Beim Abräumen von dem Geschirr sollen alle helfen.

 5 Wobei sollen alle Jugendlichen helfen?

_____

> **Aus Verben** können **Nomen** werden.
> Die Wörter **beim** oder **zum** machen es!
> **beim Aufbrechen – zum Aufbrechen**

 6 Im Text sind diese Verben zu Nomen geworden.

essen, sprechen, schneiden, abräumen

a. Finde die neuen Nomen im Text.

b. Schreibe die Nomen mit **beim** oder **zum** auf.

c. Markiere **beim** und **zum**.

beim Essen, _____

 7 Bilde aus einem Verb ein Nomen. Ergänze die Sätze.

Marek telefoniert viel mit Karola.

Beim Telefonieren haben Marek und Karola sich viel zu erzählen.

Tabea klettert schon lange im Alpenverein.

Beim _____ hat sich Tabea noch nie verletzt.

Jan liest fast jeden Abend im Bett.

Beim _____ merkt er oft nicht, wie spät es ist.

Thea hört Musik gern mit ihren neuen Kopfhörern.

Zum _____ von Musik benutzt Thea gern ihre neuen Kopfhörer.

Leon und Moritz wollen im Freibad schwimmen gehen.

Zum _____ verabreden sie sich um 15.00 Uhr.

Autorin: Miriam Wiedner

Doppel-Klick   267
⇨ SB, S. 226–255

Name:　　　　　　　　　　　Klasse:　　　　　　　Datum:

Wörter mit b, d, g am Ende

> Wörter mit **b, d, g** am Ende werden wie **p, t, k** gesprochen.
> **Verlängere** die Wörter. Dann hörst du, welchen Buchstaben
> du schreiben musst.
> Beispiel:　der Ta_ → die Ta**g**e → der Tag
> 　　　　　gesun_ → gesün**d**er → gesund

1　**a.** Verlängere die folgenden Wörter in den Spalten.
　　b. Trage dann den fehlenden Buchstaben ein.

b oder p?	d oder t?	g oder k?
der Sta___	das Gel___	die Bur___
das Sie___	der Mona___	muti___
das Kal___	wil___	klu___
lie___	wüten___	der Schran___
das Lau___	das Angebo___	der Ber___

 2　**a.** Lies die Sätze.
　　b. Verlängere die Wörter und setze den passenden Buchstaben ein.

Am Aben___ (d/t) beobachte ich den Mon___ (d/t).

Einem anderen Menschen in No___ (d/t) zu helfen, ist wichtig.

Für unsere Einkäufe benutzen wir einen Kor___ (b/p).

Es ist spannen___ (d/t), mit dem Zu___ (g/k) zu fahren.

Der We___ (g/k) führt zu einem großen Waldsee.

In der Nach___ (d/t) schlafe ich in meinem großen Bett.

Der Hun___ (d/t) gehört meinem Opa.

Cornelsen　　Autorin: Miriam Wiedner

Name: Klasse: Datum:

Wörter verlängern ⌣

Merkwissen

Die Verlängerungsprobe: Oft spricht man am Ende eines Wortes **p, t, k** und
schreibt doch **b, d, g**.
Suche eine **längere Form** des Wortes. Dann hörst du, welchen Buchstaben
du schreiben musst.
Wende die Verlängerungsprobe auch an, wenn du die richtige Schreibweise
von zusammengesetzten Nomen prüfen willst.

1 Lies den Text.

Eine anstrengende Wanderung

Die Kinder der Klasse 6 b machen mit Frau Schulz eine **Bergwanderung**.
An einer **Wegkreuzung** wissen sie nicht, wohin sie gehen müssen. Frau Schulz schaut
auf einer **Landkarte** nach. Bald darauf machen sie in einem Wal__stück ein Picknick. Erst in
der Aben__sonne kehren sie zurück. Zu Hause sinkt Frau Schulz erschöpft in ihren Kor__sessel.

2 Was schaut Frau Schulz auf einer Landkarte nach? Kreuze an.

❏ wie weit es noch ist
❏ welchen Weg sie gehen müssen

3 Im Text sind drei zusammengesetzte Nomen hervorgehoben.
   a. Schreibe die Nomen mit Artikel in die erste Spalte der Tabelle.
   b. Zerlege die zusammengesetzten Nomen.
   c. Verlängere das Nomen mit **b**, **d** oder **g** am Ende.
   d. Zeichne die Silbenbögen unter die Verlängerung.

zusammengesetztes Nomen	1. Nomen	2. Nomen
die Bergwanderung	*der Berg ⌣ die Berge*	*die Wanderung*
	der Wald ⌣ die Wälder	*das Stück*

4 Ergänze in der Tabelle die drei weiteren zusammengesetzten Nomen aus dem Text.
   a. Trage zunächst die zerlegten Nomen in die zweite und dritte Spalte ein.
   b. Schreibe dann die zusammengesetzten Nomen mit Artikel in die erste Spalte.
   c. Ergänze bei den Nomen im Text die fehlenden Buchstaben.

5 Schreibe alle zusammengesetzten Nomen noch einmal in dein Heft.

Autorin: Gila Tautz

Name:　　　　　　　　　　Klasse:　　　　　　Datum:

Wörter ableiten ④

Merkwissen

Die Ableitungsprobe: ä und **e** klingen in vielen Wörtern ähnlich; **äu** und **eu** klingen gleich.
Du kannst Wörter mit **ä** und **äu** von verwandten Wörtern mit **a** oder **au** ableiten.

1 **a.** Schreibe die Wörter aus dem Kasten in die erste Spalte der Tabelle.
　　b. Schreibe zu jedem Wort ein verwandtes Wort mit **ä** oder **äu**.

Wörter mit **a** und **au**	verwandte Wörter mit **ä** und **äu**
tragen	*sie trägt*

tragen
der Traum
die Zahl
verlassen
schlafen

2 **a.** Lies die Sätze.
　　b. Finde zu den hervorgehobenen Nomen den Plural.
　　c. Schreibe die Sätze im Plural auf.
　　　Denke daran, dass du auch das Verb und manchmal den Artikel verändern musst.

Die **Maus** flitzt unter das Sofa.

Die Mäuse flitzen _____

Das **Blatt** raschelt im Wind.

_____

Im Schuppen steht das **Fahrrad**.

_____

Die **Laus** juckt den Hund.

_____

Autorin: Gila Tautz
Illustrator: Rüdiger Trebels, Düsseldorf

Doppel-Klick 270
⇨ SB, S. 226–255

Name:　　　　　　　　　　　Klasse:　　　　　　Datum:

Mit Wortbausteinen üben: Vorsilben

Die Vorsilben *ver-*, *er-* und *ent-* sind Wortbausteine.
Sie werden immer gleich geschrieben.

1 **a.** Bilde aus den Verben und Vorsilben sinnvolle neue Verben.
Schlage im Wörterbuch nach, wenn du dir nicht sicher bist.

b. Schreibe die neuen Verben auf.

| ver- | | schreiben | | zählen |

| ent- | laufen | | blühen | |

| er- | | decken | | schließen |

_____

_____

2 Welches Verb passt?
a. Schreibe die Sätze mit einem passenden Verb auf.
b. Markiere bei den Verben die Vorsilben.

Ich kann die Tür nicht entschließen/verschließen.

_____

Die Katze ist aus dem Tierheim entlaufen/verlaufen.

_____

Mein Bruder soll sein Geschenk noch nicht verdecken/entdecken.

_____

Du darfst dich bei den Matheaufgaben einmal erzählen/verzählen.

_____

Cornelsen

Autorin: Gila Tautz
Illustrator: Rüdiger Trebels, Düsseldorf

Name:　　　　　　　　　　Klasse:　　　　　　Datum:

Adjektive werden zu Nomen

> Aus **Adjektiven** können **Nomen** werden.
> Die starken Wörter **etwas**, **nichts** und **alles** machen's!
> wunderbar – etwas Wunderbar<u>es</u>, falsch – nichts Falsch<u>es</u>, gut – alles Gut<u>e</u>

1 Verwandle die Adjektive in Nomen. Verwende dazu die Wörter **etwas**, **nichts**, **alles**.
Schreibe zu jedem Adjektiv mindestens zwei Nomen auf.

interessant　*etwas Interessantes, nichts Interessantes, alles Interessante*

langweilig　_____

praktisch　_____

kompliziert　_____

appetitlich　_____

durchsichtig　_____

merkwürdig　_____

geheim　_____

gewöhnlich　_____

2 Bilde aus den Adjektiven vom Rand Nomen und setze sie der Reihe nach in den Text ein.
Entscheide jeweils, ob du **etwas**, **nichts** oder **alles** verwenden musst.

Anjas Geburtstagfeier

Anja wird bald zwölf Jahre alt und bereitet mit Freude

ihre Geburtstagsfeier vor. Sie kauft mit ihrem Vater *etwas*

Appetitliches zum Essen und _____

zum Trinken ein. Anja überlegt sich _____

zum Spielen. Dabei ist ihr _____ eingefallen.

Es ist _____, aber _____.

Sie freut sich riesig auf ihre Geschenke. Wenn ihre Gäste zur Feier kommen,

rufen sie zuerst: „_____ zum Geburtstag!"

~~appetitlich~~
kalt
interessant
außergewöhnlich
gefährlich
spannend
gut

Autorin: Jutta Schindler

Name: Klasse: Datum:

Nomen mit -ung, -keit, -heit und -nis

Lautlos wie ein Vogel

Schon seit einer <u>Ewigkeit</u> ist es ein Traum der Menschheit, wie die Vögel lautlos
am Himmel zu schweben. Kaum jemand kommt dem so nahe wie ein Segelflieger,
der ebenso ruhig seine Kreise zieht. Um sich in der Luft zu halten, vertraut er
auf die Thermik, die örtliche Aufwärtsbewegung der Luft. Diese wird von
der Sonneneinstrahlung und der Erwärmung des Erdbodens hervorgerufen.
Auch die Vögel lassen sich von solchen Aufwinden in die Höhe tragen.
Wer die Möglichkeit hat, in einem Segelflugzeug zu fliegen, wird mit einem
unvergesslichen Erlebnis belohnt.

> Wörter mit den **Endungen -ung**, **-keit**, **-heit** und **-nis** sind Nomen.
> Sie werden **großgeschrieben**.

1 Unterstreiche im Text die Nomen mit den Endungen **-ung**, **-keit**, **-heit** und **-nis**.
Schreibe sie mit den bestimmten Artikeln in dein Heft.

2 Bilde Nomen mit den Endungen **-ung**, **-keit**, **-heit** und **-nis** aus den Adjektiven und
Verbstämmen. Schreibe sie mit den bestimmten Artikeln auf.

gesund   *die Gesundheit* _____

wohn(en)   _____

beschleunig(en)   _____

sauber   _____

hinder(n)   _____

flüssig   _____

erleb(en)   _____

entscheid(en)   _____

wahr   _____

möglich   _____

ahn(en)   _____

krank   _____

Autorin: Jutta Schindler

Mit Wortbausteinen üben: Wortfamilien untersuchen

Miteinander verwandte Wörter bilden Wortfamilien. Sie haben denselben Wortstamm.
Die Vokale im Wortstamm können sich ändern: gehen – vorgehen – er ging – der Eingang.

1 **a.** Ordne die Wörter vom Rand
nach Wortfamilien in die Tabelle ein.

b. Markiere die Wortstämme,
bei denen sich der Vokal geändert hat.

c. Finde zur Wortfamilie „sehen" fünf weitere
Wörter und schreibe sie auf ein extra Blatt.

> einsehen, die Abfindung, der Fund,
> absitzen, der Fernseher, besetzen,
> der Sitzsack, sich befinden, die Sicht,
> besitzen, er sah, das Fundbüro, wegsehen,
> der Sitzriese, sie fanden, die Sitzung,
> unerfindlich, die Sehhilfe, das Findelkind,
> vorhersehen, die Vorsitzende

Wortfamilie „sehen"	Wortfamilie „sitzen"	Wortfamilie „finden"
_____	_____	_____
_____	_____	_____
_____	_____	_____
_____	_____	_____
_____	_____	_____
_____	_____	_____

2 Löse das Kreuzworträtsel. Finde neun Wörter mit dem Wortstamm **-fahr-**.
Tipp: Das senkrechte Lösungswort ist ein Nomen.

1. Um dieses Verb dreht sich hier alles.
2. Wer den richtigen Weg nicht findet,
   der hat sich …
3. Sie fährt auf dem Wasser (Ä=AE)!
4. Hier steht ein Nomen zu dem Verb
   aus Nr. 1.
5. Züge tun dies nach dem Pfiff.
6. Der „Zweibeiner" unter den Fahrzeugen.
7. Eine Wagenladung.
8. Die andere Seite der Ausfahrt.
9. Wer das Verb aus Nr. 1 ins Perfekt setzt,
   findet das hier gesuchte Partizip.

1 | F | A | H | R | E | N |

3 Was hat das senkrechte Lösungswort mit „fahren" zu tun? Schreibe deine Vermutung auf.

_____

_____

Cornelsen   Autorin: Gesine Jordan

Name:	Klasse:	Datum:

Regelwissen anwenden: Nomen großschreiben Ⓡ

Merkwissen

Wörter mit den **Endungen -ung, -heit, -keit** und **-nis** sind Nomen. Sie werden **großgeschrieben**.

1 Lies den Text.

Skaterglück

Alex und Jasmin haben eine Gemeinsamkeit entdeckt: Beide lieben
das Skaten. Mit seiner perfekten Körperbeherrschung und Schnelligkeit
hat Alex schon einige Wettbewerbe gewonnen. Jasmin hingegen muss
noch ziemlich viel üben. Ihr Ziel ist es, die Sicherheit zu gewinnen,
über ein Hindernis zu springen. Alex will gemeinsam mit ihr trainieren.

2 **a.** Markiere im Text die Nomen mit **-ung**, **-heit**, **-keit** und **-nis**.
   b. Schreibe die Nomen mit dem bestimmten Artikel auf.
      Ergänze das Adjektiv oder Verb, aus dem sie entstanden sind.
   c. Schreibe den Text ab.

_____

_____

3 Bilde aus den Adjektiven und Verben vom Rand Nomen mit den Endungen **-ung**,
-heit, **-keit** und **-nis**. Schreibe die Nomen mit bestimmtem Artikel auf.

die Frechheit, _____

frech, klar, frei, flüssig, krank, möglich, fähig

_____

_____

erleben, ahnen, überraschen, wagen, üben, beraten, ärgern

Merkwissen

Nach **gestern, heute** und **morgen** werden Tageszeiten großgeschrieben.

4 Der Text enthält fünf Rechtschreibfehler.
   a. Markiere die Fehlerwörter und schreibe sie richtig auf.
   b. Schreibe den Text korrigiert ab. Schreibe in dein Heft.

*Achtung:
Fehler!*

Jasmin träumte gestern nacht, dass sie in der Halfpipe einen super Sprung geschafft hätte.
Aber heute morgen im Unterricht gab es keine gelegenheit, Alex davon zu erzählen.
Zum Üben wollten sie sich morgen nachmittag wieder am Sportplatz treffen.
Jasmin freute sich auf die verabredung.

_____

Cornelsen

Autorin: Constanze Neubauer
Illustratorin: Dorina Tessmann, Berlin

Name: Klasse: Datum:

Zusammengesetzte Adjektive

Aus zwei Adjektiven kann ein neues Adjektiv entstehen.
Mit zusammengesetzten Adjektiven kannst du genauer beschreiben.

1 Lies den Text.

Ein Ferientag

Der Himmel war mit dunkelgrauen Wolken verhangen und es sah bitterkalt aus.
Lisa hatte sich auf den Tag am See gefreut, aber der Blick aus dem Fenster stimmte sie tieftraurig.
Ihre Mutter hatte einen gemeinsamen Ausflug zum Vogelsee vorgeschlagen, der für sein klares,
grünblaues Wasser bekannt ist. Nun brauchten sie ein Ersatzprogramm. „Ein Kinobesuch ist eine
prima Idee", fand ihre Mutter. „Dann lass uns doch in den hochinteressanten Film über die Gorillas
gehen", entschied Lisa, die sogleich hellwach war.

2 a. Markiere im Text die zusammengesetzten Adjektive.
    b. Schreibe sie in der Grundform auf. Ergänze die beiden Adjektive, aus denen sie
       gebildet sind.

_____

_____

3 Bilde neue Adjektive und schreibe sie auf.

~~grau~~ nass zart hoch dunkel		~~blau~~ bitter giftig rosa grün
süß dick tief bitter hell	+	kalt böse sauer flüssig rot

graublau, _____

_____

_____

4 Wähle zu jedem Nomen ein passendes zusammengesetztes Adjektiv aus Aufgabe 3 aus
und ergänze es. **Tipp:** Achte auf die richtige Endung des Adjektivs.

der _____ Bäcker   die _____ Schokolade

der _____ Himmel   das _____ Wetter

das _____ Sommerkleid   die _____ Augen

die _____ Chemikalie   die _____ Soße

5 Wähle zwei Adjektive und Nomen aus Aufgabe 4 aus und bilde einen Satz. Schreibe auf.

_____

Cornelsen   Autorin: Constanze Neubauer

Name: Klasse: Datum:

Adjektive mit den Nachsilben -voll und -lich

Aus einem Nomen und der Endung *-voll* oder *-lich* entsteht ein zusammengesetztes Adjektiv.

1 Lies den Text.

Wassermengen im Vergleich

Eine randvolle Badewanne wertvollen Trinkwassers verbraucht jeder Einwohner in Deutschland täglich. Diese durchschnittlich 126 Liter werden zum Trinken, aber auch zum Baden, Waschen und für die Toilettenspülung verwendet. Das ist eine unglaubliche Menge Wasser. Nachdenklich macht außerdem, dass über eine Milliarde Menschen auf der Welt nicht einmal das Minimum von 20 Litern Trinkwasser pro Tag zur Verfügung haben.

2 **a.** Markiere im Text die Adjektive mit den Endungen **-voll** und **-lich**.
    b. Schreibe die Adjektive in der Grundform auf und zerlege sie in ihre Bestandteile. Ergänze bei den Nomen den bestimmten Artikel.

randvoll = der Rand + voll, _____

_____

_____

3 Bilde aus den Nomen und Verben Adjektive mit den Endungen **-voll** und **-lich**. Schreibe sie auf. **Tipp:** Bei den Verben fallen die Endungen **-en** oder **-n** weg, wenn du sie in ein Adjektiv verwandelst.

Humor Fantasie		
Respekt Verständnis	+ -voll	_____ _____

verwundern lösen		
vermuten trösten	+ -lich	_____ _____
Mensch Vorbild		

4 Ergänze in den Sätzen passende Adjektive aus Aufgabe 3. Achte auf die richtigen Endungen.

Zentral beim Umweltschutz ist der _____ Umgang mit Natur.

Wasserfarben sind in Wasser _____.

Der junge Künstler hat ein _____ Werk geschaffen.

5 Wähle drei Adjektive aus Aufgabe 3 aus und bilde jeweils einen Satz. Schreibe in dein Heft.

   Autorin: Constanze Neubauer

Name: Klasse: Datum:

Wörter verlängern

Mein Vater, der *Held*

Gestern passierte etwas, das war echt **spannend**:
Es war schon **Abend**, da knurrte plötzlich Gonzo,
unser **Hund**. Gonzo ist **klug**. Was hatte er gehört?
War es vielleicht einfach nur ein **Zweig**

5 am Fenster? Aber Gonzo **gab** keine Ruhe.
Mein Vater **hob** die **Hand** und flüsterte: „Leise!"
Dann schlich er in den Flur. Auf einmal rief er **streng**:
„Stehen bleiben!"
Er hatte einen Einbrecher überrascht.

10 Der **Dieb** wurde **wütend** und wollte entkommen,
aber mein Vater b**l**ieb ganz cool und hielt ihn
einfach fest. Die herbeigerufene Polizei
verhaftete den Einbrecher. Das war vielleicht **aufregend**!

1 In welchem Raum des Hauses
überraschte der Vater den Einbrecher?
Markiere die Antwort im Text.

2 Im Text sind **Nomen** mit **b**, **d** und **g**
hervorgehoben.
  a. Schreibe sie mit ihren Artikeln
im Singular und im Plural auf.
  b. Markiere in jedem Wort das **b**, **d** oder **g**.

der Held – die Helden, _____

> Oft hörst du am Ende eines Wortes
> ein **p**, **t** oder **k**, musst aber **b**, **d** oder
> **g** schreiben. Du kannst das Wort
> verlängern. Dann hörst du den
> Endbuchstaben.
>
> lieb – **ein** lie**b**er Gruß
> der Strand – **die** Strän**d**e
> ich lag – wir la**g**en

3 Im Text sind auch **Verben** mit **b** hervorgehoben.
  a. Schreibe sie untereinander auf.
  b. Schreibe die wir-Form im Präteritum daneben.
  c. Markiere in jedem Wort das **b**.

gab – wir gaben, _____

4 Im Text sind außerdem **Adjektive** mit **d** oder **g** hervorgehoben.
  a. Schreibe sie in der Grundform und in der 1. Steigerungsform auf.
  b. Markiere in jedem Wort das **d** oder **g**.

spannend – spannender, _____

Cornelsen

Autorin: Julia Beyer
Illustrator: Rüdiger Trebels, Düsseldorf

Name:	Klasse:	Datum:

Wörter verlängern

5 **a.** Verlängere auch diese Wörter.

Tipp: Bei einigen Wörtern verändert sich der Vokal: a → ä.

b. Schreibe das verlängerte Wort auf.

der Tag	→ _____	er glaubt	→ _____
der Freund	→ _____	gesund	→ _____
die Wand	→ _____	er lag	→ _____
das Land	→ _____	er schrieb	→ _____

6 Wenn du ein Wort verlängerst, kannst du die richtige Schreibweise herausfinden.

a. Schreibe zunächst das Nomen mit Artikel im Plural auf.

b. Schreibe dann das Nomen mit Artikel im Singular richtig auf.

	verlängertes Wort: Nomen im Plural		Nomen im Singular
	_____		_____
	_____		_____
	_____		_____
	_____		_____
	_____		_____
	_____		_____

7 **a.** Wähle drei Wörter aus den Aufgaben 5 und 6 aus.

b. Schreibe mit jedem Wort einen Satz.

_____

_____

_____

_____

Cornelsen Autorin: Julia Beyer
Illustrator: Rüdiger Trebels, Düsseldorf

Name:	Klasse:	Datum:

Adjektive auf -ig, -lich, -isch

Im Museum

Die Klasse 6 c besucht heute **endlich** das Museum.
Die Kinder erfahren, dass das Leben im Mittelalter
schwierig war. Lisa schreibt auf, was sie wichtig findet:
Die Bauern arbeiteten hart und fleißig auf den Feldern.
5 Sie arbeiteten jeden Tag, auch wenn das Wetter
stürmisch oder regnerisch war.
Ihre Hütten waren winzig und schmutzig.
Denn es gab kein fließendes Wasser.
Im Winter war es kalt und **ungemütlich**.
10 Die meisten Bauern gingen regelmäßig zum Markt
in die Stadt. Dort ging es meist **friedlich** und **fröhlich** zu.

1 Wie waren die Hütten der Bauern? Schreibe den Satz ab.

_____

2 Im Text sind die Adjektive mit **-lich** hervorgehoben.
  a. Markiere die Endung **-lich**.
  b. Lies die Adjektive langsam und deutlich vor.
    Tipp: Achte dabei besonders auf das **l**.
  c. Schreibe die Adjektive auf.

Adjektive mit **-lich**: _____

_____

3 **a.** Finde im Text die Adjektive mit **-ig**. Markiere sie.
  b. Finde die Adjektive mit **-isch**. Markiere sie in einer anderen Farbe.
  c. Schreibe die Adjektive mit **-ig** und **-isch** in die richtigen Zeilen.

Adjektive mit **-ig**: _____

_____

Adjektive mit **-isch**: _____

_____

4 Schreibe auch diese Adjektive in die richtigen Zeilen der Aufgaben 2 und 3.

hungrig, feindlich, durstig, ehrlich, heimlich, praktisch, gefährlich, ruhig, schrecklich,
lustig, telefonisch

Cornelsen

Autorin: Piroska Evenburg
Illustrator: Rüdiger Trebels, Düsseldorf

Adjektive auf -ig, -lich, -isch

Du kannst die Adjektive mit *-ig*, *-lich* und *-isch* auch in Wortgruppen verwenden:
der gefährliche Winter, das schwierige Leben, die stürmische Nacht.

5 **a.** Schreibe die Wortgruppen auf.
   b. Markiere die Artikel und das **e** nach **-ig**, **-lich**, **-isch**.

_____

_____

6 Ergänze die Wortgruppen mit passenden Adjektiven.
   Tipps: • Der Text „Im Museum" hilft dir dabei.
            • Achte auf die richtige Form.
            • Manchmal passen verschiedene Adjektive in die Lücken.

das _____ Leben im Mittelalter,

der _____ Bauer auf dem Feld,

das _____ und _____ Wetter,

die _____ und _____ Hütte,

der _____ Winter

fleißige
regnerische
schmutzige
schwierige
stürmische
ungemütliche
winzige

Aus Nomen kannst du selbst Adjektive mit -ig, -lich und -isch bilden.

das Fett			das Abenteuer			das Telefon		
der Fleiß			der Frieden			das Tier		
der Mut	+	-ig	das Herz	+	-lich	der Typ	+	-isch
der Schmutz			die Jugend			der Dieb		
der Witz			die Schrift			der Neid		

7 Bilde Adjektive mit **-ig**, **-lich**, **-isch**.
   Schreibe die Adjektive auf.
   Achtung: Adjektive werden kleingeschrieben!

fettig, _____

_____

_____

Autorin: Piroska Evenburg

Name:	Klasse:	Datum:

Wörter mit ß

 1 **a.** Lies den Text. Achte dabei auf die Wörter mit **ß**.

b. Markiere die Wörter mit **ß**.

1 Nach der Schule gehe ich nach Hause.

2 Ich schließe die weiße Haustür.

3 Aus dem Kühlschrank hole ich mir süße Kirschen.

4 Nun mache ich es mir gemütlich und lege die Füße hoch.

5 Aus dem Fenster kann ich die Straße sehen.

6 Eine Frau telefoniert. Ein Mann grüßt die Bäckersfrau.

7 Vor dem kleinen Café stehen zwei große Fässer.

8 Was mag dort wohl drin sein?

2 **a.** Schreibe die markierten Wörter auf.
Ergänze bei den Nomen die passenden Artikel.

b. Sprich die Wörter deutlich mit.

c. Markiere den Vokal vor dem **ß**.

_____

_____

_____

 In Wörtern mit **langem Vokal** schreibst du **ß**.
Du hörst einen **zischenden** s-Laut.
Beispiel: die Grüße

 3 Ergänze die Wörter. Füge ein **ß** ein.

Mareike möchte Klassensprecherin werden.
Dafür hat sie einen kurzen Text über sich geschrieben.

Hi! Ich hei____e Mareike und bin 12 Jahre alt. Ich treffe mich gerne

mit meinen Freunden drau____en. Da haben wir viel Spa____ zusammen.

Meine Hobbys sind Musik hören und Fu____ball spielen.

Cornelsen
Autorin: Miriam Wiedner
Illustratorin: Ulrike Selders, Köln

Name:	Klasse:	Datum:

Wörter mit ss und ß im Wechsel

1 **a.** Finde zu dem Nomen das passende Verb in seiner Grundform (Infinitiv).
Schreibe die Wörter auf.

b. Sprich die Wörter deutlich mit.
Hörst du einen langen Vokal oder einen kurzen Vokal?

c. Markiere den langen Vokal mit einem Strich und den kurzen Vokal
mit einem Punkt.

beißen der Guss das Maß gießen der Fluss
der Schluss ~~der Schuss~~ messen fließen ~~schießen~~ der Riss
reißen schließen der Biss

der Schuss – schießen _____

_____

_____

2 Verben können ihre Schreibweise verändern.
Im Kästchen stehen sie in unterschiedlichen Zeitformen.
Trage die Verben jeweils in die richtige Spalte ein.

vergessen ~~wir essen~~ ich begrüßte ich schließe küssen er schloss
gießen ~~sie aß~~ ich vergesse begrüßen schließen er goss
wir küssten ~~essen~~ er vergaß ich gieße sie begrüßt er küsst

Grundform (Infinitiv)	Gegenwart (Präsens)	Vergangenheit (Präteritum)
essen	wir essen	sie aß

Autorin: Miriam Wiedner

Name: _____   Klasse: _____   Datum: _____

Unregelmäßige Verbformen mit ss und ß

Kurzer Vokal: ss – langer Vokal: ß

| genießen – genießt – genoss – genossen |
| (lang)   (lang)   (kurz)   (kurz) |

1 a. Vier Verbreihen sind durcheinandergeraten. Finde die zusammengehörenden Verbformen und trage sie in die Tabelle ein.

b. Markiere die Wörter, in denen auf einen kurzen Vokal **ss** folgt.

Infinitiv	Präsens	Präteritum	Perfekt
schießen	er schießt	sie schoss	er hat geschossen
	sie	er	sie hat
	er	sie	er hat
	sie	er	sie hat

gießen
~~geschossen~~
schloss gegossen
~~schießen~~ gießt
geschlossen
genoss ~~schoss~~
genossen goss
schließt genießt
~~schießt~~ genießen
schließen

2 Ergänze im Text die Verbformen aus dem Kasten.

Peter ___ mit seinem Großvater die Blumen. „Das hat mir immer Spaß

gemacht. Schon als kleiner Junge ließ mich die Arbeit in unserem Schrebergarten

alle Sorgen _____", erzählte der Großvater. „Ich war dafür zuständig,

dass wir an keinem Sommertag _____, die Pflanzen zu _____.

Es gab kein fließendes Wasser und ich _____ Blumen und Gemüse mit dem Wasser

aus der Regentonne. Am Abend wurde das Gartentor zweimal _____.

Das ___ mein Vater nie."

gießt
gießen
abgeschlossen
vergaß
vergessen
vergaßen
goss

3 Bilde mit den Verben aus dem Kasten jeweils einen Satz im Präsens.

_____

_____

essen abschließen
vergessen wissen

4 Ergänze zu jedem Infinitiv die Verbformen in der 3. Person Singular im Präsens, Präteritum und Perfekt.

Infinitiv	Präsens	Präteritum	Perfekt
essen			
lassen			
wissen			

Autorin: Constanze Neubauer

Doppel-Klick 284
⇨ SB, S. 226–255

Name: Klasse: Datum:

Wörter mit Vorsilben

> Verben verbinden sich besonders häufig mit den Vorsilben **ver-**, **be-**, **ent-** und **er-**.
> ver- + laufen = verlaufen   be- + fahren = befahren
> ent- + wässern = entwässern   er- + finden = erfinden

1 Bilde neue Verben mit den Vorsilben **ver-**, **be-**, **ent-** und **er-**.
   Tipp: Es sind mehr als 20 Verben möglich.

| ver-
be-
ent-
er- | + | kommen
decken
raten
hungern
öffnen
täuschen
antworten
zählen
wickeln
suchen | = | *verkommen,* _____ |

Spinnen

„Das errätst du nie, was ich in unserem Keller entdeckt habe. Ein Spinnennetz mit einer Spinne und mindestens 50 Spinnenkindern", erzählte Peter seinem Schulfreund. „Vielleicht beantwortet uns unsere Lehrerin die Frage, wie Spinnenkinder geboren werden. Ich habe versucht, die Antwort im Internet zu bekommen, aber es ist mir nicht gelungen." Klaus entgegnete: „Sei aber nicht
5 enttäuscht, wenn Frau Schneider das auch nicht weiß. Ich glaube, sie hat Angst vor Spinnen."

2 **a.** Markiere im Text alle Verbformen mit den Vorsilben **ver-**, **be-**, **ent-** und **er-**.
   b. Schreibe die Verbformen in dein Heft und ergänze den Infinitiv.

> Aus drei Nomen kann ein neues Nomen entstehen.
> das Dorf + der Gast + der Hof = der Dorfgasthof

3 Bilde vier zusammengesetzte Nomen. Ergänze jeweils den Artikel.
   Tipp: Einmal musst du ein **s** einfügen.

| Leben
Winter
Auto
Kreuz | + | Fahrt
Bahn
Mittel
Sport | + | Wetter
Markt
Polizei
Schiff | = | _____ |

Cornelsen   Autor: August-Bernhard Jacobs

Name: Klasse: Datum:

Wörter mit ie, ih und langem i

Die folgenden Wörter haben alle ein lang gesprochenes *i*.

Zwiebel, liegen, Biene, Ziel, Bier, dir, Ziege, bieten, Wiese, ihm, Brief, die, Dieb, Diener, Dienstag, dieser, fiel, Igel, vier, viel, gib, verschieden, verlieren, Tiger, fließen, Fliege, Frieden, frieren, ihn, trieben, Tier, tief, stießen, stiegen, ziehen, Stiefel, Spiel, Spiegel, spazieren, sieben, genießen, gießen, hielten, hier, hießen, Maschine, sie, schwiegen, schrieben, schrie, schmieren, sieht, schließen, schliefen, wir, schienen, Schiene, geliehen, schief, schieben, rieten, Riese, ihr, riefen, riechen, probieren, geschieht, piepen, Papier, niemand, nieder, nie, liest, fliehen, ließen, Kaninchen, liegen, liefen, Lied, mir, lieb

1 Sortiere die Wörter nach der Schreibweise des **langen i** in die Tabelle.

Wörter mit i ohne e	Wörter mit ie	Wörter mit ih
dir,	*Zwiebel, liegen,*	*ihm,*

2 Was kannst du anhand der Tabelle erkennen? Ergänze die Merksätze.

Sehr häufig wird das **lang gesprochene i** als _____ geschrieben.

Eher selten wird das **lang gesprochene i** als _____ geschrieben.

Nur dreimal wird das **lang gesprochene i** als _____ geschrieben.

Deine Entdeckung ist kein Zufall. Auch wenn du alle Wörter mit lang gesprochenem *i* sortierst, gibt es bei der Verteilung der Wörter kein anderes Ergebnis.

Autor: August-Bernhard Jacobs

Name: Klasse: Datum:

Wörter mit ie, ih und langem i

**Die Wörter, die nur mit einem *i* geschrieben werden, sind Merkwörter.
Häufiges Schreiben hilft dir, sie dir zu merken.**

3 Ordne die Wörter nur mit **i** aus der Tabelle nach dem Abc.

dir, _____

4 Schreibe passende Wörter mit **i** in die Lücken.

Meine Eltern drücken _____ die Daumen. _____ uns bitte den Ball zurück!

Ich schenke _____ ein Buch. Der _____ sprang durch einen brennenden Reifen.

In unserem Garten entdeckte ich einen _____ und ein _____ .

Unsere Spül_____ ist voll. _____ schreiben eine Klassenarbeit.

5 Schreibe die Wörter nur mit **i** auswendig auf.

_____

6 Ergänze die Merksätze.

| _____ _____ wird das **lang gesprochene i** als **ie** geschrieben. |

| Nur dreimal wird das **lang gesprochene i** als _____ geschrieben. |

| _____ _____ wird das **lang gesprochene i** als _____ geschrieben. |

7 Schreibe acht Wörter auf, die nur mit **i** geschrieben werden.

_____

8 Schreibe drei Wörter mit **ih** auf: _____

9 **a.** Vier Wörter sind falsch geschrieben. Streiche sie durch.
b. Schreibe die vier Wörter richtig am Rand auf.

Achtung: Fehler!

Biene, Ziel, dier, Wiese, Brief, die, fiel, vier, viel,
fließen, Fliege, Frieden, gieb, trieben, Tier, tief,
gießen, hier, hießen, Maschiene, schmieren, nie,
schließen, schliefen, mier, schieben, Riese, riechen

_____

_____

_____

_____

Autor: August-Bernhard Jacobs

Name: Klasse: Datum:

Wörter ohne h und mit h

In den meisten Wörtern steht **kein h** nach einem
lang gesprochenen Vokal (a, e, o, u) oder Umlaut (ä, ö, ü).

das T**o**r   die T**ü**r
    ↑   ↑
langer Vokal   langer Umlaut

~~Blume~~, ~~Bär~~, ~~Wert~~, Dame, Gras, Faden, Tür, Wesen, grün, hören, holen, Kröte, (sie) kamen,
Krone, spüren, Monat, nun, Not, Schal, Schnur, schön, dem, Schule, sparen, stören,
(sie) waren, wenig, Herd, spät, schwer, nämlich, Flur, Grab, wem, gut, tun, müde, Jude

---

1   Sortiere die Wörter nach ihrem ersten Vokal oder Umlaut in die Tabelle ein.
     Ergänze bei den Nomen die Artikel.

Wörter mit a/ä	Wörter mit o/ö	Wörter mit u/ü	Wörter mit e
der Bär, _____	_____	*die Blume,* _____	*der Wert,* _____
_____	_____	_____	_____
_____	_____	_____	_____
_____	_____	_____	_____
_____	_____	_____	_____
_____	_____	_____	_____
_____	_____	_____	_____
_____	_____	_____	_____
_____	_____	_____	_____

2   **a.** Lies die Wörter in der Tabelle langsam und deutlich.
       b. Markiere den lang gesprochenen Vokal oder Umlaut.
           Tipp: Es geht immer um den ersten Vokal oder Umlaut in einem Wort.

3   Sortiere die Wörter aus Aufgabe 1 in eine zweite
     Tabelle nach Nomen, Verben und sonstigen Wörtern.
     Ergänze bei allen Nomen die Artikel und den Plural.
     Schreibe in dein Heft.

		Starthilfe
Nomen – mit Plural	**Verben**	**sonstige Wörter**
die Blume – die Blumen …	hören …	grün …

4   Bilde mit den drei Wörtern jeweils einen Satz.
     Schreibe in dein Heft.

(sie) kamen – spät – Schule	Dame – grün – Schal	holen – Blume – Grab

Cornelsen
Autor: August-Bernhard Jacobs
Illustrator: Carsten Märtin, Oldenburg

Name: _____ Klasse: _____ Datum: _____

Wörter ohne h und mit h

Einige **wenige Wörter** werden nach lang gesprochenen Vokalen (a, e, o, u) oder Umlauten (ä, ö, ü) **mit h** geschrieben. Sie behalten das **h in allen Wortformen** der Wortfamilie. Einmal h – immer h!

z**äh**len	bez**ah**len	die Z**ah**l	z**äh**lbar
↑	↑	↑	↑
langer Umlaut	langer Vokal	langer Vokal	langer Umlaut

fahren: befahren – die Fahrt – fahrtüchtig
zählen: bezahlen – die Zahl – zählbar
lehren: belehren – der Lehrer – lehrhaft
wohnen: bewohnen – die Wohnung – wohnlich
fühlen: anfühlen – das Gefühl – fühlbar

5 **a.** Markiere den lang gesprochenen Vokal oder Umlaut und das **h** mit Rot.
b. Sortiere jeweils die drei Wörter aus den Wortreihen in die Tabelle ein.

Verben mit Vorsilben	Nomen mit Artikeln	Adjektive
befahren, _____	*die Fahrt,* _____	*fahrtüchtig,* _____
_____	_____	_____
_____	_____	_____
sonstige Wörter	_____	_____
_____	_____	_____

6 Sortiere auch diese Wörter mit **h** in die Tabelle von Aufgabe 5 ein.

die Bahn   ehrlich   die Gefahr   bestehlen   sehr   berühmt   ohne   anführen
die Uhr   auswählen   beruhigt   der Fehler   kühl   das Jahr   gefährlich

7 **a.** Ergänze passende Wörter aus deiner Tabelle.
b. Markiere den lang gesprochenen Vokal und das **h** mit Rot.

Eine wichtige Überprüfung

Vor jeder längeren _____ mit unserem Auto überprüft mein Vater, ob es auch wirklich

_____ ist. Er sagt: „So habe ich ein gutes _____

und bin _____. Reifen _____ ausreichendes Profil sind zum Beispiel

sehr _____. Denn auf regennasser Fahrbahn wird der Bremsweg länger.

Autor: August-Bernhard Jacobs
Illustrator: Carsten Märtin, Oldenburg

Doppel-Klick   289
⇨ SB, S. 226–255

Name:	Klasse:	Datum:

Wörter ohne h und mit h

8 **a.** Ergänze die Wortreihen mit Wörtern von Seite 2.

b. Markiere das **h** nach dem lang gesprochenen Vokal mit Rot.

fahren – _____ – die Fahrt – fahrtüchtig

_____ – einzahlen – _____ – _____

lehren – _____ – _____ – _____

_____ – bewohnen – _____ – _____

9 Schreibe möglichst viele Wörter aus der Wortfamilie **fahr** in dein Heft.

Tipp: Sortiere die Wörter nach dem Abc.

> Bei ein paar **wenigen Verben** beginnt die **zweite Silbe** mit einem **h**.
> Merke: Auch die meisten **einsilbigen Formen** dieser Verben werden mit **h** geschrieben.
>
> se-**h**en   er sie**h**t
> ↑ ↑   ↑
> 1. 2. Silbe   einsilbig

10 Ergänze einsilbige Verbformen im Präsens. Markiere jedes **h** mit Rot.

blühen – es _____   ziehen – du _____   fliehen – sie _____

gehen – er _____   drehen – er _____   ruhen – sie _____

> **Achtung!**
> Drei Verben
> auf dieser Seite
> haben
> **im Präteritum
> kein h**.
> ich zog,
> du zogst, …
> ich ging,
> du gingst, …
> ich stand,
> du standest, …

11 Ergänze den Infinitiv. Markiere jedes **h** mit Rot.

sie sieht – *sehen*   sie steht – _____   er leiht – _____

er droht – _____   es weht – _____   du mähst – _____

12 Schreibe die beiden Texte in dein Heft ab und ergänze dabei passende Verbformen
aus den Aufgaben 10 und 11 (einsilbige oder zweisilbige Verbformen).
Tipp: Verwende in wörtlicher Rede Präsens und sonst Präteritum.

Ein Streit

„Du ▢ mein gutes Shirt einmal an
und schon ▢ es gammelig aus!
Dir ▢ ich nie wieder etwas!",
▢ Lukas seiner Schwester. „Du
übertreibst doch", entgegnete sie.
Dann ▢ sie sich beleidigt um
und ließ ihren Bruder einfach ▢ .

Der Rasen

Der Vater sagte morgens:
„Draußen ▢ ein heftiger Wind.
Es ▢ wohl ein Gewitter auf.
Den Rasen werde ich heute nicht
▢ können." Die Mutter meinte:
„Vielleicht ist es schnell wieder
trocken und es ▢ am Abend."

> **Starthilfe**
>
> **Ein Streit**
> „Du ziehst
> mein gutes Shirt …

Autor: August-Bernhard Jacobs
Illustrator: Carsten Märtin, Oldenburg

Name:	Klasse:	Datum:

sein – werden

Das Verb sein sagt, wie etwas ist: Lena ist schmutzig.
Das Verb werden sagt, wie etwas wird: Beim Duschen wird Lena sauber.

1 **a.** Sieh dir die Bilder an.
   b. Ergänze die passenden Verbformen.

Ich _____ klein.

Ich _____ groß.

> ich bin – ich werde
> du bist – du wirst
> sie ist – sie wird

Du _____ schwach.

Du _____ stark.

Maria _____ krank.

Sie _____ gesund.

2 Schreibe Sätze wie in Aufgabe 1 auf. Du kannst dazu die Adjektive vom Rand verwenden.

_____

_____

_____

_____

> hungrig – satt
> jung – alt
> langsam – schnell
> laut – leise

3 Ergänze in den Lücken die passende Form von **werden**.

Rocco ist Lehrling. Er _____ Bäcker.

Marina _____ nicht rechtzeitig fertig.

Von der Riesenpizza _____ wir alle satt.

Es ist Herbst. Bald _____ es Winter.

Ich _____ eine bekannte Sängerin.

Die Sommer _____ immer heißer.

Du _____ immer besser.

Wenn ihr trainiert, _____ ihr schneller.

> **werden:**
> ich werde
> du wirst
> er / sie / es wird
> wir werden
> ihr werdet
> sie werden

Cornelsen

Autorin: Silke Quast
Illustratorin: Annette von Bodecker-Büttner, Dresden

Name: Klasse: Datum:

Wörter mit ie: Verben mit -ieren

Eine dumme Idee

Gestern habe ich mit meinem Freund Lasse
telefoniert. Er wollte mir erzählen,
dass ihm etwas Dummes passiert ist.
Seine Lehrerin hatte eine Schnitzeljagd im Wald
5 organisiert. Den Weg zum Ziel hatte sie
mit bunten Schnipseln markiert.
Die meisten Schüler spazierten den Weg
ganz gemütlich entlang.
Lasse aber fuhr mit dem Fahrrad,
10 um schneller zu sein als die anderen.
Plötzlich platzte ein Reifen.
Lasse reparierte das Rad.
Erst probierte er, das Loch zu flicken,
doch dann musste er den Schlauch austauschen.
Das dauerte so lange, dass Lasse
viel später ins Ziel kam als alle anderen.

1 Warum fuhr Lasse bei der Schnitzeljagd mit dem Fahrrad?
Schreibe den Satz ab.

_____

_____

In Verben mit **-ieren** schreibst du das lang gesprochene **i** in allen Verbformen mit **ie**.

2 Im Text findest du Verbformen mit **-ieren**.
  a. Markiere die Verbformen mit **-ieren**.
  b. Schreibe die Verbformen untereinander auf.
  c. Schreibe jeweils den Infinitiv daneben.
  d. Markiere in jedem Verb das i**e**.

telefoniert - telefonieren _____   _____

_____   _____

_____   _____

_____   _____

Cornelsen
Autorin: Julia Beyer
Illustrator: Rüdiger Trebels, Düsseldorf

Name: Klasse: Datum:

Wörter mit ie: Verben mit -ieren

3 Die Infinitive aus Aufgabe 2 passen in die folgenden Sätze.
Ergänze in jedem Satz den passenden Infinitiv.

Josi findet, dass Annas Eis lecker aussieht. Sie möchte es gern ___*probieren*___.

Lilo freut sich auf die Klassenfahrt. Was wird da wohl alles _____?

Aaron hat Sara so viel zu erzählen. Deshalb möchte er mit ihr _____.

Jette hat bald Geburtstag. Ihre Mutter will eine große Party _____.

Konstantin holt die Hundeleine, denn er will mit Momo _____ gehen.

Finns Uhr ist kaputt. Er will seinen Vater fragen, ob er sie _____ kann.

Pia liest einen Text für ihr Referat. Die wichtigen Stellen will sie _____.

4 Hier stehen die Sätze aus Aufgabe 3 noch einmal anders.
Ergänze die Verben in der richtigen Form.

Josi hat Annas Eis ___*probiert*___ und fand es wirklich lecker.

Lilos Klassenfahrt war toll. Sie erzählt ihren Eltern, was alles _____ ist.

Nun hat Aaron schon seit einer Stunde mit Sara _____.

Jettes Mutter hat für die Geburtstagsparty sogar eine Disko _____.

Konstantin ist mit Momo um den See _____.

Endlich ist Finns Uhr wieder heil. Sein Vater hat sie _____.

Pia ist fast fertig. Die wichtigen Stellen für ihr Referat hat sie _____.

5 Wähle vier Wörter aus, die du noch einmal üben möchtest.
Schreibe mit jedem Wort einen Satz auf.

_____

_____

_____

_____

6 **a.** Schreibe den Text „Eine dumme Idee" in dein Heft.
b. Markiere die Verben mit **-ieren**.

Autorin: Julia Beyer

Name: Klasse: Datum:

Wörter mit h

Eine aufregende Zugfahrt

Letztes Jahr bin ich mit der Bahn
zu meinem Freund nach Köln gefahren.
Pünktlich um zehn Uhr fuhr der Zug los.
Während der Fahrt kam der Schaffner
5   und verlangte die Fahrscheine.
Wo hatte ich nur meine Fahrkarte?
Ich war doch nicht ohne sie losgefahren!
Vor Aufregung bekam ich ganz heiße Ohren.
Der Schaffner drohte: „Du bist ein Schwarzfahrer
10   und musst eine Strafe zahlen!"
Endlich fand ich die Karte
in meiner Hosentasche.
Da war ich echt erleichtert!

Nach einem langen Vokal oder einem langen Umlaut steht manchmal ein **h**.
Die Wörter mit **h** musst du dir merken. Es sind Merkwörter.
Das **h** steht in allen Wörtern der Wortfamilie.

bezahlen – die Zahl – er zählt

---

1 Welche Aussage stimmt? Kreuze sie an.

❏ Der Zug fuhr nach Koblenz.
❏ Die Abfahrt verzögerte sich um zehn Minuten.
❏ Der Schaffner wollte die Fahrscheine sehen.
❏ Die Fahrkarte steckte in der Jackentasche.

2 Im Text findest du Wörter aus der Wortfamilie **fahren**.
   a. Markiere die Wörter aus der Wortfamilie **fahren**.
   b. Schreibe die Wörter auf.
   c. Markiere in jedem Wort das **h**.

_____

_____

3 Im Text findest du noch mehr Wörter mit **h**.
   a. Markiere diese Wörter mit h in einer anderen Farbe.
   b. Schreibe die Wörter auf.
   c. Markiere in jedem Wort das **h**.

_____

Cornelsen

Autorin: Julia Beyer
Illustrator: Rüdiger Trebels, Düsseldorf

Name:	Klasse:	Datum:

Wörter mit h

4 Welche Wörter aus den Aufgaben 2 und 3 passen in diese Rätselsätze? Ergänze die Sätze.

1 Zum Hören haben wir an jeder Seite des Kopfes ein _____.

2 Mit dem Zug oder dem Auto machen wir eine _____.

3 Zwölf Monate bilden ein _____.

4 Ein anderes Wort für Zug ist _____.

5 Vor einer Zugfahrt kaufen wir eine _____.

6 Die Zeit erfahren wir durch den Blick auf eine _____.

7 Ein anderes Wort für die Lösung von 5 ist der _____.

8 Einer, der die Lösung von 5 nicht gekauft hat, ist ein _____.

5 Hier kannst du noch mehr Wörter mit **h** üben. Sie gehören zu drei Wortfamilien.
   a. Markiere immer die vier Wörter einer Wortfamilie mit einer Farbe.
   b. Ordne die Wörter in die Tabelle ein.
   c. Markiere in jedem Wort das **h**.

> die Zähne, annehmen, der Bohrer, der Backenzahn, zunehmen, zahnlos, der Bohrturm,
> die Zahnschmerzen, abnehmen, der Holzbohrer, vernehmen, die Bohrmaschine

Wortfamilie Zahn	Wortfamilie nehmen	Wortfamilie bohren
_____	_____	_____
_____	_____	_____
_____	_____	_____
_____	_____	_____

6 Wähle vier Wörter aus, die du noch einmal üben möchtest.
   a. Schreibe die Wörter dreimal.
   b. Sammle die Wörter in deiner Rechtschreibkartei.

_____

_____

7 **a.** Schreibe den Text „Eine aufregende Zugfahrt" in dein Heft.
   b. Markiere die Wörter mit **h**.

Cornelsen

Autorin: Julia Beyer

Name: Klasse: Datum:

Zeichensetzung bei wörtlicher Rede

Marie   **Elias**

1   **a.** Lies das kurze Gespräch von Marie und Elias.
     b. Schreibe das Gespräch auf. Achte auf die Zeichensetzung.

Marie sagt: _____

Elias antwortet: _____

Marie fragt: _____

Elias antwortet: _____

> **!**
> Bei der **wörtlichen Rede** stehen am Anfang und
> am Ende **Anführungszeichen**.
> Beispiel: „Kommst du mit zum Geburtstag von Nina?"
> Der **Begleitsatz** steht oft **vor** der wörtlichen Rede.
> Er endet mit einem **Doppelpunkt**.
> Beispiel: **Marie fragt:** „Kommst du mit zum Geburtstag von Nina?"

Marie und Elias wollen Nina zum Geburtstag ihren Lieblingskuchen schenken.

2 Ergänze in dem Gespräch die fehlenden Zeichen für die wörtliche Rede.

Die Verkäuferin fragt_ _Was darf es sein?_

Marie antwortet_ _Wir hätte gerne zwei Streuselschnecken._

Die Verkäuferin sagt_ _Bitte schön! Das macht 2,20 €!_

Marie und Elias verabschieden sich_ _Vielen Dank! Auf Wiedersehen!_

Cornelsen   Autorin: Miriam Wiedner
                Illustratorin: Ulrike Selders, Köln

Name: Klasse: Datum:

Komma bei Nebensätzen

Merkwissen

Das Komma trennt Hauptsatz und Nebensatz. Nebensätze werden oft mit einer **Konjunktion** eingeleitet.

1 Lies den Text.

Motivation

Schülerinnen und Schüler müssen im Unterricht konzentriert mitarbeiten, weil der Stoff umfangreich und anspruchsvoll ist. Das gelingt jedoch nicht immer. Wenn man eine schlechte Zensur bekommen hat, entsteht schnell ein Gefühl des Versagens. Das Selbstbewusstsein und die Motivation sinken, wenn man Angst vor der nächsten Klassenarbeit hat. Durch einen starken Zusammenhalt in der Klasse und gemeinsames Üben könnt ihr euch gegenseitig motivieren.

2 Im Text stehen drei Nebensätze, die mit einer Konjunktion beginnen.
   a. Kreise die Konjunktion ein und markiere das Komma, das den Nebensatz vom Hauptsatz trennt.
   b. Trage zwei Sätze aus dem Text in das passende Satzbild ein.

Hauptsatz _____

      Nebensatz _____

Nebensatz _____

      Hauptsatz _____

Merkwissen

Nebensätze können **vor (Spitzenstellung)** und **nach dem Hauptsatz (Endstellung)** stehen.

3 **a.** Unterstreiche in den folgenden Sätzen die Nebensätze und markiere das Komma.
   b. Schreibe die Sätze um. Ändere jeweils die Spitzen- bzw. Endstellung des Nebensatzes.
   c. Kreise die Konjunktion am Anfang des Nebensatzes ein und markiere das Komma.

Lara machte vor Freude einen Luftsprung, als sie den Wettkampf gewann.

Weil er seine Hausaufgaben regelmäßig macht, verbessern sich Toms Zensuren.

Sie kann sich besser konzentrieren, wenn sie gefrühstückt hat.

Nachdem die Lehrerin das Thema erklärt hatte, sollten wir eine Grafik zeichnen.

[Als] sie den Wettkampf gewann, _____

_____

_____

_____

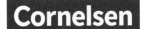

Autorin: Constanze Neubauer

Komma vor dass

> Nach Verben des Sagens, Denkens und Meinens folgen oft **dass**-Sätze.
> Der **dass**-Satz wird durch **Komma** vom Hauptsatz abgetrennt:
> Ich hoffe sehr, **dass** so etwas nicht noch einmal vorkommt.

1 **a.** Kreise **dass** ein und setze das Komma.
    b. Kennzeichne das Komma mit einem Pfeil.
    c. Unterstreiche die dass-Sätze.

Ich freue mich, dass du morgen kommst. Sie glaubt dass sie genug geübt hat.

Ich bin mir sicher dass ich nichts vergessen habe. Enttäuscht sagte er dass man ihn

nicht eingeladen hat. Wir wünschen dir dass du den Wettkampf gewinnst.

Ich habe das Gefühl dass du nicht die Wahrheit gesagt hast.

2 **a.** Ergänze die Satzanfänge mit passenden **dass**-Sätzen.
    b. Markiere das Komma und kreise **dass** ein.

Sie glaubt daran, dass _sie den Wettkampf gewinnen kann._ _____

Ich weiß genau, dass _____

Es tut mir leid, _____

Ich denke, _____

3 **a.** Schreibe mit den Verben vom Rand **dass**-Sätze in dein Heft.
    b. Markiere das Komma mit Blau und kreise **dass** ein.

| sich freuen |
| vermuten |
| leidtun |

Starthilfe

Ich vermute, dass Ina später kommt.

4 Besonders oft kommen **dass**-Sätze in Briefen und auf Postkarten vor.
    a. Schreibe den Text von der Karte in dein Heft.
    b. Unterstreiche die **dass**-Sätze (Nebensätze).
    c. Markiere das Komma und kreise **dass** ein.

Liebe Oma, lieber Opa!

Herzlichen Dank für das tolle Geschenk. Ich habe mich sehr gefreut, dass ihr meinen großen
Wunsch erfüllt habt. Schade, dass ihr beide nicht kommen konntet. Ich denke aber,
dass wir am Wochenende eine Geburtstagsnachfeier machen könnten. Ich verspreche,
dass die Torte besonders groß sein wird. Klar ist, dass ich noch mit Mama und
Papa sprechen muss. Ich denke aber, dass es klappen wird.   Euer Jan

Cornelsen

Autor: August-Bernhard Jacobs
Illustrator: Carsten Märtin, Oldenburg

Name:	Klasse:	Datum:

Kommas in Aufzählungen, Anreden und Nebensätzen

Nomen, Verben und Adjektive kann man aufzählen.
Die Wörter einer **Aufzählung** trennt man durch Kommas
voneinander. Ausnahme: Kein Komma vor **und** oder **oder**:

Ich esse am liebsten Erdbeereis, Schokoladeneis **oder** Nusseis.
Ich schwimme, wandere **und** jogge gerne.
Ich liebe grüne, rote **und** blaue Farben.

1 Markiere die Kommas.

Meine Wünsche

Ich wünsche mir in unserer Stadt ein großes, modernes und billiges Spaßbad.

Ich wünsche mir zum Geburtstag einen Fußball, ein Buch oder eine Hose.

Ich möchte in den Ferien spielen, rennen, klettern und schlafen.

2 **a.** Setze in den Aufzählungen die fehlenden Kommas.
  b. Unterstreiche die Aufzählungen.
  c. Markiere deine Kommas.

Artemis wünscht sich, mit ihren Freundinnen <u>Marie</u>, Sophie
Steffi und Tanja zusammen in die Ferien zu fahren.
José möchte mit seinen Freunden Akim Jakob Lukas
und Paolo zusammen in einer Mannschaft spielen.

3 Ergänze die Sätze durch Aufzählungen.
Du kannst die Nomen, Verben oder Adjektive vom Rand verwenden.
Denke an die Kommas.

Sport	lustig
Musik	interessant
Deutsch	langweilig
Englisch	spannend
Religion	lehrreich
	still

Schulalltag

Heute stehen die Fächer ___*Sport, Musik,*_____

und _____ auf meinem Stundenplan.

bummeln
laufen
rennen
sitzen
essen
trinken

Manchmal ist der Unterricht _____

oder _____.

In den Pausen _____

und _____ wir auf dem Schulhof.

nervös
ängstlich
zappelig

Vor einer Klassenarbeit sind manche Schüler _____

_____ oder _____.

Autor: August-Bernhard Jacobs
Illustrator: Carsten Märtin, Oldenburg

Doppel-Klick 299
⇨ SB, S. 226–255

Name: Klasse: Datum:

Kommas in Aufzählungen, Anreden und Nebensätzen

4 Bilde zwei eigene Sätze mit Aufzählungen: einen Satz mit Nomen und einen Satz mit Verben oder mit Adjektiven.

_____

_____

_____

Anreden und **Ausrufe** werden durch ein **Komma** vom folgenden Satz getrennt.

Leise flüsterte Jan: „**Maria**, ich mag dich."
                        Anrede

Der Junge auf dem Baum rief: „**Hilfe**, ich komme nicht wieder runter!"
                        Ausruf

---

5 a. Setze die fehlenden Kommas nach der Anrede oder dem Ausruf.
  b. Markiere Anrede oder Ausruf mit Blau.

Toll dass du endlich da bist!
Liebe Gäste das Essen ist fertig.
Halt da kommt ein Auto!
Liebe Mutter ich möchte mehr Taschengeld bekommen.
Aua du hast mich verletzt!
Verehrte Besucher hiermit eröffne ich die Ausstellung.

In Texten stehen Anreden und Ausrufe oft in der wörtlichen Rede.

6 a. Markiere das Komma vor oder nach der Anrede mit Rot.
  b. Markiere die Anrede mit Blau.
  c. Markiere das Komma vor dem Redebegleitsatz mit Gelb.

„Fiffi, komm hierher!", rief die Dame. „Aus, Pluto!", rief der Mann.
„Fiffi ist noch sehr jung, Herr Maier", entschuldigte sich die Dame.
„Pluto war am Anfang genauso, Frau Köhler", beruhigte er sie.

7 Ergänze in den folgenden Sätzen Anreden oder Ausrufe. Denke an die Kommas.

„_____ ich freue mich, dass Sie heute Abend hier sind"
begrüßte der Klassenlehrer die anwesenden Mütter und Väter.

„_____ das Wasser ist zu heiß   schrie Lena ihre Schwester an,
die ihr die Haare wusch.

Autor: August-Bernhard Jacobs

Doppel-Klick 300
⇨ SB, S. 226–255

Name: Klasse: Datum:

Kommas in Aufzählungen, Anreden und Nebensätzen

Beginnt ein Satz mit **als**, folgt häufig etwas später ein **Komma**.
Das **Komma** steht **zwischen zwei Verben**.

Als ich dich **sah, freute** ich mich sehr.
              Verb   Verb

---

8 **a.** Kreise in den Sätzen das Wort **als** ein.
     b. Setze das Komma zwischen die Verben.
     c. Markiere die beiden Verben – jedes einzeln.

Als ich an der Ampel stand, wurde ich Zeuge eines Auffahrunfalls.

Als wir uns endlich wiedersahen war die Freude riesig groß.

Als ich den Schulhof betrat klingelte es bereits.

Als er nach Hause kam stand das Essen schon auf dem Tisch.

Beginnt ein Satz mit **weil** oder **wenn**, folgt häufig etwas später ein **Komma**.
Das **Komma** steht **zwischen zwei Verben**.

Weil es schon spät **ist, gehe** ich jetzt nach Hause.
           Verb   Verb

Wenn ich Ferien **habe, schlafe** ich morgens lange.
           Verb   Verb

---

9 **a.** Kreise in den Sätzen die Wörter **weil** oder **wenn** ein.
     b. Setze das Komma zwischen die Verben.
     c. Markiere die beiden Verben – jedes einzeln.

Wenn ich den Bus verpasse komme ich zu spät zur Schule.

Weil er Fieber hat muss er heute das Bett hüten.

Wenn ich Ferien habe schlafe ich morgens länger.

Weil ich dich mag möchte ich dich heute Nachmittag wiedersehen.

10 **a.** Schreibe die Sätze aus Aufgabe 9 in dein Heft. Denke an das Komma.
      b. Kreise die Wörter **weil** oder **wenn** ein.
      c. Markiere die beiden Verben – jedes einzeln.

11 Schreibe selbst jeweils einen Satz mit als, weil und wenn in dein Heft.
      Denke an das Komma zwischen den Verben.

Autor: August-Bernhard Jacobs

Name: Klasse: Datum:

Satzzeichen bei wörtlicher Rede

> Wörtliche Rede markierst du mit „Anführungszeichen".
> Oft steht bei der wörtlichen Rede ein Begleitsatz.
> Achte auf die Satzzeichen.
> Der Begleitsatz steht vorne: *Die Lehrerin mahnt: „Seid bitte pünktlich!"*
> Der Begleitsatz steht hinten: *„Seid bitte pünktlich!", mahnt die Lehrerin.*

**Heute besprechen die Schülerinnen und Schüler der 6 b,
was sie alles auf ihre Klassenfahrt mitnehmen wollen.**

Indra sagt: „Ich nehme auf jeden Fall einen Fotoapparat mit."
Einige Kinder murmeln   Das mache ich auch.
Linus meint   Wir sollten auch an ein paar Spiele denken!
Tanja ruft   Ich packe ein Kartenspiel ein!
Leo fragt   Wer nimmt einen Fußball mit? Kilian meldet sich.
Isa ruft   Vergesst die Badesachen nicht!
Janne fragt   Können wir unser Handy mitnehmen?
Die Lehrerin nickt. Dann mahnt sie   Aber alle Spielkonsolen bleiben zu Hause!

**Satzzeichen
fehlen!**

1 Im Text sprechen die Schülerinnen und Schüler und die Lehrerin.
     a. Markiere die wörtlichen Reden.
     b. Setze die fehlenden Satzzeichen.

Nun sprechen die Kinder noch über die Hinfahrt.

„Wir treffen uns um acht Uhr am Bahnhof", sagt die Lehrerin.
Denkt alle an euer Gepäck   erinnert sie die Kinder.
Wo müssen wir umsteigen   fragt Esther.
In Hamburg steigen wir in einen anderen Zug
antwortet die Lehrerin.
Wie viel Zeit haben wir dort für das Umsteigen
will Nika wissen. Wir haben eine halbe Stunde Aufenthalt
beruhigt die Lehrerin sie. Und wie lange
wird die ganze Fahrt dauern   , fragt Simon.
Wir fahren insgesamt acht Stunden
sagt die Lehrerin.

**Satzzeichen
fehlen!**

2 a. Markiere in dem Text die wörtlichen Reden.
     b. Ergänze bei Fragesätzen und Aufforderungssätzen ? oder !.
     c. Setze bei den wörtlichen Reden die Anführungszeichen
        und die Kommas.

3 Schreibe nun den ganzen Text in dein Heft.

Cornelsen   Autorin: Julia Beyer

Name: Klasse: Datum:

Das Komma bei dass-Sätzen

Am Abend vor der Klassenfahrt schreibt Mia in ihr Tagebuch:

Ich denke, dass wir auf Sylt eine tolle Zeit
haben werden. Mit meinen Freundinnen
werde ich mich auf jeden Fall
gut verstehen.

5 Hoffentlich liegt die Jugendherberge
direkt am Meer. Dann erlaubt die Lehrerin
bestimmt dass wir morgens baden gehen.
Sie hat gesagt dass wir viele Ausflüge
unternehmen werden. Sicher machen wir

10 auch eine Fahrt mit dem Schiff.
Ich wünsche mir dass die Zeit bis zur Abfahrt
recht schnell vergeht.
Ich befürchte nur dass die Klassenfahrt
viel zu schnell vorübergeht.

> **Kommas
> fehlen!**

Nach den Verben **sagen, denken, erlauben, wünschen** und **befürchten**
folgen oft **dass**-Sätze.
Der **dass**-Satz wird durch Komma vom Hauptsatz abgetrennt.
Das gebeugte Verb steht am Ende des **dass**-Satzes.

Ich denke, **dass** es eine tolle Fahrt wird.

---

1 Mia macht sich viele Gedanken über die bevorstehende Klassenfahrt.
   a. Markiere in jedem Satz das Wort **dass**.
   b. Setze die fehlenden Kommas.

2 Schreibe den Text in dein Heft.

3 Sicher machst du auch irgendwann eine Klassenfahrt.
   Wie denkst du darüber?
   Schreibe **dass**-Sätze auf.
   Tipp: Du kannst die Ideen vom Rand verwenden.

> wandern gehen
> eine Disko veranstalten
> gutes Wetter haben
> selbst kochen

Ich denke _____

Ich meine _____

Ich hoffe _____

Ich befürchte _____

Cornelsen

Autorin: Julia Beyer
Illustrator: Rüdiger Trebels, Düsseldorf

Name: Klasse: Datum:

Komma bei weil, als, wenn

**Kommas
fehlen!**

Auf nach Sylt!

Die Klasse 6 b will mit dem Zug nach Sylt fahren.
Pünktlich um acht Uhr treffen sich die Schülerinnen und
Schüler am Bahnhof. Alle sind aufgeregt.
Weil Timos Jacke noch im Auto liegt,
5 geht seine Mutter noch einmal zurück.
Als die Lehrerin ankommt jubeln die Kinder.
Wenn alle Kinder da sind können sie endlich einsteigen.
Weil Pauline ihre Freundin Selina vermisst geht sie
zur Lehrerin. Als die Lehrerin das erfährt wird sie
10 unruhig.
Wenn Selina zu spät kommt verpassen sie alle noch
den Zug! In letzter Minute kommt Selina doch noch
angesaust.
Nun kann es losgehen!

1 Was passiert, wenn Selina zu spät kommt? Schreibe die Antwort auf.

_____

Beginnt ein Satz mit **weil**, **als** oder **wenn**, folgt etwas später ein Komma.
Das Komma steht zwischen zwei Verben.

Weil er zu spät **kommt, müssen** alle warten.
Als sie **kommt, freuen** sich alle.
Wenn Selina **fehlt, fahren** sie nicht los.

2 **a.** Markiere im Text die Wörter **weil**, **als** und **wenn**.
   b. Setze die fehlenden Kommas.

3 Schreibe den Text „Auf nach Sylt!" mit allen Kommas in dein Heft.

4 Wie geht die Fahrt der 6 b wohl weiter?
   Schreibe jeweils einen Satz mit **weil**, **als** und **wenn** am Satzanfang auf.
   Tipp: Du kannst dazu die Wörter vom Rand verwenden.

_____

_____

_____

_____

der Anschlusszug
die Brötchen
die Sonne
auf Sylt
die Verspätung
der Zug

ankommen
kaufen
scheinen

Cornelsen

Autorin: Julia Beyer
Illustrator: Rüdiger Trebels, Düsseldorf

Name: | Klasse: | Datum:

Probearbeit: Rechtschreibstrategien anwenden

Mit Hilfe des Textes kannst du überprüfen, welche Rechtschreibstrategien du schon anwendest und welche du noch üben musst.

1 Welches Zeichen gehört zu welcher Rechtschreibstrategie?
Trage das jeweilige Zeichen in den Kreis ein.

/4 P.

Gliedern in Sprechsilben ◯ Wörter verlängern ◯

Wörter ableiten ◯ Mit Wortbausteinen üben ◯

2 In diesem Text gibt es 16 Fehler.
Streiche die Fehlerwörter durch und schreibe das richtige Wort auf die Zeile.
Welche Strategie hilft dir jeweils, die richtige Schreibung zu finden?
Notiere das richtige Zeichen neben das richtig geschriebene Wort.

/16 P.

Wale

_____

Die Wale lepten vor mehr als 60 Millionen Jaren noch nicht im Wasser.

_____

Sie waren Landtiere und haten Beine und ein dichtes Fell. Nach und nach bilteten sich

_____

die Beine zurück. Sie wurden zu Flossen und Schwanzflossen. Im Ineren ihres Körpers

_____

haben die Wale noch heute Reste von Oberschenkelknochen. Auch das Fell ferschwand.

_____

Gegen die Kelte sind die Wale heute durch eine isolierende Fettschicht gschützt.

_____

Manche Walkelber kommen behart zur Welt. Sie verlieren ihr Fell erst nach Wochen.

_____

Walweibchen bekommen alle zwei Jahre ein Kalp, selten zwei.

_____

Ihre Schwangerschaftszeit dauert 10 bis 16 Monate. Die Kälber werden lebent geboren.

_____

Denn Wale gehören zu den Seugetieren. Wale leben in allen Meeren: in der Nordsee,

_____

Ostsee und im Mittelmeer. Es gipt sogar einige Arten, die in großen Flüssen

_____

forkommen. Also in sehr vielen Gewessern.

Autorin: Silke Müller

Doppel-Klick 305

Rechtschreiben

Name: Klasse: Datum:

Probearbeit: Die Großschreibung von Nomen

Mit Hilfe des Textes kannst du überprüfen, wie gut du die Großschreibung von Nomen schon beherrschst.

Tipp 1: Prüfe, ob mit dem Wort Lebewesen, Gegenstände oder Dinge bezeichnet werden.

Tipp 2: Prüfe, ob das Wort einen bestimmten oder unbestimmten Artikel bei sich hat.

Tipp 3: Prüfe, ob vor dem Wort ein Adjektiv steht.

Tipp 4: Prüfe, ob vor dem Wort ein Pronomen steht.

Tipp 5: Prüfe, ob das Wort die Nachsilbe **-ung**, **-heit**, **-keit**, **-schaft**, **-nis** oder **-tum** hat.

Tipp 6: Prüfe, ob vor dem Wort eine Präposition steht (z. B. im Nest).

Tipp 7: Prüfe, ob vor dem Wort ein Zahlwort steht (z. B. etwas Besonderes, viele Pausen).

3   **a.**   Achtung Fehler! Markiere die 23 Nomen im Text und in der Überschrift.   ☐ /23 P.

Zur Verständigung und Orientierung von Walen

Im wasser können sich Wale schon bei wenigen metern Abstand nicht mehr sehen.

Trotzdem können sie sich untereinander verständigen.

Sprechen können wale nicht. Sie verständigen sich durch ihren gesang.

Dazu benutzen sie hohe töne.

Große tümmler pfeifen schon in ihren ersten lebensmonaten ihren kennruf.

Die ganze gruppe hat dann eine ahnung davon, wo der einzelne sich befindet.

Wenn ein hungriges walrudel einen fischschwarm einkreist, quietschen sie sich untereinander klare kommandos zu.

Viele zahnwale benutzen ein Echolotsystem zur ortung ihrer beute.

   b.   Übertrage die Tabelle in dein Heft. Lass jeweils genügend Platz für Zeilen. Schreibe alle Nomen mit dem passenden bestimmten Artikel im Singular auf.   ☐ /23 P.

   c.   Welcher Tipp hat dir geholfen, das Nomen zu erkennen? Schreibe ihn auf. **Achtung:** Manchmal treffen auch mehrere Tipps auf ein Nomen zu.   ☐ /32 P.

Nomen im Text	Tipps zum Erkennen von Nomen

Gesamt: ☐ /98 P.

Autorin: Silke Müller

Name: Klasse: Datum:

Probearbeit: Rechtschreibstrategien anwenden
Die Großschreibung von Nomen

Diagnose und Auswertung

Aufgabe	Teilkompetenzen	Lösungen/Erwartungen	Diagnose
1	Rechtschreibstrategien Gliedern in Sprechsilben, Verlängern, Ableiten, Wortbausteine und das Zeichen dafür kennen	Die Schülerinnen und Schüler tragen die Zeichen für die Rechtschreibstrategien ein: ⌣ – ⌣ – ⚡ – ▦	Teilkompetenz erreicht ☐ teilweise erreicht ☐ nicht erreicht ☐
2	Rechtschreibstrategien folgerichtig anwenden	Die Schülerinnen und Schüler streichen die falschen Wörter durch und schreiben das richtige Wort auf. Sie notieren das entsprechende Zeichen der Rechtschreibstrategie neben das richtig geschriebene Wort. lebten ⌣ – Jahren ⌣ – hatten ⌣ – bildeten ⌣ – Inneren ⌣ – verschwand ▦ – Kälte ⚡ – geschützt ▦ – Walkälber ⚡ – behaart ▦ – Kalb ⌣ – lebend ⌣ – Säugetiere ⚡ – gibt ⌣ – vorkommen ▦ – Gewässern ⚡	Teilkompetenz erreicht ☐ teilweise erreicht ☐ nicht erreicht ☐
3	Nomen erkennen und großschreiben; Groß- und Kleinschreibung beherrschen	Die Schülerinnen und Schüler markieren alle Nomen im Text. Anschließend ordnen sie die Nomen tabellarisch. **Zur Verständigung und Orientierung von Walen** Im Wasser können sich Wale schon bei wenigen Metern Abstand nicht mehr sehen. Trotzdem können sie sich untereinander verständigen. Sprechen können Wale nicht. Sie verständigen sich durch ihren Gesang. Dazu benutzen sie hohe Töne. Große Tümmler pfeifen schon in ihren ersten Lebensmonaten ihren Kennruf. Die ganze Gruppe hat dann eine Ahnung davon, wo der Einzelne sich befindet. Wenn ein hungriges Walrudel einen Fischschwarm einkreist, quietschen sie sich untereinander klare Kommandos zu. Viele Zahnwale benutzen ein Echolotsystem zur Ortung ihrer Beute.	Teilkompetenz erreicht ☐ teilweise erreicht ☐ nicht erreicht ☐

Grammatik: Sprache und Stil (Schülerbuch S. 256–257)

Kompetenzen

- Sprachvarianten und Sprachebenen erkennen und richtig verwenden
- Dialekte untersuchen
- Artikel in verschiedenen Sprachen untersuchen
- Sprichwörter verstehen

Zentrale Inhalte

- Sprachstil
- Sprachebene (Standardsprache, Jugendsprache, Fachsprache, Dialekt)
- Sprichwörter

Ziele und Kompetenzen im Einzelnen

- Situation und passende Sprache erkennen und verwenden
- Wörter in verschiedenen Dialekten kennen
- Zusammenhänge zwischen Sprachen erkennen (der Artikel)
- Sprichwörter als sprachliche Bilder erkennen und ihre Bedeutung verstehen
- Unterbegriffe Oberbegriffen zuordnen
- Zu Begriffen schreiben

Lesen / Umgang mit Texten	Sprechen	Schreiben / Grammatik	Methoden und Arbeitstechniken
• einen Text lesen und aus dem Dialekt ins Hochdeutsche übersetzen	• sich mündlich über Situationen und den „richtigen Ton" austauschen	• Sprechblasen den Sprachebenen zuordnen • eine Tabelle zum Thema Sprachebenen anlegen • eine Tabelle zum Thema Artikel in verschiedenen Sprachen ergänzen • Sprichwörter mit treffenden Wörtern ergänzen	• im Internet recherchieren • eine Umfrage durchführen • eine Szene einüben und vorführen • spannend erzählen

Grammatik: Wortarten verwenden (Schülerbuch S. 262–279)

Materialien im Überblick

Arbeitstechniken	Schülerbuch	Servicepaket	Arbeitsheft
Wortarten wiederholen			
Nomen, Verben und Adjektive wiederholen	S. 263–364	Arbeitsblatt 151: Mit Adjektiven beschreiben und vergleichen / Arbeitsblatt 152: Zusammengesetzte Nomen / Arbeitsblatt 154: Adjektive mit -ig und mit -lich / Arbeitsblatt 159: Nomen, Pronomen, Adjektive und Verben wiederholen / Arbeitsblatt 158: Mit Adjektiven vergleichen / Arbeitsblatt 160: Adjektive verwenden (DaZ)	S. 66: Die Wortarten wiederholen / S. 67: Wortart: Nomen / S. 70: Nomen im Plural (DaZ)
Nomen in vier Fällen verwenden	S. 265–266		S. 68–69: Wortart: Nomen
Wortart: Verben			
Trennbare Verben im Präsens	S. 267		S. 81: Trennbare Verben (DaZ)
Das Perfekt wiederholen	S. 268	Arbeitsblatt 162: Verben im Perfekt	S. 75: Wortart: Verben / S. 82: Unregelmäßige Verben (DaZ)
Das Präteritum wiederholen	S. 269	Arbeitsblatt 155: Verben im Präteritum / Arbeitsblatt 156: Einen Unfallbericht im Präteritum schreiben / Arbeitsblatt 161: Verben im Präteritum und Präsens (DaZ)	S. 76: Wortart: Verben / S. 82: Unregelmäßige Verben (DaZ)
Das Plusquamperfekt	S. 270	Arbeitsblatt 157: Verben im Plusquamperfekt	S. 77: Wortart: Verben
Das Futur	S. 271	Arbeitsblatt 141: sein – werden (DaZ)	S. 78: Wortart: Verben
Das Passiv verwenden	S. 272–273		S. 79–80: Wortart: Verben

Arbeitstechniken	Schülerbuch	Servicepaket	Arbeitsheft
Wortart: Adjektive	S. 274–275	⚙ Arbeitsblatt 151: Mit Adjektiven beschreiben und vergleichen ⚙ Arbeitsblatt 153: Adjektive mit -ig und mit -lich Arbeitsblatt 160: Adjektive verwenden (DaZ)	⊙ ◉ S. 71–72: Wortart: Adjektive S. 73: Adjektive und ihre Endungen (DaZ)
Wortart: Präpositionen	S. 276–277	Arbeitsblatt 153: Präpositionen verwenden	⊙ ◉ S. 84–85: Wortart: Präpositionen
Teste dich! Wortarten verwenden	S. 278–279	⚙ Lernbegleitbogen (CD-ROM)	S. 74: Teste dich! Nomen und Adjektive verwenden S. 83: Teste dich! Die Zeitformen der Verben anwenden
Probearbeit		Probearbeit 7: Wortarten verwenden Probearbeit 7: Diagnose und Auswertung	

Grammatik: Wortart: Wortarten wiederholen (Schülerbuch S. 263–266)

Kompetenzen

- Wortarten benennen und ihren Funktionen und Formen entsprechend verwenden
- Morphologische Gesetzmäßigkeiten berücksichtigen

Zentrale Inhalte

- Nomen
- Verben
- Adjektive
- Flexionsformen von Nomen

Ziele und Kompetenzen im Einzelnen

- Wortarten (Nomen, Adjektive, Verben) bestimmen und verwenden
- Zusammengesetzte Nomen bilden und mit dem richtigen Artikel aufschreiben
- Nomen in den vier Fällen kennen und verwenden

Lesen / Umgang mit Texten	Sprechen	Schreiben / Grammatik
• eine Geschichte lesen und Nomen in vier Fällen erkennen und bilden	• mündlich über ein Sportfest erzählen	• Wortarten (Nomen, Adjektive, Verben) bestimmen und verwenden • Zusammengesetzte Nomen (Komposita) bilden und mit dem richtigen Artikel aufschreiben • Nomen in den vier Fällen kennen und verwenden

Grammatik: Wortart: Verben (Schülerbuch S. 267–273)

Kompetenzen

- Wortarten benennen und ihren Funktionen und Formen entsprechend verwenden
- Morphologische Gesetzmäßigkeiten berücksichtigen

Zentrale Inhalte

- Tempusformen der Verben
- Trennbare Verben
- Das Passiv verwenden

Ziele und Kompetenzen im Einzelnen

- Trennbare Verben erkennen und verwenden
- Das Perfekt und das Präteritum wiederholen
- Das Plusquamperfekt mit hatten und war bilden
- Das Futur mit werden bilden
- Das Passiv verwenden

Lesen / Umgang mit Texten	Sprechen	Schreiben
• mündlicher, bildlicher und schriftlicher Bericht vom Sportfest / Unfall beim Sportfest	• mündlich beschreiben • mündlich von einem Ereignis erzählen	• zu Sprechblasen, Bildern schreiben • einen Bericht fortsetzen • eine Bastelanleitung im Passiv aufschreiben

Grammatik: Wortart: Adjektive (Schülerbuch S. 274–275)

Kompetenzen

- Wortarten benennen und ihren Funktionen und Formen entsprechend verwenden
- Morphologische Gesetzmäßigkeiten berücksichtigen

Zentrale Inhalte

- Deklination der Adjektive
- Gegenstandsbeschreibung

Ziele und Kompetenzen im Einzelnen

- Adjektive mit Sätzen verwenden
- Mit Adjektiven Gegenstände treffend beschreiben

Sprechen	Schreiben	Grammatik / Sprechbewusstsein entwickeln
• Gegenstände mit Adjektiven beschreiben	• Gegenstände mit Adjektiven beschreiben und vergleichen • einen Text mit flektierten Adjektiven vervollständigen	• Adjektive verwenden

Grammatik: Wortart: Präpositionen (Schülerbuch S. 276–277)

Kompetenzen

- Wortarten benennen und ihren Funktionen und Formen entsprechend verwenden
- Morphologische Gesetzmäßigkeiten berücksichtigen

Zentrale Inhalte

- Präpositionen mit Dativ und Akkusativ
- Umgang mit Satzschalttafeln
- Einsicht in die grundlegenden sprachlichen Strukturen

Ziele und Kompetenzen im Einzelnen

- Eine Satzschalttafel nutzen
- Präpositionen verwenden
- Präpositionen mit Dativ (wo?) und Akkusativ (wohin?) unterscheiden

Schreiben	Grammatik / Sprachbewusstsein entwickeln
• Sätze mit der Satzschalttafel aufschreiben	• Präpositionen mit Dativ und Akkusativ verwenden

Teste dich! Wortarten verwenden (Schülerbuch S. 278–279)

Kompetenzen

- Wortarten benennen und ihren Funktionen und Formen entsprechend verwenden
- Morphologische Gesetzmäßigkeiten berücksichtigen

Zentrale Inhalte

- Nomen in vier Fällen
- Tempusformen der Verben
- Sätze ins Passiv setzen
- Gegenstandsbeschreibung mit Adjektiven
- Verben mit fester Präposition richtig verwenden

Ziele und Kompetenzen im Einzelnen

- Nomen in vier Fällen verwenden
- Verben in unterschiedliche Zeitformen setzen (Futur, Präteritum, Plusquamperfekt)
- Sätze ins Passiv setzen
- Gegenstände durch Adjektive treffend beschreiben
- Präpositionen in einen Text treffend einfügen
- Die Ergebnisse mit der Lehrkraft besprechen

Sprechen	Schreiben	Grammatik / Sprachbewusstsein entwickeln
• die Ergebnisse mit der Lehrkraft besprechen	• Sätze mit den Nomen im richtigen Fall aufschreiben • Sätze in unterschiedlichen Zeitformen aufschreiben • Sätze im Passiv aufschreiben • Sätze mit Präpositionen ergänzen	• Nomen deklinieren • Verben konjugieren und in unterschiedliche Zeitformen setzen • Adjektive verwenden • Präpositionen verwenden

Grammatik: Satzglieder verwenden (Schülerbuch S. 280–285)

Materialien im Überblick

Arbeitstechniken	Schülerbuch	Servicepaket	Arbeitsheft
Subjekt, Prädikat und Objekt wiederholen	S. 281–282	Arbeitsblatt 163: Das Subjekt und das Prädikat Arbeitsblatt 165: Das Akkusativobjekt Arbeitsblatt 166: Satzglieder bestimmen Arbeitsblatt 167: Subjekt und Prädikat Arbeitsblatt 168: Akkusativobjekt und Dativobjekt erfragen Arbeitsblatt 170: Die Satzglieder bestimmen (DaZ) Arbeitsblatt 171: Subjekt und Prädikat (DaZ)	S. 86: Subjekt, Prädikat und Objekt wiederholen
Die adverbialen Bestimmungen	S. 283	Arbeitsblatt 169: Adverbiale Bestimmungen von Ort und Zeit Arbeitsblatt 172: Adverbiale Bestimmungen des Ortes und der Zeit (DaZ)	S. 87: Die adverbialen Bestimmungen
Mit Satzgliedern üben	S. 284	Arbeitsblatt 164: Satzglieder verwenden	S. 88: Satzglieder umstellen S. 89: Satzglieder ersetzen, erweitern und weglassen
Teste dich! Satzglieder verwenden	S. 285	Arbeitsblatt 166: Satzglieder bestimmen Lernbegleitbogen (CD-ROM)	S. 90: Teste dich! Satzglieder verwenden
Probearbeit		Probearbeit 8: Satzglieder verwenden Probearbeit 8: Diagnose und Auswertung	

Grammatik: Sätze untersuchen (Schülerbuch S. 286–293)

Materialien im Überblick

Arbeitstechniken	Schülerbuch	Servicepaket	Arbeitsheft
Die Satzarten und die Satzzeichen	S. 286		
Satzreihen und Satzgefüge	S. 287–288	Arbeitsblatt 173: Satzgefüge: Hauptsatz und Nebensatz Arbeitsblatt 176: Satzgefüge und Satzreihen Arbeitsblatt 177: Hauptsätze und Nebensätze verbinden (DaZ)	S. 91: Hauptsätze verknüpfen S. 92–94: Hauptsätze und Nebensätze verknüpfen
Nebensätze mit weil, da, wenn	S. 289	Arbeitsblatt 174: Sätze mit Konjunktionen verbinden Arbeitsblatt 175: Mit Konjunktionen weil, da und denn Begründungen einleiten Arbeitsblatt 179: Nebensätze mit als und nachdem (DaZ)	S. 91–92: Hauptsätze und Nebensätze verknüpfen
Nebensätze mit dass	S. 290	Arbeitsblatt 178: Nebensätze mit dass (DaZ)	S. 93: Hauptsätze und Nebensätze verknüpfen
Nebensätze mit das	S. 291		S. 94: Hauptsätze und Nebensätze verknüpfen
Teste dich! Sätze untersuchen	S. 292–293	Lernbegleitbogen (CD-ROM)	S. 95: Teste dich! Sätze verknüpfen
Probearbeit		Probearbeit 8: Satzglieder verwenden Probearbeit 8: Diagnose und Auswertung	

Grammatik: Satzglieder verwenden (Schülerbuch S. 280–285)

Kompetenzen

- Satzglieder untersuchen
- Umstell-, Ersatz-, Ergänzungs- und Weglassprobe anwenden

Zentrale Inhalte

- Subjekt, Prädikat, Dativ- und Akkusativobjekt als Bausteine des Satzes
- Adverbiale Bestimmungen der Zeit und des Ortes
- Einsicht in die sprachlichen Strukturen

Ziele und Kompetenzen im Einzelnen

- Satzglieder erkennen und umstellen
- Die Umstell-, Ersatz-, Weglass- und Ergänzungsprobe anwenden
- Den Sinn von Sätzen erklären
- Nach dem Subjekt und dem Prädikat fragen
- Nach dem Dativ- und dem Akkusativobjekt fragen
- Nach der adverbialen Bestimmung der Zeit und des Ortes fragen
- Die Felder eines Satzes bestimmen

Sprechen und Schreiben	Grammatik / Sprachbewusstsein entwickeln
- den Sinn von Sätzen erklären - mit Satzgliedern spielen - Fragen und Antworten aufschreiben	- Satzglieder erkennen - Satzglieder umstellen - nach Subjekt, Prädikat, Objekten und adverbialen Bestimmungen fragen

Cornelsen

Grammatik: Sätze untersuchen (Schülerbuch S. 286–293)

Kompetenzen

- Satzgefüge und Satzreihen bilden
- Sätze untersuchen

Zentrale Inhalte

- Hauptsätze und Nebensätze verknüpfen
- Kausale Satzgefüge
- Satzgefüge und Satzreihen

Ziele und Kompetenzen im Einzelnen

- Hauptsätze und Nebensätze durch Konjunktionen verknüpfen
- Kausale Satzgefüge mit Konjunktionen verwenden
- Mit Satzgefügen und Satzreihen Aussagen verknüpfen
- Satzgefüge und Satzreihen unterscheiden

Sprechen	Schreiben	Grammatik / Sprachbewusstsein entwickeln
• Absichten von Satzarten erklären	• Satzzeichen richtig anwenden • Absichten von Satzarten erklären	• unterschiedliche Satzarten zielgerichtet verwenden

Cornelsen

Name: Klasse: Datum:

Mit Adjektiven beschreiben und vergleichen

> **Adjektive** sagen, **wie etwas ist**: hoch, tief, schön …
> Mit ihnen kannst du **Personen, Gegenstände und Orte**
> genauer beschreiben.
> Beispiel: Lukas hat eine schöne Tasche.

 1 Wie ist etwas oder jemand?
Ergänze das passende Adjektiv.

Im Tierpark lebt der _____ Elefant.

Zu dem Wettkampf fährt die _____ Marie.

sportlich
groß

> Mit **Adjektiven** kannst du **Gegensätze** ausdrücken.
> Beispiel: hoch – tief

 2 2 Adjektive gehören immer zusammen. Sie beschreiben einen Gegensatz.
a. Verbinde die jeweiligen Gegensätze.
 b. Schreibe sie in dein Heft.

leicht	kalt	schwach	schwer	stark	alt	lang	teuer
heiß	eng	weit	kurz	schön	billig	hässlich	jung

> **Mit Adjektiven kannst du auch vergleichen.**
> Beispiel: Dein Fahrrad ist **schön**. Mein Fahrrad ist **schöner** als deins.
> Aber das Fahrrad von meiner Schwester ist **am schönsten**.

 3 Ergänze die Adjektive.

alt	*älter*	
jung		*am jüngsten*
warm		
tief		

Cornelsen

Autorin: Miriam Wiedner

Name: Klasse: Datum:

Zusammengesetzte Nomen

Am Nachmittag

1 Katja schaut auf ihren Plan. Morgen hat sie Deutsch.

2 Sie muss noch die Hausaufgabe im Buch machen.

3 Auch die Sporttasche darf sie nicht vergessen.

4 Für die Wandzeitung braucht Katja noch Bilder.

5 Aber zuerst holt Katja das Geschenkpapier.

6 Sie packt das Armband für ihre Freundin Anna ein.

7 Anna wird morgen zwölf Jahre alt.

Im Text findest du 5 zusammengesetzte Nomen.

 1 Markiere die zusammengesetzten Nomen.

 2 a. Schreibe die zusammengesetzten Nomen mit Artikeln auf.
b. Markiere den Artikel vom zusammengesetzten Nomen
und den Artikel vom 2. Nomen.

die Hausaufgabe = das Haus + die Aufgabe _____

_____

_____

_____

 3 Ergänze den Satz.

Zusammengesetzte Nomen haben immer

den Artikel (Begleiter) vom _____ Nomen.

Cornelsen Autorin: Marion Böhme
Illustrator: Kirsten Reinhold, Köln

Name: Klasse: Datum:

Zusammengesetzte Nomen

Anna wird 12 Jahre alt

1 Anna hat heute Geburtstag.
2 Die Klasse singt
3 das Lieblingslied „Happy Birthday".
4 Der Kuchen, die Kerze und
5 der Glücksklee sind für Anna.
6 Die Überraschungsfeier ist sehr schön.
7 Das neue Lebensjahr beginnt.
8 Anna freut sich riesig.

Im Text findest du 5 zusammengesetzte Nomen.

 4   Markiere die zusammengesetzten Nomen.

**Bei einigen zusammengesetzten Nomen
steht ein _s_ zwischen den Nomen: _der Glücksklee_.**

 5   **a.** Schreibe die zusammengesetzten Nomen mit Artikeln auf.
     b. Markiere das **s**.

der Geburtstag, _____

_____

6   Bilde zusammengesetzte Nomen.
     Denke an das **s**!

der Liebling + das Essen =   _das Lieblingsessen_ _____

das Glück + der Käfer =   _____

der Eintritt + die Karte =   _____

das Gespräch + die Regel =   _____

der Unterricht + die Stunde =   _____

die Arbeit + das Heft =   _____

Cornelsen
Autorin: Marion Böhme
Illustrator: Kirsten Reinhold, Köln

Name: Klasse: Datum:

Präpositionen verwenden

Bauer Ewald hat große Sorgen: Ein Fuchs jagt sein bestes Huhn.

1 Wohin hüpft / rennt / flieht das Huhn?

a. Schreibe Sätze zu den Bildern auf.
b. Schreibe noch 4 eigene Sätze auf.

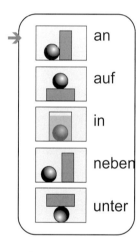

Das Huhn Es	hüpft	neben auf	den Misthaufen. den Zaun. …
	rennt	an unter	die Mauer. einen Busch. …
	flieht	in hinter	einen Baum. die Hundehütte. …

_____

_____

_____

_____

_____

_____

_____

Illustrator: Heribert Braun, Berlin

Cornelsen

Name: | Klasse: | Datum:

Präpositionen verwenden

**Bauer Ewald ist glücklich: Der Fuchs hat das Huhn nicht gefangen.
Das Huhn hat sich nämlich gut versteckt.**

 2 Wo sitzt / hockt / ist das Huhn?

    a. Zeichne Verstecke.
    b. Schreibe unter jedes Bild,
        wo das Huhn sitzt / hockt / ist.

→ in dem Stall,
hinter der Kuh,
auf der Leiter,
unter dem Eimer, …

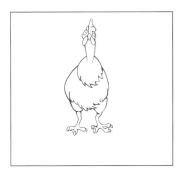      

_____   _____   _____

_____   _____   _____

3 Schreibe Sätze auf. Verwende deine Ergebnisse aus Aufgabe 2.

_____

_____

_____

_____

_____

_____

Cornelsen

Illustrator: Heribert Braun, Berlin

Doppel-Klick 322
⇨ SB, S. 256–293

Name:	Klasse:	Datum:

Adjektive mit -ig und mit -lich

Conny und Tina sehen viele Menschen an einer Kreuzung.

Unfallgefahr

1 Conny: „Schau mal, wie neugierig die Menschen herumstehen!"

2 Tina: „Das sieht verdächtig nach einem Unfall aus. Lass uns hingehen."

3 Conny: „Du hast es aber eilig!"

4 Tina: „Die Kreuzung ist sehr gefährlich! Die Fußgänger kann man erst sehen,

5   wenn sie auf der Straße sind."

6 Conny: „Ja, hier passieren fast täglich Unfälle. Hier muss endlich eine Ampel hin!"

1 Warum ist die Kreuzung gefährlich? Schreibe einen Satz.

_____

_____

2 Im Text findest du 3 Adjektive mit **-ig** und 3 Adjektive mit **-lich**.

a. Markiere die Adjektive.

b. Schreibe die Adjektive auf.

-ig	_____
-lich	_____

Mit *-ig* und mit *-lich* können wir aus Nomen Adjektive bilden:
der Wind → windig, das Fest → festlich. Adjektive werden kleingeschrieben.

3 Im Text findest du 3 Adjektive mit **-ig** und 3 Adjektive mit **-lich**.

-ig	die Neugier → _____	das Fett → _____
	der Mut → _____	der Zorn → _____
-lich	der Sport → _____	der Mensch → _____
	die Schrift → _____	der Feind → _____

Autorin: Martina König

Name:	Klasse:	Datum:

Adjektive mit -ig und mit -lich

**Wenn wir aus Nomen Adjektive mit *-ig* und *-lich* bilden,
fällt manchmal das *e* vom Nomen weg: die Liebe̸ → lieblich.**

 4 Bilde Adjektive mit **-ig** und **-lich**. Streiche das **e** im Nomen durch.

-ig	die Ruhe̸	→	*ruhig*	die Eile	→	_____
	die Sonne	→	_____	der Riese	→	_____

-lich	die Farbe	→	_____	die Sache	→	_____
	der Friede	→	_____	die Geschichte	→	_____

**Mit *-ig* und mit *-lich* können wir aus Nomen Adjektive bilden:
Dabei verändert sich manchmal der Vokal:
die Last → lästig, der Tag → täglich, das Rot → rötlich.**

 5 **a.** Bilde Adjektive mit **-ig** und **-lich**. Kontrolliere mit der Wörterliste.
b. Markiere alle **ä**, **ü** und **ö**.

-ig	der Zufall	→	*zufällig*	die Vernunft	→	_____
	die Macht	→	_____	die Kraft	→	_____

-lich	die Natur	→	_____	das Wort	→	_____
	die Gefahr	→	_____	das Jahr	→	_____

Bei diesen Sätzen sind die Adjektive vertauscht.

1 Das ist eine neugierige Entscheidung. _____

2 Unsere schriftliche Nachbarin beobachtet alles genau. _____

3 Die sonnige Aufgabe ist sehr schwer. _____

4 Der gefährliche Tag im Park ist sehr schön. _____

5 Die vernünftige Kreuzung führt zu vielen Unfällen. _____

> Achtung:
> Fehler!

 6 **a.** Welches Adjektiv passt? Setze die Adjektive richtig ein:
Streiche die Adjektive durch. Schreibe die passenden Adjektive daneben.
b. Schreibe die verbesserten Sätze in dein Heft.

7 **a.** Wähle 6 Adjektive aus den Aufgaben 3, 4 und 5 aus.
b. Bilde mit jedem Adjektiv einen Satz. Schreibe in dein Heft.

Cornelsen

Autorin: Martina König

Name:	Klasse:	Datum:

Verben im Präteritum

Astrid Lindgren – Erfinderin von „Pippi Langstrumpf"

Die Schriftstellerin Astrid Lindgren <u>erzählte</u> ihre berühmten Geschichten zuerst ihren eigenen Kindern. Erst später <u>schrieb</u> sie die Geschichten auf und <u>schickte</u> sie an verschiedene Kinderbuchverlage. Der erste Verlag <u>fand</u> ihre Erzählungen für Kinder ungeeignet. Aber nachdem ein anderer Verlag ihre Bücher gedruckt hatte, <u>lasen</u> Kinder auf der ganzen Welt „Pippi Langstrumpf".

1 Im Text sind die Verben im Präteritum unterstrichen.
   a. Schreibe die Infinitive in die erste Zeile der Tabelle.
   b. Ergänze die Präteritumformen.

Verben im Präteritum

	erzählen				
ich					
du					
er/sie/es	*erzählte*	*schrieb*	*schickte*	*fand*	
wir					
ihr					
sie					*lasen*

2 **a.** Schreibe fünf Sätze im Präteritum auf.
      Du kannst die Verben aus der Tabelle verwenden.
   b. Markiere die Präteritumformen.

Ich <mark>*schrieb*</mark> *meinem Freund einen langen Brief.* _____

_____

_____

_____

Autorin: Gesine Jordan

Name: Klasse: Datum:

Einen Unfallbericht im Präteritum schreiben

Merkwissen

Wenn man **schriftlich** über etwas berichtet, was schon vergangen ist, verwendet man das **Präteritum**.

Lennart nahm mit seiner Klasse 6c in der Zeit vom 14. bis zum 18.6.2016 am Projekt „Schüler wohnen im Museum" teil. Es fand im Freilichtmuseum in Waldheim statt. Dort geschah ein Unfall mit Sachschaden.

1 Mit der Zeitform Präteritum wird über das, was geschah, berichtet.
  a. Lies die Sätze.
  b. Unterstreiche die Präteritumformen.

Das geschah:

Beim Holzsammeln <u>kletterte</u> Lennart auf einen Handwagen voller trockener Äste und Zweige und hüpfte darauf herum. Dadurch ging die Hinterachse des Wagens kaputt.

Lennart passierte nichts. Er informierte seine Lehrerin.

Die Lehrerin teilt Lennart mit, dass die Haftpflichtversicherung seiner Eltern den Sachschaden bezahlen wird.
Dazu benötigt die Versicherung genaue Informationen über den Unfallhergang.
Die Lehrerin bittet Lennart, einen Bericht für die Versicherung zu schreiben.

2 Ein Bericht wird zu einem bestimmten Zweck geschrieben. Beantworte die Fragen.
  Setze dazu die passenden Wörter und Wortgruppen am Rand in die Lückensätze ein.
  – Wer schreibt den Bericht?
  – Für wen wird der Bericht geschrieben?
  – Zu welchem Zweck wird er geschrieben?

_____ schreibt den Bericht.

Der Bericht wird für _____

geschrieben.

Der Bericht soll _____

_____ ,

damit die Versicherung _____

_____ .

die Haftpflichtversicherung
Lennart
den Sachschaden bezahlt
über den Unfallhergang informieren

Autorin: Iris Böger

Name: Klasse: Datum:

Einen Unfallbericht im Präteritum schreiben

3 Lennart nutzt ein Merkblatt mit W-Fragen.
Er notiert zunächst die wichtigsten Informationen in Stichworten.
  a. Lies seine Stichworte A bis E.
  b. Ordne die Buchstaben der Stichworte der passenden W-Frage zu.

A	Boris, Lorena und ich	D	Hinterachse des Handwagens gebrochen
B	am 16. Juni 2016 vormittags	E	im Wald auf dem Gelände des Freilichtmuseums in Waldheim
C	nicht verletzt		

Wann?	Was?	Wer?	Wo?	Welche Folgen?

4 Beantworte Lennarts letzte W-Frage: **Wie geschah es?**
Nummeriere seine Stichworte in der richtigen Reihenfolge.

	trockene Zweige und Äste für die Museumsküche gesammelt		auf den Wagen gestiegen
	auf der Ladung herumgesprungen, damit noch mehr Holz hineinpasste		das Holz auf einen Handwagen des Museums geladen

5 Lennart schreibt nun den Bericht. Es fehlen aber noch die Präteritumformen.
Ergänze in folgendem Lückentext die richtigen Präteritumformen.

Am 16. Juni 2016 _____ (sammeln) ich mit Boris und Lorena vormittags im Wald

auf dem Gelände des Freilichtmuseums in Waldheim trockene Äste und Zweige

für die Museumsküche.

Wir _____ (laden) das Holz auf einen Handwagen des Museums,

der durch das sperrige Holz schnell voll _____ (sein).

Ich _____ (steigen) auf den Wagen

und _____ (herumspringen) auf der Ladung _____,

damit noch mehr Holz hineinpasste.

Dabei _____ (zerbrechen) dann aber die Hinterachse des Wagens und

er _____ (lassen) sich nicht mehr schieben.

Ich _____ (bleiben) unverletzt.

Autorin: Iris Böger

Doppel-Klick   327
⇨ SB, S. 256–293

Verben im Plusquamperfekt

Merkwissen
Wenn man **schriftlich** über etwas **berichtet, was schon vergangen ist**, verwendet man das **Präteritum**: finden – er fand, träumen – er träumte. Das **Plusquamperfekt** verwendet man, wenn man ausdrücken will, dass etwas vor einem schon **zurückliegenden Ereignis** geschah (Bedeutung: **noch davor**). Die Verben bilden das Plusquamperfekt mit den Vergangenheitsformen von **haben** und **sein**: Er **hatte** geplant. Sie **waren** gestürzt.

In deinem Schülerbuch erfährst du auf der Seite 271, dass ein Team das Sportfest schon lange vorher *geplant* und *vorbereitet hatte*. Darum *klappte* auch alles sehr gut.

1 Lies den Text, der über das Sportfest berichtet.

Viele Zuschauer <u>kamen</u> zum Sportfest. Marie, Finja, Emre und Julian hatten Plakate und Flyer und einen Text für die Homepage der Schule erstellt. Ein Erfolg war auch der Auftritt der Hip-Hop-Gruppe. Das Team hatte lange vorher mit der Gruppe gesprochen. Gemeinsam mit der Rektorin hatten sie den Auftritt als Überraschung geplant. Bei den Wettkämpfen bereiteten kleine Verletzungen keine Probleme, denn viele Schulsanitäter standen bereit. Das Team hatte mit ihnen im Vorfeld gesprochen und die Sanitäter hatten ihre Erste-Hilfe-Koffer aufgefüllt.

2 **a.** Lies das Merkwissen zum Präteritum.
　　 b. Finde im Text die Präteritumformen und unterstreiche sie.
　　 c. Lies das Merkwissen zum Plusquamperfekt.
　　 d. Finde im Text die Plusquamperfektformen und markiere sie.

3 **a.** Was klappte zum Sportfest? Ergänze die Präteritumform der Verben.
　　 b. Was hatte das Team vorher gemacht? Ergänze die Plusquamperfektformen der Verben.

a. Was klappte zum Sportfest?	b. Was hatte das Team im Vorfeld gemacht?
Zum Sportfest (erscheinen) _____ viele Zuschauer,	denn das Team (anfertigen) _____*hatte*_____ im Vorfeld Plakate, Flyer, … _____.
Auf dem Sportplatz (sein) _____ viele Schulsanitäter,	denn das Team (ansprechen) _____ alle im Vorfeld _____.

4 Was hatte das Team vor Beginn des Sportfestes gemacht? Formuliere mit Hilfe der Wortgruppen am Rand Begründungen im Plusquamperfekt.

Für die Sportler gab es Obst, denn das Team _____

_____. Alle Sportgeräte lagen bereit, denn sie _____

_____. Die Reporterin fand sich gut zurecht,

denn das Team _____.

es morgens einkaufen
dem Hausmeister helfen
ihr vorher einen Ablaufplan übergeben

Name: Klasse: Datum:

Mit Adjektiven vergleichen

Merkwissen

Will man beschreiben, wie sich Personen/Sachen unterscheiden, kann man **gesteigerte Adjektive** verwenden:

Grundform	Komparativ (1. Steigerungsstufe)	Superlativ (2. Steigerungsstufe)
(so) **groß** (wie)	**größer** (als)	am **größten**

In deinem Schülerbuch erfährst du auf Seite 274, dass Julian nach dem Sportfest seine Sporttasche vermisst. Er geht zum Hausmeister. Dort gibt es Fundsachen.

1   **a.** Lies die Liste der Fundsachen.
     b. Markiere die Adjektive, die Eigenschaften der Fundsachen benennen.
     c. Verbinde die Fundsachen mit gegensätzlichen Eigenschaften.

kleine Plastikdose	neue Sporttasche	breiter Haarreifen	langes Schlüsselband

schmaler Haarreifen	kurzes Schlüsselband	große Plastikdose	alte Sporttasche

2   **a.** Lies die Sätze.
     b. Markiere die Grundformen der Adjektive.
     c. Ergänze gesteigerte Adjektive vom Rand.

älter
kürzer
schmaler
~~kleiner~~

Meine rote Tasche ist nicht so groß wie diese, sondern _____*kleiner*_____.

Sie ist nicht mehr so neu wie diese Tasche, sondern schon etwas _____.

Meine Tasche ist auch nicht so breit wie diese, sondern viel _____.

Sie hat auch einen Trageriemen, aber er ist nicht so lang wie dieser, sondern _____.

3 Vergleiche die Leistungen der Sportler. Ergänze in den Sätzen die gesteigerten Adjektive.

hoch: Lea springt ____*höher*____ als Samira, aber Zoe springt ____*am höchsten*____.

schnell: Lennart läuft _____ als Arthur, aber Alex läuft _____.

weit: Ben springt _____ als Elmo, aber Ole springt _____.

4   **a.** Streiche das Adjektiv in der Grundform durch.
     b. Schreibe das Adjektiv in der 2. Steigerungsform vom Rand auf.

Urkunde für das ~~gute~~ ____*beste*____ Tor,

Urkunde für den alten _____ Fan,

Urkunde für den jungen _____ Sportler,

Urkunde für das schöne _____ Plakat

jünger – (am) jüngsten
älter – (am) ältesten
besser – (am) ~~besten~~
schöner – (am) schönsten

Autorin: Iris Böger

Name: Klasse: Datum:

Nomen, Pronomen, Adjektive und Verben wiederholen

An dem folgenden Text zu der Erzählung „Der Boxer" kannst du einige Wortarten wiederholen, die du bereits kennst.

Alfredo Schulze hatte gerade zu <u>Mittag</u> gegessen.

Mit einem heißen <u>Kaffee</u> <u>saß</u> er noch an seinem <u>Tisch</u>.

Er dachte an den hartnäckigen Jungen Harry, der seit Monaten

in den Boxklub zum täglichen Training kam.

Im Sommer hatte Alfredo die boxverrückten Jungen

auf dem Nordmarkplatz mit ihrem improvisierten Boxring entdeckt.

Der beste Boxer wurde Sharkie genannt. Harry war eindeutig

der schlechteste Boxer der Gruppe gewesen. „Viel zu steif!",

hatte Alfredo immer gedacht. „Das wird nichts." Jetzt war sich Alfredo

nicht mehr sicher, ob dieser Sharkie überhaupt noch Chancen

gegen Harry hätte. Mit seiner schnellen Geraden[1] war Harry

inzwischen ein unangenehmer Gegner. Und Harry hatte jetzt

eine solide Beinarbeit, obwohl er trotzdem steif wirkte. Erstaunlich an Harry war,

wie viele harte Schläge er einstecken konnte, ohne aufzugeben.

1   **a.** Unterstreiche die **Nomen im Text.** Unterstreiche keine Eigennamen.
     b. Zeichne eine Tabelle auf ein extra Blatt. Schreibe die unterstrichenen Nomen
        mit Artikel in die richtige Spalte der Tabelle.

2   **a.** Markiere im Text die **Personalpronomen.**
     b. Umkreise die **Possessivpronomen.**

Starthilfe	
Nomen im Singular	**Nomen im Plural**
der Mittag	die Monate
…	…

3   Schreibe passende **Adjektive** aus dem Text vor die Nomen.

ein   *heißer*   Kaffee   der _____ Junge

ein _____ Gegner   die _____ Schläge

4   Im Text kommen die folgenden Verbformen vor.
     a. Unterstreiche sie im Text mit einer Schlangenlinie.
     b. Schreibe die passenden Präsensformen auf die Linien.
        Tipp: Bei einigen Verben ändert sich der Wortstamm.

(er) saß –   *er sitzt*

(er) dachte – _____

(er) kam – _____

(er) wirkte – _____

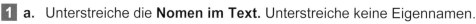

[1] die Gerade: kurz für: der gerade Schlag, ein bestimmter Boxschlag

Cornelsen

Autorin: Martina Schulz-Hamann
Illustratorin: Dorina Tessmann

Name: Klasse: Datum:

Adjektive verwenden

> **Merkwissen**
>
> **Adjektive** (Eigenschaftswörter) werden **kleingeschrieben**. Mit **Adjektiven** kann man beschreiben, wie Personen, Lebewesen, Gegenstände, aber auch z. B. Gefühle sind.

1 Welche Adjektive aus der Randspalte passen zu den Nomen?
Schreibe hinter jedes Nomen mehrere passende Adjektive.

> ~~teuer~~, altmodisch, bunt, unbeweglich, lebendig, vergnügt, neu, ~~lautlos~~, stabil, zart, kostbar, aufgeregt, wissbegierig, merkwürdig, anmutig, schlicht, schnell, wendig, wacklig, winzig, weiß, ruhig, schwerelos, klug

das Segelflugzeug: *teuer, lautlos,* _____

_____

der Schmetterling: _____

_____

der Drachen: _____

die Astronautin: _____

2 In Wortgruppen stehen Adjektive häufig vor einem Nomen.
   a. Bilde mit den Nomen und Adjektiven aus Aufgabe 1 Wortgruppen.
      Schreibe zu jedem Nomen zwei Wortgruppen auf.
   b. Markiere die Endungen der Adjektive farbig.

das teure Segelflugzeug, _____

_____

_____

> **Endungen** der Adjektive **im Nominativ:**
> der bunte …, das bunte …, die bunte …

3 Schreibe zu den Nomen im Akkusativ passende Adjektive auf die Linien.

Er sieht das _____ Segelflugzeug am Himmel fliegen.

Sie staunt über den _____ Schmetterling.

Er lässt den _____ Drachen steigen.

Sie zeigten die _____ Astronautin im Fernsehen.

> **Endungen** der Adjektive im **Akkusativ:**
> der bunten …, das bunte …, die bunte …

Name:	Klasse:	Datum:

Verben im Präteritum und Präsens

Du liest eine griechische Sage. Sie wird im Präteritum erzählt.
Dann schreibst du eine Inhaltsangabe im Präsens.

1 Lies die Sage und sieh dir die Bilder an.

Gustav Schwab
Dädalus und Ikarus

Der griechische König Minos hielt den großen Baumeister und Architekten Dädalus und
seinen Sohn Ikarus auf der Insel Kreta gefangen. Es gab keine Möglichkeit für Vater
und Sohn, mit dem Schiff von der Insel zu fliehen.
Dädalus aber kannte einen Ausweg, der Rettung versprach. „Mag König Minos uns
5 auch den Wasserweg versperren", rief er, „so bleibt die freie Himmelsluft!
Dort werde ich unseren Weg finden! Soll Minos auf dem Land seine Macht ausüben,
in der Luft ist er kein Herrscher!"
Dädalus nahm Vogelfedern, legte sie der Größe nach in eine genaue
Reihenfolge, sodass man glauben konnte, sie seien in dieser Anordnung
10 natürlich gewachsen. Er verband die Federn in der Mitte mit Fäden und
fügte sie an den Kielen* mit Wachs zusammen. Dann bog er sie
leicht zurück, dass sie ganz die Form von Flügeln annahmen.
Sein Sohn Ikarus war dabei und beobachtete, wie die Flügel unter
den geschickten Händen des Vaters entstanden.

* der Kiel

15 Bald war das Wunderwerk der Flügel perfekt. Dädalus band sich selbst
die Flügel an und hob ab in die Luft. Zur Erde zurückgekehrt, schnürte er
dem Sohn das andere Flügelpaar an die Schultern. Dann ermahnte er ihn:
„Ikarus, halte dich immer in der Mitte, ich bitte dich! Wenn du zu tief fliegst,
so werden die Meereswellen dir die Flügel nass und schwer machen und dich
20 hinabziehen. Fliegst du aber zu hoch hinauf, dann kommst du der Sonne
zu nah, deine Federn fangen Feuer und das Wachs schmilzt, mit dem
die Federn verbunden sind. Fliege also in der Mitte zwischen Wellen und Sonne,
folge mir nur immer nach."
Der Vater überprüfte noch einmal die beiden Flügelpaare, umarmte
25 seinen Sohn und dann erhoben sich beide in die Luft. Der Vater flog
voran, immer voll Sorge, ob alles gut gehen würde.
„Folge mir nur nach!", rief er zurück zu Ikarus.
Sorgfältig und deutlich bewegte Dädalus seine
Schwingen, um den Sohn die schwere Kunst
30 des Fliegens zu lehren. Doch der Vater
beruhigte sich schnell, als er sah, wie sicher
der Junge seinen Anweisungen folgte.

Cornelsen

Autor: Werner Bentin
Illustrator: Carsten Märtin, Oldenburg

Name:	Klasse:	Datum:

Verben im Präteritum und Präsens

Dädalus und Ikarus (Fortsetzung)

In schnellem Flug überquerten sie das Meer. Schon lagen
die ersten Inseln vor der Küste Griechenlands hinter ihnen
35 und sie näherten sich dem Festland, als der junge Ikarus
übermütig wurde. Der glückliche Verlauf seines ersten
Fluges ließ ihn so sehr auf seine eigene Kraft vertrauen,
dass er immer höher flog. Voll Angst wollte Dädalus
seinen Sohn zurückrufen, aber es war schon zu spät.
40 Kaum war der Junge der Sonne näher gekommen,
da schmolz das Wachs, das die Federn zusammenhielt.
Ehe Ikarus es gewahr wurde[*], hatten sich die Federn
voneinander gelöst und flatterten durch die Luft davon.
Nur noch einen Augenblick konnte sich der Junge in der Luft halten,
45 dann griffen seine Arme ins Leere – sie fanden keinen Halt mehr
und haltlos stürzte Ikarus in die Tiefe. So schnell war das Unglück
gekommen, dass er nicht einmal mehr Zeit fand, einen Schrei auszustoßen.
Als Dädalus nach hinten sah, konnte er zu seinem Entsetzen
nichts mehr von seinem Sohn erblicken. Das Meer hatte Ikarus
50 schon verschlungen. „Ikarus! Ikarus!", schrie der unglückliche Vater
in seiner Verzweiflung. „Wo nur, wo soll ich dich suchen?" Da endlich,
als er in die Tiefe schaute, erkannte er einige Federn, die einsam auf
dem Wasser trieben. Das Herz voll Trauer, flog Dädalus an Land.
Er legte die Flügel ab und irrte am Ufer der kleinen Insel umher, bis die Wellen
55 den toten Ikarus an den Strand spülten. Dort begrub der Vater den geliebten Sohn.
Der Insel aber gab er den Namen Ikaria.

2 Worum geht es in der Sage?
Beantworte die folgenden Fragen.
Markiere die Stellen im Text.
  – Warum wollten Dädalus und Ikarus fliehen?
  – Was baute Dädalus für die Flucht?
  – Was schärfte er seinem Sohn Ikarus ein?
  – Was tat Ikarus dennoch?
  – Weshalb hielt sich Ikarus nicht
    an die Anweisungen?
  – Wie endete der Fluchtversuch?

3 Unterstreiche in den markierten Textstellen die Verben.

4 Formuliere die Antworten zu Aufgabe 2 in eigenen Worten.
Verwende das Präsens. Schreibe in dein Heft.

---

[*] gewahr werden: bemerken, begreifen

Autor: Werner Bentin
Illustrator: Carsten Märtin, Oldenburg; Illustrator Karte: Volkhard Binder, Berlin

Doppel-Klick 333
⇨ SB, S. 256–293

| Name: | Klasse: | Datum: |

Verben im Präsens

In einer Inhaltsangabe verwendest du Verben im Präsens.
Hier findest du die Inhaltsangabe der Sage „Dädalus und Ikarus" von Gustav Schwab.

Merkwissen

Mit **Verben** im **Präsens** drückt man aus, was jemand gerade tut oder was in der Gegenwart geschieht.
Bei vielen Verben bleibt im Präsens der Wortstamm gleich. Es verändert sich nur die Endung.

| 1. Person Singular: **-e** | 2. Person Singular: **-st** | 3. Person Singular: **-t** |
| ich erzähle | du erzählst | er, sie, es erzählt |

| 1. Person Plural: **-en** | 2. Person Plural: **-t** | 3. Person Plural: **-en** |
| wir erzählen | ihr erzählt | sie erzählen |

---

5 Setze die Verben aus der Randspalte an den passenden Stellen ein.
Achte auf die richtigen Verbformen.

Dädalus und Ikarus

Dädalus und sein Sohn Ikarus werden auf der Insel Kreta
von König Minos gefangen gehalten. Über das Meer können sie
nicht fliehen, doch Dädalus entwickelt einen genialen Plan.

Aus Vogelfedern, Fäden und Wachs ____*bastelt*____ er Flügel, mit denen er

und sein Sohn über das Meer zum Festland fliegen _____. Bevor

es losgeht, _____ Dädalus seinen Sohn, auf keinen Fall den

Wellen des Meeres zu nahe zu kommen. Die Flieger dürfen aber auch nicht

5 zu nahe an die Sonne kommen, weil sonst das Wachs schmelzen würde, das

die Federn _____. Vor dem Start lehrt Dädalus seinen Sohn

die Kunst des Fliegens und Ikarus _____ sehr schnell. Die beiden

machen sich auf den Weg und sie _____ tatsächlich gut.

Sie nähern sich schon dem Festland, als Ikarus übermütig wird und

10 immer höher _____. Dädalus will seinen Sohn zurückrufen, doch

es ist schon zu spät. Das Wachs _____ unter den heißen

Sonnenstrahlen und die Flügel lösen sich auf. Ikarus _____ ins Meer.

Der entsetzte Dädalus _____ seinen Sohn. Er _____ ihn nicht

mehr und _____ auch nicht, wo er ihn suchen soll. Er _____ auf

15 der nächsten Insel und irrt umher, bis die Wellen den toten Sohn an Land _____.

Dädalus _____ den geliebten Sohn und _____ der Insel den Namen Ikaria.

basteln – bastelt
begraben – begräbt
wollen
lernen – lernt
geben – gibt
fliegen – fliegt
landen – landet
rufen – ruft
ermahnen – ermahnt
schmelzen – schmilzt
sehen – sieht
steigen – steigt
spülen
stürzen – stürzt
wissen – weiß
zusammenhalten – zusammenhält

Name: Klasse: Datum:

Verben im Perfekt

Merkwissen

Wenn man etwas mündlich erzählt, was schon vergangen ist, dann verwendet man meist das **Perfekt**. Verben bilden das **Perfekt** mit **haben** oder mit **sein**.

Jeimy denkt viel an Jasper. Die beiden haben gemeinsam einen Nachmittag verbracht. Jeimy erzählt am nächsten Tag ihrer Schwester Fabia davon.

1 In den Sätzen fehlen die Verben. Trage die richtigen Perfektformen ein.
Tipp: In der Randspalte findest du passende Verben.
Die gestrichelte Linie zeigt dir, dass du eine Form von **sein** verwenden musst.

Gestern ___*hat*___ Jasper mich ___*angerufen*___ .

Wir ___*sind*___ in die Eisdiele ___*gegangen*___ .

Eine Stunde später _____ wir

_____ .

Wir _____ uns die Schaufenster

_____ .

haben:	sein:
ich habe	ich bin
du hast	du bist
er/sie/es hat	er/sie/es ist
wir haben	wir sind
ihr habt	ihr seid
sie haben	sie sind

Auf der Brücke _____ wir _____

_____ . Jasper _____ mir

ein Flugzeug _____ .

Plötzlich _____ Jasper mich in den Arm

_____ . Ich _____ ihm lange

ganz ruhig in die Augen _____ .

gezeigt
~~angerufen~~
stehen geblieben
geschaut
~~gegangen~~
spazieren gegangen
angesehen
genommen
gewusst
gebummelt

Später _____ wir Hand in Hand zu Stanislava

_____ . Du _____ bestimmt nichts

von der Sache _____ , oder?

Cornelsen Autor: Werner Bentin
Illustrator: Rüdiger Trebels, Düsseldorf

| Name: | Klasse: | Datum: |

Verben im Perfekt

Jasper ist überglücklich: Ganz aufgeregt ruft er seinen besten Freund Sandro an.

2 a. Ergänze die passenden Verbformen im Perfekt.
b. Kreise die Verbformen im Perfekt mit Bleistift ein.

Hallo, Sandro? Hier ist Jasper, hör zu, ich muss dir von Jeimy erzählen.

Ich _____ _bin_ _____ gerade _zurückgekommen_ . (zurückkommen)

Es war toll, einfach toll!

Ich _____ Jeimy um 4 Uhr _____. (abholen)

Wir _____ dann mit der Bahn in die Stadt _____. (fahren)

Ich _____ sie zum Eisessen ins Valentino _____. (einladen)

Hinterher _____ wir über

die Severinsbrücke _____. (zurücklaufen)

Und, _____ du sie _____? (küssen)

Stell dir vor, ich _____ sie

in den Arm _____. (nehmen)

Und morgen treffen wir uns nach der Schule.

3 Schreibe die Verbformen im Perfekt für alle Personen auf.

zurücklaufen		
ich	_bin_	_zurückgelaufen_
_du_		
er, sie, es		
wir		
ihr		
sie		

küssen		
ich	_habe_	_geküsst_
_du_		

Name: Klasse: Datum:

Das Subjekt und das Prädikat

Die Schule plant ein Schulfest.
Eine Gruppe aus der Computer-AG schreibt und gestaltet die Einladung.

1 Carlos erstellt eine Liste mit den Veranstaltungen.

2 Tessa schreibt den Text.

3 Sina sucht ein Foto von der Schule.

4 Emre zeichnet eine Figur.

5 Mustafa holt Papier für den Drucker.

1 Die Jugendlichen besprechen, **wer** die einzelnen Aufgaben übernimmt.

    a. Schreibe die Fragen und Antworten auf.
    b. Markiere Wer? und die Antwort.

Wer erstellt eine Liste?   Carlos

_____   _____

_____   _____

_____   _____

_____   _____

2 Die Lehrerin fragt, **was** die einzelnen Jugendlichen tun.

    a. Schreibe die Fragen und Antworten auf.
    b. Markiere Was tut? und die Antwort.

Was tut Carlos?   Carlos erstellt eine Liste.

_____   _____

_____   _____

_____   _____

_____   _____

Name: Klasse: Datum:

Satzglieder verwenden

Die Antwort auf die Frage **Wer?** nennen wir Subjekt.
Die Antwort auf die Frage **Was tut?** nennen wir Prädikat.
Das Subjekt und das Prädikat sind Satzglieder.

Ein hektischer Morgen

1 Lea verschläft. Die Mutter ruft. Lea springt aus dem Bett.

2 Sie rennt zum Badezimmer. Lea wäscht ihr Gesicht und kämmt

3 die Haare. Lea läuft in ihr Zimmer. Die Mutter bringt ihr

4 einen Rock. Dann holt die Mutter ein T-Shirt aus dem Schrank.

5 Lea packt ihre Schultasche. Der Vater sucht das Sportzeug.

6 Er streicht auch die Brote. Der Bruder fährt Lea zur Schule.

 1 Wer macht was an diesem Morgen?

    a. Beantworte die Fragen.

    b. Markiere **Wer?** und die Antwort (Subjekt).

    c. Markiere **Was tut?** und die Antwort (Prädikat).

    Wer? verschläft? _____

    Was tut? die Mutter? _____

    _____

    Wer packt die Schultasche? _____

    Was tut der Vater? _____

    _____

    Wer fährt Lea zur Schule? _____

 2   **a.** Stelle selbst Fragen mit **Wer?** oder **Was tut?**.
      b. Schreibe kurze Fragen und die Antworten auf.

    _____

    _____

Cornelsen
Autorin: Martina König
Illustrator: Oleg Assadulin

Name: Klasse: Datum:

Das Akkusativobjekt

> Die Antwort auf die Frage Wen oder was? nennen wir **Akkusativobjekt**.

Lea kommt spät in der Schule an und rennt in die Klasse.
Dort ist heute alles anders, denn die Jugendlichen räumen die Klasse auf.

1 Lies den Lückentext.
Ergänze dabei im Kopf passende Akkusativobjekte.
Tipps: • Stelle Fragen: **Wen** sucht Lilli? **Was** repariert Daniel …
        • Manchmal gibt es mehrere Möglichkeiten.

Lilli sucht _____ ,

um nach einer Leiter zu fragen.

Daniel repariert _____ .

➜ die Fensterbänke
das Altpapier
das alte Regal
die Lehrerin
Lea
den Hausmeister

Er bittet _____ um Hilfe.

Karim und Carlos wischen _____ ab.

Ahmed bringt _____ weg.

Thea fragt _____ nach neuen Büchern.

2 Was machen die Jugendlichen in der Klasse noch?
  a. Schreibe Sätze auf.
  b. Markiere das Subjekt , das Prädikat und
    das Akkusativobjekt .

   Sie ordnen die Bücher . _____

➜ ~~die Bücher ordnen~~
die Blumen gießen
die Tafel putzen
die Schulleiterin
nach neuen
  Tischen fragen
bunte Kreide holen
Namensschilder
  schreiben

_____

_____

_____

_____

Cornelsen   Autorin: Martina König

Name: _____ Klasse: _____ Datum: _____

Die Satzglieder bestimmen

1 a. Trenne die Satzglieder durch senkrechte Striche voneinander ab.
 b. Stelle den Satz zweimal um.

Meine Freundin Yousra | streichelt | den kleinen Hund.

Aussagesatz: _____

Fragesatz: _____

2 Kennzeichne in jedem Satz das Subjekt mit einem Dach.

> Wer oder was?
> → Subjekt

Meine Geschwister nerven mich oft. Aber Monopoly spielen wir

gern zusammen.

Wenn mein Bruder gewinnt, spendiert er uns Süßigkeiten.

3 Kreise in jedem Satz das Prädikat ein.

> Was tut/tun?
> → Prädikat

Yousra und Kati spielen im Hof Federball. Als der Ball

zum dritten Mal in der Tanne landet, geben sie auf.

4 a. Umrahme die Akkusativobjekte und Dativobjekte.
 b. Markiere die Dativobjekte zusätzlich farbig.

> Wen oder was?
> → Akkusativobjekt
> Wem?
> → Dativobjekt

Tante Irene besucht einmal im Jahr ihre Nichten und Neffen.

Sie bringt den Kindern meist die erstaunlichsten Geschenke mit.

Deshalb erwarten Kevin und Bea die Tante schon ungeduldig.

Dieses Mal schenkt sie Kevin eine echt aussehende Gummischlange.

Damit wird er seinem Freund demnächst einen gehörigen Schrecken einjagen.

5 Unterkringele die adverbialen Bestimmungen der Zeit und
des Ortes.

> Wann? Wie lange?
> → Bestimmung der Zeit
> Wo? Wohin?
> → Bestimmung des Ortes

Am Samstagnachmittag fuhr ich zu Jasmin.

Im Bus hatte ich etwas Angst, die Haltestelle zu verpassen.

Deshalb stand ich zwanzig Minuten lang neben der Bustür.

Jasmin wartete schon an der Haltestelle auf mich.

Nach dem Abendessen holte mein Vater mich mit dem Auto ab.

Autorin: Gesine Jordan

Doppel-Klick 340
⇨ SB, S. 256–293

Subjekt und Prädikat

Mit „Wer oder was?" fragt man nach dem Subjekt.
Mit „Was tut/tun?" oder „Was tat/taten?" fragt man nach dem Prädikat.

1 **a.** Frage nach den markierten Subjekten und Prädikaten.
   b. Schreibe die Fragen neben den Satz und beantworte sie.
   Tipp: Im letzten Satz besteht das Prädikat aus zwei Teilen.

Der Löwe und die Maus – *eine Fabel nach Äsop*

Ein Löwe schlief unter einem Baum.   *Wer schlief unter einem Baum? – ein Löwe*

                                         Was tat der Löwe? – schlief

Da lief ihm eine Maus

über den Körper.

Der Löwe erwachte und packte sie.

„Rrrr …, ich fresse dich!"

Die Maus bettelte um ihre Freiheit:

„Wenn du mir das Leben schenkst,

helfe ich dir eines Tages auch."

Lachend ließ der Löwe sie laufen.

2 **a.** Lies das Ende der Fabel.
   b. Markiere in den Sätzen die Subjekte mit einem Dach. Kreise die Prädikate ein.
   Tipp: Ein Satz hat zwei Prädikate. In einem Satz besteht das Prädikat aus zwei Teilen.

Und bald darauf rettete die dankbare Maus dem Löwen wirklich das Leben.

Denn die Jäger aus dem Dorf fingen den Löwen. Sie banden ihn mit einem Seil

an einen Baum. Die Maus aber hörte den stöhnenden, verletzten Löwen.

Flugs lief sie zu ihm und nagte das Seil durch. „Jetzt weißt du es besser!",

sagte die Maus zum Löwen. „Auch Mäuse können dir einmal helfen!"

Name: _____   Klasse: _____   Datum: _____

Akkusativobjekt und Dativobjekt erfragen

Merkwissen

Mit **Wen oder was?** fragt man nach einem **Akkusativobjekt**.
Mit **Wem?** fragt man nach einem **Dativobjekt**.

Felix	schenkt	seiner Mutter	einen Blumenstrauß.
Subjekt	Prädikat	Dativobjekt	Akkusativobjekt
		Wem?	Was?

---

1 Frage nach dem markierten Objekt.
Schreibe neben den Satz, ob es ein Akkusativobjekt oder ein Dativobjekt ist.

„Ich höre die halbe Klasse ständig schwatzen!"   *Akkusativobjekt* _____

Der Mathelehrer verlässt wütend den Klassenraum . _____

Meinem Bruder gehört das kaputte Fahrrad im Flur. _____

Wir sollten den Hausmeister benachrichtigen. _____

2 **a.** Frage in den folgenden Sätzen nach den Objekten.
b. Schreibe die Fragen und die Antworten auf.
c. Umrahme die Objekte. Markiere die Dativobjekte zusätzlich farbig.

Frau Meier gibt dem Schüler das Wörterbuch .

Akkusativobjekt: *Wen oder was gibt Frau Meier dem Schüler? das Wörterbuch* _____

Dativobjekt: _____

Julia zeigt der neuen Schülerin die Bibliothek.

Akkusativobjekt: _____

Dativobjekt: _____

3 **a.** Schreibe Sätze mit Akkusativobjekt und Dativobjekt.
Verwende die Verben am Rand.
b. Umrahme die Objekte und markiere das Dativobjekt zusätzlich.

~~leihen~~
vorlesen
schenken

Meiner besten Freundin leihe ich meine Inlineskates .

_____

_____

_____

Cornelsen   Autorinnen: Iris Böger, Gesine Jordan

Name: Klasse: Datum:

Adverbiale Bestimmungen von Ort und Zeit

Nach der adverbialen Bestimmung der Zeit fragt man mit „Wann?", „Wie lange?".
Nach der adverbialen Bestimmung des Ortes fragt man mit „Wo?", „Woher?",
„Wohin?".

1 **a.** Frage nach den markierten adverbialen Bestimmungen.
Frage nach der Zeit und nach dem Ort.
b. Schreibe das Fragewort und die Antwort auf.
c. Ergänze in Klammern die richtige adverbiale Bestimmung.

> Wann?
> Wie lange?
> Wo?
> Woher?
> Wohin?

Alte Ritterburgen erscheinen uns <u>heute</u> als wunderschöne, romantische Orte.

Wann? – heute (adverbiale Bestimmung der Zeit) _____

Aber <u>im Mittelalter</u> war das Leben nicht für alle Burgbewohner einfach.

_____

Nur der Burgherr und seine Familie wohnten <u>in den beheizten Turmzimmern</u>.

_____

Die schönsten Burgen lagen <u>auf den höchsten Berggipfeln</u>.

_____

<u>An manchen Abenden</u> veranstalteten sie rauschende Feste mit vielen Gästen.

_____

2 Ergänze passende adverbiale Bestimmungen der Zeit und des Ortes.
Verwende die Wortgruppen vom Rand.

Die Knechte und Mägde hatten _____ sehr viel Arbeit.

Das Holz zum Kochen und Heizen mussten sie _____

heranschleppen.

Zum Wasserholen befand sich _____

ein tiefer Brunnen.

> tagelang
> aus dem Wald
> von früh bis spät
> im Innenhof der
>   Burg
> in engen
>   Kammern

Für die großen Feste wurden _____ Speisen zubereitet.

Die Knechte und Mägde schliefen meist _____.

Autorin: Gesine Jordan

Die Satzglieder bestimmen

Mit einer Satztreppe kannst du die Satzglieder bestimmen.

1 Frage nach den Satzgliedern und schreibe sie auf die Satztreppe.

Die Schüler mähen heute den Rasen im Schulgarten.

Subjekt (Wer?):	*Die Schüler*
Prädikat (Was tun?):	*mähen*
adverbiale Bestimmung der Zeit (Wann?):	
Akkusativobjekt (Wen oder was?):	
adverbiale Bestimmung des Ortes (Wo?):	

Die Amsel baut im Frühjahr ein Nest in der Hecke.

Subjekt (Wer?):	
Prädikat (Was tun?):	
adverbiale Bestimmung der Zeit (Wann?):	
Akkusativobjekt (Wen oder was?):	
adverbiale Bestimmung des Ortes (Wo?):	

2 a. Bestimme die Satzglieder im folgenden Satz. Schreibe die Fragewörter und
die Satzglieder auf. Ergänze in Klammern die richtige Bestimmung.
  b. Stelle den Satz dreimal um. Schreibe zwei Aussagesätze und einen Fragesatz auf.

Wir backen am Montag in der AG Pizza.

Wer?   *Wir*   *(Subjekt)* _____

_____

_____

_____

_____

Aussagesatz: *Am Montag* _____

Aussagesatz: _____

Fragesatz: _____

Autorin: Annette Müller
Illustrator: Oleg Assadulin, Berlin

Name:	Klasse:	Datum:

Subjekt und Prädikat

Merkwissen

Mit [wer oder was?] fragt man nach dem [**Subjekt**].

Mit [wer?] fragt man nach einer Person, mit [was?] nach einer Sache.

Mit [was tut?] fragt man nach dem [**Prädikat**].

Im Jahr 2045 besuchen Außerirdische vom Planeten Sat-Gola mit ihrem Raumschiff die Erde. Das Fernsehen berichtet darüber. Die Zuschauer fragen anschließend erstaunt nach.

1 **a.** Lies die Sätze in der linken Spalte der Tabelle.
b. Frage nach den Subjekten und nach den Prädikaten.
   Schreibe die Fragen in die richtige Zeile der mittleren Spalte der Tabelle.
c. Schreibe die Namen der Satzglieder und die Beispiele in die rechte Spalte.

Der Reporter berichtet	Die Zuschauer fragen nach	Der Name des Satzgliedes: Beispiel
Außerirdische erreichen den Planeten Erde.	*Wer erreicht den Planeten Erde?* *Was tun die Außerirdischen?*	*Subjekt: Außerirdische* *Prädikat: erreichen*
Lustige Wesen verlassen das Raumschiff.	*Wer* _____ _____	_____ _____
Die Präsidentin begrüßt die Gäste.	_____ _____	_____ _____
Dann spielt das Orchester festliche Musik.	_____ _____	_____ _____

Cornelsen

Illustrator: Oleg Assadulin, Berlin

Name: | Klasse: | Datum:

Adverbiale Bestimmungen des Ortes und der Zeit

Merkwissen

Mit einer **adverbialen Bestimmung** kann man ausdrücken, wann oder wo etwas geschieht.
Nach der adverbialen Bestimmung **der Zeit** fragt man mit **wann?**.
Nach der adverbialen Bestimmung **des Ortes** fragt man mit **wo?** oder **wohin?**.

Die Golaner reisen auf der Erde umher.
Nach ihrer Rückkehr erzählen sie sich gegenseitig von ihren Abenteuern.
Weil aber alle durcheinanderreden, sind nur Satzfetzen zu verstehen.

1 Wann waren die Golaner unterwegs? Wann wollen sie noch verreisen?
Wo waren sie schon? Wohin wollen sie noch reisen?
Ordne die Satzfetzen richtig in die Tabelle ein.

Adverbiale Bestimmungen der Zeit Wann?	Adverbiale Bestimmungen des Ortes	
	Wo?	Wohin?
nächsten Montag	*auf einem Vulkan*	*nach Russland*

2 Was haben die Golaner wohl gesagt?
  a. Schreibe vollständige Sätze in dein Heft.
  b. Markiere mit einer Wellenlinie:
     – die adverbialen Bestimmungen der Zeit orange,
     – die adverbialen Bestimmungen des Ortes blau.

Starthilfe

Ich reise nächsten Montag
nach Russland.
Ich war …

Cornelsen

Illustrator: Oleg Assadulin, Berlin

Name: Klasse: Datum:

Satzgefüge: Hauptsatz und Nebensatz

1 **a.** Lies die Satzteile in den Puzzleteilen.
      b. Verbinde die passenden Puzzleteile miteinander.

Hauptsatz	**Nebensatz**
Ich lebe gerne in meiner Stadt	wenn bei uns ein Fest ist.
Es ist besonders aufregend	so kann sich jeder die Stadt ansehen.
Ich finde unser Haus schön	bis ich alt bin.
Unsere Stadt hat eine Internetseite mit vielen Fotos	weil es hier schön ist.
Ich möchte hier wohnen	wenn du sie kennen lernen möchtest.
Ich zeige dir meine Stadt	obwohl es ein Hochhaus ist.

2 Schreibe den Hauptsatz mit dem passenden Nebensatz auf.
    Trenne den Nebensatz vom Hauptsatz mit einem Komma.

_____

_____

_____

_____

_____

_____

! Ein **Satzgefüge** besteht aus einem **Hauptsatz** und einem **Nebensatz**.
Nebensätze werden oft **mit Konjunktionen** (Bindewörtern) **eingeleitet**,
zum Beispiel: wenn, als, weil, obwohl, damit.
Nebensätze sind immer mit einem Hauptsatz verbunden.
Sie werden **vom Hauptsatz durch Komma getrennt**.

Cornelsen   Autorin: Miriam Wiedner

Mit Konjunktionen Sätze verbinden

Merkwissen

Konjunktionen wie **weil, da, wenn, falls, während, als, nachdem, bevor, obwohl, dass** verbinden Sätze. Vor der Konjunktion steht dann ein Komma. Das gebeugte Verb steht in Sätzen mit diesen Konjunktionen an letzter Stelle: Das Sportfest fällt aus, **weil** es <u>regnet</u>.

1 a. Markiere in den Sätzen die Konjunktionen und das Komma.
　　b. Unterstreiche das gebeugte Verb am Ende.

Fabio packt seinen Rucksack, **weil** seine Klasse morgen auf Reisen <u>geht</u>.
Nach einer Stunde glaubt er, dass er endlich alles eingepackt hat. Er liest gerade aufmerksam seine Liste, als seine Mutter leise das Zimmer betritt. Sie sagt: „Ich gebe dir noch ein bisschen Geld mit, falls du dir ein Andenken kaufen möchtest." Fabio drückt seine Mutter. Er will ihr unbedingt eine Kleinigkeit mitbringen, wenn sein Geld reicht.

Beginnt ein Satz mit einer Konjunktion, steht das Komma nach dem gebeugten Verb.

2 a. Ergänze in den Sätzen eine passende Konjunktion vom Rand.
　　b. Markiere das Komma und unterstreiche das gebeugte Verb vor dem Komma.

_____*Nachdem*_____ der Bus am nächsten Morgen pünktlich losgefahren <u>ist</u>,

packt Fabio sein Frühstücksbrot aus. _____ er gerade

genüsslich zubeißen will, bremst der Bus plötzlich.

Alle entdecken den Grund: eine kleine Katze.

| wenn |
| als |
| während |
| ~~nachdem~~ |
| da |

_____ der Bus ohne Störung weiterfährt, hören viele Kinder Musik oder

spielen auf ihren Handys. _____ es keinen Stau gibt, kommen sie gut voran.

_____ alles klappt, müssten sie pünktlich zum Mittagessen am Zielort sein.

3 a. Ergänze in den folgenden Sätzen eine passende Konjunktion vom Rand.
　　b. Unterstreiche das gebeugte Verb in dem Satz mit der Konjunktion.
　　c. Setze das Komma.

_____*Als*_____ der Bus endlich an der Jugendherberge <u>ankommt</u>, scheint die Sonne.

_____ es jedoch zum Mittagessen geht, stürmen noch alle in ihre Zimmer.

Fabio freut sich darüber, _____ jedes Zimmer ein eigenes Bad hat.

Beim Mittagessen sind alle leise, _____ die Betreuer um Ruhe gebeten haben.

| bevor |
| weil |
| dass |
| ~~als~~ |

Name: Klasse: Datum:

Mit den Konjunktionen weil, da und denn Begründungen einleiten

Merkwissen

Die Konjunktionen **weil**, **da** und **denn** verbinden Sätze. Vor den Konjunktionen steht ein Komma.
Sätze mit **weil** und **da** sind Nebensätze.
Das gebeugte Verb steht an letzter Stelle: Das Fest fällt aus, weil es stark regnet.
Sätze mit **denn** sind Hauptsätze.
Das gebeugte Verb bleibt an zweiter Stelle: Das Fest fällt aus, denn es regnet stark.

1   **a.** Lies die E-Mail von Tobi an seinen Freund Kenan.
     b. Markiere in den Begründungen die Konjunktionen und das Komma.
     c. Unterstreiche das gebeugte Verb.

Hi, Kenan,
ich kann morgen leider nicht zu dir kommen, weil ich meinem Vater im Laden helfe.
Er schafft es nicht allein, denn er erwartet eine große Lieferung. Meine Mutter hat
keine Zeit, da sie mit meiner kleinen Schwester zum Arzt geht. Tut mir leid!
Viele Grüße
Tobi

**In diesen gesprochenen weil-Sätzen steht das gebeugte Verb
nicht am Ende. In der geschriebenen Sprache ist das aber falsch.**

> Backgammon
> spiele ich gern,
> weil ... ich gewinne
> fast immer.

2 Schreibe die Sätze aus den Sprechblasen richtig auf.

Backgammon spiele ich gerne, weil ich _____

_____

> Mirko spielt
> nicht gut, weil ... er
> trainiert so selten.

_____

_____

> Ich gehe nicht mit
> ins Kino, weil ... den
> Film kenne ich schon.

3   **a.** Verbinde die Satzpaare mit **denn** und setze das Komma.
     b. Markiere die Konjunktion **denn** und das Komma.
     c. Unterstreiche das gebeugte Verb.

Tara liest ständig Mangas. Sie liebt die Zeichnungen und malt sie gern ab.

Tara liest ständig Mangas, denn sie liebt die Zeichnungen und malt sie gern ab.

Kenan spielt gut Tischtennis. Er trainiert täglich.

_____

Lea ist im Theaterclub. Sie will Schauspielerin werden.

_____

Autorinnen: Iris Böger, Gesine Jordan

Satzgefüge und Satzreihen

1 **a.** Schreibe die **Satzgefüge** mit der passenden Konjunktion auf. Setze das Komma.
     b. Markiere die Konjunktion.
     c. Unterstreiche das gebeugte Verb im Hauptsatz und im Nebensatz.

Dädalus umarmte seinen Sohn.	bevor / als	Sie erhoben sich in die Luft.
Der Vater wurde allmählich ruhiger.	während / nachdem	Sie flogen über das Meer.
Ikarus flog noch höher.	dass / als	Das Festland wurde sichtbar.
Da schmolz das Wachs seiner Flügel.	damit / weil	Er kam der Sonne zu nahe.
Der Absturz verlief so schnell.	dass / falls	Ikarus konnte nicht einmal schreien.

Dädalus <u>*umarmte*</u> *seinen Sohn,* *bevor* *sie sich in die Luft* <u>*erhoben*</u>*.*

_____

_____

_____

_____

_____

2 **a.** Ergänze in den Satzreihen die fehlenden Konjunktionen vom Rand.
     b. Setze die Kommas.
     c. Unterstreiche die gebeugten Verben.

Eine Weinsberger Frau <u>ging</u> zum Kaiser, _____doch_____ der <u>wollte</u> nicht nachgeben.

Die Frau bat ihn, die Kinder und Frauen zu verschonen, _____ sie können ihm

doch nichts tun. Schließlich erlaubte der Kaiser den Frauen die Flucht _____ sie

durften sogar ihr Liebstes mitnehmen. Am nächsten Morgen staunten der Kaiser

und seine Ritter nicht schlecht, _____ die Frauen trugen ihre Männer

huckepack durch das Stadttor. Die Männer waren für sie das Kostbarste _____

das durften sie nach dem Wort des Kaisers mitnehmen.

Es war natürlich anders gemeint, _____ der Kaiser war nicht böse.

Er lachte ausgiebig _____ dann schenkte er allen die Freiheit.

> denn
> ~~doch~~
> und
> denn
> und
> aber
> und

Autorin: Iris Böger

Hauptsätze und Nebensätze verbinden

Merkwissen

Satzgefüge bestehen aus Haupt- und Nebensatz.
Die mit **wenn, weil, dass, als** eingeleiteten Sätze sind **Nebensätze**.

Die Redakteurinnen und Redakteure der Schülerzeitung sprechen über die nächste Ausgabe. In den Sprechblasen siehst du Gesprächsfetzen aus der Besprechung.

1 Was sagen die Redakteurinnen und Redakteure?
Markiere in allen Nebensätzen die Konjunktion farbig.

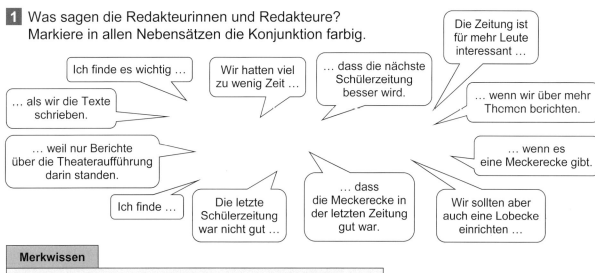

Merkwissen

Nebensätze werden durch **Komma** vom Hauptsatz abgetrennt.
In einem **Nebensatz** steht das gebeugte Verb immer **am Ende**.

2 Wie lauten die vollständigen Sätze?
    a. Suche zu jedem Nebensatz den passenden Hauptsatz.
        Schreibe die vollständigen Sätze auf die Linien.
        Tipp: Denke an das Komma zwischen Hauptsatz und Nebensatz.
    b. Markiere die Konjunktionen **wenn, weil, dass** und **als** farbig.
    c. Kreise jeweils das gebeugte ⬚Verb⬚ im Nebensatz ein.

Ich finde es wichtig, dass die nächste Schülerzeitung besser ⬚*wird*⬚ .

Wir hatten

Nebensätze mit dass

Die Klasse 6c ist in diesem Monat an der Reihe, die Lob- und Meckerecke in der Schülerzeitung zu schreiben. Alle machen Vorschläge dazu.

John findet: „Die Schule [sollte] *mehr Arbeitsgemeinschaften anbieten!"*

Ken und Lisa stellen fest: „Die Pausenhalle [ist] *hässlich!"*

Alle meinen: „Es [gibt] *zu wenig Tischtennisplatten auf dem Schulhof!"*

Lara und Igor wünschen sich: „Alle [dürfen] *in den Pausen Skateboard fahren!"*

José ist begeistert: „Die Kanu-AG [ist] *neu eingerichtet worden!"*

Josianna findet es super: „Viele Theateraufführungen [werden] *in unserer Schule gezeigt!"*

Juan freut sich: „Endlich [sind] *die Tischfußballspiele repariert worden!"*

Branko und Carlo sind darüber sauer: „Die Billardkugeln [werden] *immer geklaut!"*

Merkwissen

Nebensätze mit **dass** werden durch **Komma** vom Hauptsatz abgetrennt.

1 **a.** Bilde aus jedem Vorschlag ein Satzgefüge.
      Verwende dabei Nebensätze mit **dass** anstelle der wörtlichen Rede.
      Tipp: Die umkreisten Verbformen stehen im **dass**-Satz jeweils am Ende.
   b. Markiere die Nebensätze mit **dass** farbig.
   c. Kreise jeweils das gebeugte [Verb] im Nebensatz ein.

John findet, dass die Schule mehr Arbeitsgemeinschaften anbieten [sollte] *.*

Ken und Lisa stellen fest, dass die Pausenhalle _____

_____

_____

_____

_____

_____

_____

_____

_____

Name: Klasse: Datum:

Nebensätze mit als und nachdem

Merkwissen

Nebensätze mit **als** und **nachdem** geben Zeitpunkte an.
Nebensätze mit **als** und **nachdem** werden durch **Komma** vom Hauptsatz abgetrennt.

Wie ist es Lara an ihrem ersten Tag in der neuen Schule ergangen?
Sie hat es für die Schülerzeitung aufgeschrieben.

Als ich auf dem Weg zur neuen Schule war , hatte ich etwas Angst.

Nachdem ich den Klassenraum betreten hatte , fühlte ich mich allein.

Ich wurde rot, als die anderen flüsterten.

Als mich keiner ansprach, wollte ich am liebsten wieder nach Hause
gehen.

Nachdem mich einige wegen meiner kurzen Haare ausgelacht hatten,
wurde ich sehr wütend.

Als der Lehrer mich aufrief, konnte ich nicht antworten.

Als aber Gina mir freundlich zulächelte, ging es mir schon viel besser.

1   **a.** Markiere in den Nebensätzen **als** und **nachdem** farbig.
      b. Kreise jeweils das gebeugte Verb im Nebensatz ein.

Lars schreibt einen Text über seinen ersten Sprung vom Dreimeterbrett.

2   **a.** Schreibe zu jedem Nebensatz mit **als** und **nachdem** einen passenden Hauptsatz.
      Ideen findest du in der Randspalte.
      b. Markiere in den Nebensätzen **als** und **nachdem** farbig.
      c. Kreise jeweils das gebeugte Verb im Nebensatz ein.

Als ich zum ersten Mal vom Dreimeterbrett springen wollte , _____

_____

Nachdem ich die Leiter hochgestiegen war , _____

_____

Als ich auf dem Brett stand , _____

Nachdem ich nach unten gesehen hatte , _____

Als ich endlich sprang , _____

Nachdem ich aufgetaucht war , _____

> … verließ mich der Mut.
> … lachte ich.
> … war ich aufgeregt.
> … bekam ich keine Luft.
> … hatte ich weiche Knie.
> … klopfte mein Herz.
> … wurde mir schwindelig.
> …

Rüdiger Trebels, Düsseldorf

Name: Klasse: Datum:

Probearbeit: Wortarten richtig verwenden

1 **a.** Markiere im Text je zwei Nomen, Personalpronomen, Possessivpronomen, Verben, Adjektive und Adverbien.

    b. Trage die Wörter in die richtige Spalte der Tabelle ein. Schreibe die Wörter in ihrer Grundform auf und ergänze bei den Nomen den bestimmten Artikel.

/12 P.

Pech oder Glück?

Oft sagt man, Freitag, der 13. sei ein Unglückstag.

Aber das ist ein alter Aberglaube: An einem Freitag,

dem 13. gibt es nicht mehr Unglücksfälle als an anderen Tagen.

Er ist also ein ganz normaler Tag.

Aber die Lottogesellschaften haben ihre Freude.

Sie steigern ihren Umsatz, weil viele Leute meinen,

dieser Tag bringe ihnen Glück. Kein Wunder,

denn bei der ersten Ziehung der Lottozahlen in Deutschland

im Jahr 1955 geschah etwas Merkwürdiges:

Damals zeigte die erste Kugel eine 13.

Nomen mit Artikel	Personalpronomen	Possessivpronomen
Verben	**Adjektive**	**Adverbien**

2 Bestimme in den folgenden Sätzen die Zeitform der Verben.

/5 P.

	Zeitform
Letzten Sommer ging Opa gern ins Schwimmbad.	
Die Jahre davor war er noch regelmäßig Marathon gelaufen.	
Heute schwimmt und läuft er kaum noch.	
Gestern hat Opa nicht einmal einen Spaziergang gemacht.	
Hoffentlich wird sich das bald wieder ändern.	

Autorin: Martina Schulz-Hamann

Name: Klasse: Datum:

Probearbeit: Wortarten richtig verwenden

3 Wann verwendet man das Plusquamperfekt? Erkläre es in einem Satz.

   /3 P.

_____

_____

4 Ergänze in der Tabelle die fehlenden Verbformen.

   /6 P.

Infinitiv	Präsens	Perfekt	Präteritum	Futur
bringen		er hat gebracht		
sehen				ich werde sehen
suchen			du suchtest	
bleiben	wir bleiben			

5 Aktiv oder Passiv?

  a. Kreuze an, ob die Sätze im Aktiv oder Passiv stehen.

  Tipp: Betrachte dazu die Verbformen genauer.

   /4 P.

	Aktiv	Passiv
Viele Menschen suchen das große Glück.	❏	❏
Glücksforscher untersuchen die Wirkung des Lachens.	❏	❏
Das Glücksgefühl wird durch ausgiebiges Lachen gefördert.	❏	❏
Auch das Denkvermögen wird durch das Lachen angekurbelt.	❏	❏

  b. Erkläre, was das Passiv beschreibt und wann man es verwendet.

   /3 P.

_____

_____

_____

6 Gib die folgende Aussage in der indirekten Rede wieder.
Verwende den Konjunktiv I.

   /4 P.

  Eva: „Ich kann jedem nur empfehlen, die Aufführung zu besuchen. Die Handlung
ist sehr spannend und man kann sich gut mit den Figuren identifizieren.
Selbst die Kostüme sind hervorragend ausgewählt."

_____

_____

_____

Gesamt:
   /37 P.

Autorin: Martina Schulz-Hamann

Name: Klasse: Datum:

Probearbeit: Wortarten richtig verwenden

Diagnose und Auswertung

Aufgabe	Teilkompetenzen	Lösungen/Erwartungen	Diagnose
1 a	Im Text je zwei Nomen, Personalpronomen, Possessivpronomen, Verben, Adjektive und Adverbien markieren	*Dies könnten die Schülerinnen und Schüler markiert haben:* oft, sagt man, alter, Tagen, normaler, ihre, steigern, ihren, ihnen, damals, Kugel	Teilkompetenz erreicht ☐ teilweise erreicht ☐ nicht erreicht ☐
1 b	Die Wörter in die richtige Spalte der Tabelle eintragen und die Wörter in der Grundform schreiben und bei den Nomen den bestimmten Artikel ergänzen	*Diese Wörter könnten die Schülerinnen und Schüler in die Tabelle eingetragen haben:* Nomen mit Artikel: der Tag, die Kugel Personalpronomen: ihnen, man Possessivpronomen: ihre, ihren Verben: sagen, steigern Adjektive: normal, alt Adverbien: oft, damals	Teilkompetenz erreicht ☐ teilweise erreicht ☐ nicht erreicht ☐
2	Die Zeitform der Verben bestimmen	Präteritum Plusquamperfekt Präsens Perfekt Futur	Teilkompetenz erreicht ☐ teilweise erreicht ☐ nicht erreicht ☐
3	Die Verwendung des Plusquamperfekts erklären	Das Plusquamperfekt verwendet man, wenn man ausdrücken will, dass etwas vor einem schon zurückliegenden Ereignis geschehen war.	Teilkompetenz erreicht ☐ teilweise erreicht ☐ nicht erreicht ☐
4	Die fehlenden Verbformen ergänzen	bringen, er bringt, er hat gebracht, er brachte, er wird bringen sehen, ich sehe, ich habe gesehen, ich sah, ich werde sehen suchen, du suchst, du hast gesucht, du suchtest, du wirst suchen bleiben, wir bleiben, wir sind geblieben, wir blieben, wir werden bleiben	Teilkompetenz erreicht ☐ teilweise erreicht ☐ nicht erreicht ☐
5 a	Aktiv und Passiv unterscheiden	Aktiv Aktiv Passiv Passiv	Teilkompetenz erreicht ☐ teilweise erreicht ☐ nicht erreicht ☐
5 b	Passiv erklären	Das Passiv beschreibt, was mit einer Person oder einem Gegenstand getan wird. Man verwendet es, wenn die Tätigkeit wichtig ist, aber nicht, wer sie ausführt.	Teilkompetenz erreicht ☐ teilweise erreicht ☐ nicht erreicht ☐
6	Die indirekte Rede benutzen und den Konjunktiv I verwenden	Eva sagte, sie könne jedem nur empfehlen, die Aufführung zu besuchen. Die Handlung sei sehr spannend und man könne sich gut mit den Figuren identifizieren. Selbst die Kostüme der Figuren seien hervorragend ausgewählt.	Teilkompetenz erreicht ☐ teilweise erreicht ☐ nicht erreicht ☐

Autorin: Martina Schulz-Hamann

Cornelsen

Name: Klasse: Datum:

Probearbeit: Satzglieder verwenden und Sätze formulieren

Du überprüfst, ob du Satzglieder verwenden und Sätze formulieren kannst.

1 Bestimme in den Sätzen die Satzglieder. Schreibe die Namen der Satzglieder in die Kästen unter den Sätzen. Verwende folgende Abkürzungen: **S** für Subjekt, **P** für Prädikat, **AO** für Akkusativobjekt, **DO** für Dativobjekt, **AB O** für adverbiale Bestimmung des Ortes, **AB Z** für adverbiale Bestimmung der Zeit.

/19 P.

Eine Französin	machte	im Meer	eine halbe Weltreise.
↓	↓	↓	↓
☐	☐	☐	☐

Nachts	schlief	sie,	tagsüber	surfte	sie.
↓	↓	↓	↓	↓	↓
☐	☐	☐	☐	☐	☐

Nach 60 Tagen	erreichte	sie	die Insel La Réunion.
↓	↓	↓	↓
☐	☐	☐	☐

Im Hafenort Le Port	bereitete	man	ihr	ein großes Willkommensfest.
↓	↓	↓	↓	↓
☐	☐	☐	☐	☐

2 Im folgenden Text sind die adverbialen Bestimmungen unterstrichen. Um welche adverbialen Bestimmungen handelt es sich? Trage ein: **Ort, Zeit** oder **Art und Weise**.

/6 P.

	Art der adverbialen Bestimmung
Torjagd unter dem Eis	
In dem österreichischen Weißensee findet	_____
jedes Jahr ein ganz besonderes Eishockey statt.	_____
Mit Hilfe von Schwimmflossen jagen	_____
die Hockeyspieler unter dem Eis dem Puck	_____
hinterher. Alle 30 Sekunden tauchen die Spieler	_____
vollkommen außer Atem auf und holen Luft,	_____
um dann wieder abzutauchen.	

Autorin: Martina Schulz-Hamann

Name: Klasse: Datum:

Probearbeit: Satzglieder verwenden und Sätze formulieren

3 Konjunktionen verbinden Sätze zu Satzgefügen und Satzreihen.

    a. Verbinde die folgenden Sätze zu einem Satzgefüge mit **weil**.

☐ /2 P.

    B Nach der letzten Klassenfahrt waren einige Schüler traurig.
       Ihre Handys wurden beim Stadtrundgang gestohlen.

_____

_____

    b. Verbinde die folgenden Sätze zu einer Satzreihe mit **denn**.

☐ /2 P.

    A Die Schüler sind abgelenkt. Sie benutzen ihre Handys pausenlos.

_____

    c. Erkläre, wodurch sich Satzgefüge und Satzreihen unterscheiden.

☐ /2 P.

_____

_____

_____

4 Ergänze die folgenden Merksätze.

☐ /4 P.

    Konjunktionen wie _____ oder _____ verbinden Haupt- und Nebensätze

    zu einem Satzgefüge. Konjunktionen wie _____ oder _____

    verbinden Hauptsätze zu einer Satzreihe.

5 Maries Brief an ihre Freundin Jessie ist unvollständig.
    Ergänze passende Konjunktionen.

☐ /5 P.

    Hallo Jessie,

    die Klassenfahrt ist super! Elektronische Geräte sollten auf der Fahrt erst verboten

    werden, _____ dann haben wir eine Vereinbarung mit unserer Lehrerin getroffen.

    _____ wir den Bus verlassen, geben wir unsere Geräte ab. Jetzt spielt auch

    niemand mehr mit seinem Handy, _____ wir etwas besichtigen. Unsere Lehrerin

    gibt sogar zu, _____ wir durch die Musik im Bus viel besser gelaunt sind.

    _____ ich wieder zu Hause bin, melde ich mich bei dir.

    Liebe Grüße, deine Marie

Gesamt:
☐ /40 P.

Cornelsen

Autorin: Martina Schulz-Hamann

Name: Klasse: Datum:

Probearbeit: Satzglieder verwenden und Sätze formulieren

Diagnose und Auswertung

Aufgabe	Teilkompetenzen	Lösungen/Erwartungen	Diagnose

1	Satzglieder in den Sätzen bestimmen	Eine Französin machte im Meer eine halbe Weltreise.
		    S P AB O AO
		Nachts schlief sie, tagsüber surfte sie.
		AB Z P S AB Z P S
		Nach 60 Tagen erreichte sie die Insel La Réunion.
		AB Z P S AO
		Im Hafenort Le Port bereitete man ihr
		AB O P S DO
		ein großes Willkommensfest.
		       AO
			Teilkompetenz erreicht ☐
			teilweise erreicht ☐
			nicht erreicht ☐

2	Adverbiale Bestimmung des Ortes, der Zeit oder der Art und Weise zuordnen	Ort Zeit Art und Weise Ort Zeit Art und Weise	Teilkompetenz erreicht ☐ teilweise erreicht ☐ nicht erreicht ☐
3 a	Sätze mit der Konjunktion **weil** verbinden	Nach der letzten Klassenfahrt waren einige Schüler traurig, weil ihre Handys beim Stadtrundgang gestohlen wurden.	Teilkompetenz erreicht ☐ teilweise erreicht ☐ nicht erreicht ☐
3 b	Sätze mit der Konjunktion **denn** verbinden	Die Schüler sind abgelenkt, denn sie benutzen ihre Handys pausenlos.	Teilkompetenz erreicht ☐ teilweise erreicht ☐ nicht erreicht ☐
3 c	Erklären, wie sich Satz-gefüge und Satzreihen unterscheiden	Satzgefüge bestehen aus Haupt- und Nebensätzen, während Satzreihen nur aus Hauptsätzen bestehen. Das gebeugte Verb steht im Nebensatz an letzter Stelle und im Hauptsatz an zweiter Stelle.	Teilkompetenz erreicht ☐ teilweise erreicht ☐ nicht erreicht ☐
4	Merksätze ergänzen	Konjunktionen wie weil oder da verbinden Haupt- und Nebensätze zu einem Satzgefüge. Konjunktionen wie denn oder aber verbinden Hauptsätze zu einer Satzreihe.	Teilkompetenz erreicht ☐ teilweise erreicht ☐ nicht erreicht ☐
5	Passende Konjunktionen ergänzen	*So könnte die Lösung aussehen:* Hallo Jessie, die Klassenfahrt ist super! Elektronische Geräte sollten auf der Fahrt erst verboten werden, aber dann haben wir eine Vereinbarung mit unserer Lehrerin getroffen. Wenn wir den Bus verlassen, geben wir unsere Geräte ab. Jetzt spielt auch niemand mehr mit seinem Handy, wenn wir etwas besichtigen. Unsere Lehrerin gibt sogar zu, dass wir durch die Musik im Bus viel besser gelaunt sind. Sobald ich wieder zu Hause bin, melde ich mich bei dir. Liebe Grüße, deine Marie	Teilkompetenz erreicht ☐ teilweise erreicht ☐ nicht erreicht ☐

weitere Bestandteile des Lehrwerks
• Schülerbuch 6 (ISBN 978-3-06-062814-8)
• E-Book zum Schülerbuch 6 (ISBN 978-3-06-060728-0)
• Arbeitsheft 6 (ISBN 978-3-06-062820-9)
• Arbeitsheft mit interaktiven Übungen 6 (ISBN 978-3-06-062062-3)
• Interaktive Übungen 6 (ISBN 978-3-06-062070-8)
• Begleitmaterialien auf USB-Stick 6 (ISBN 978-3-06-200158-1)
• Diagnose und Fördern zu Doppel-Klick 6 (ISBN 978-3-06-060835-5)

Das Servicepaket wurde erarbeitet auf der Grundlage der Ausgaben von Renate Krull, Andrea Wagener (Herausgeberinnen) und Markus Langner, Bernd Schurf, Werner Bentin (Herausgeber) sowie Angelika Adhikari, Nina Bähnk, Werner Bentin, Julia Beyer, Julia Bobsin, Iris Böger, Marion Böhme, Susanne Bonora, Dennis Breitenwischer, Kathleen Breitkopf, Marion Clausen, Ulrich Deters, Friedrich Dick, Annegret Doll, Regina Esser-Palm, Piroska Evenburg, Gisela Faber, Anja Fandel, Heike Frädrich, Angelika Held, Birgit Hock, August-Bernhard Jacobs, Catherine Jaulgey, Gesine Jordan, Jürgen Kirchmann, Martina König, Michaela Krauß, Renate Krull, Barbara Maria Krüss, Martin Küfner, Kathrin Lang, Sylvelin Leipold, Mariana Lichtenstein, Petra Maier-Hundhammer, Stephanie Meyer, Maike Michelis, Bernhard Möller, Andreas Müller, Annette Müller, Silke Müller, Constanze Neubauer, Anne Neudeck, Heidi Pohlmann, Heike Potyra, Tanja Pres, Silke Quast, Katja Rothgerber, Maren Scharnberg, Jutta Schindler, Sabine Schlüter, Imke Schmidt, Leonore Schneider-Feller, Martina Schulz-Hamann, Michael Strangman, Gila Tautz, Birgit Welker, Nena Welskop, Anna-Lena Wiederhold, Miriam Wiedner.

Redaktion: Michael Schmidt, Sickte und Astrid Graupe
Bildassistenz: Angelika Wagener
Umschlaggestaltung: Buchgestaltung +, Berlin
Umschlagillustration: Natascha Römer, Römer & Osadtschij GbR, Schwäbisch Gmünd
Layout, Gestaltung und technische Umsetzung: zweiband.media, Berlin

www.cornelsen.de

Soweit in diesem Lehrwerk Personen fotografisch abgebildet sind und ihnen von der Redaktion fiktive Namen, Berufe, Dialoge und Ähnliches zugeordnet oder diese Personen in bestimmte Kontexte gesetzt werden, dienen diese Zuordnungen und Darstellungen ausschließlich der Veranschaulichung und dem besseren Verständnis des Inhalts.

1. Auflage, 1. Druck 2018

Alle Drucke dieser Auflage sind inhaltlich unverändert und können im Unterricht nebeneinander verwendet werden.

Druck: Media Print Informationstechnologie GmbH, Paderborn

ISBN 978-3-06-062832-2

PEFC zertifiziert
Dieses Produkt stammt aus nachhaltig bewirtschafteten Wäldern und kontrollierten Quellen.
www.pefc.de
PEFC/04-31-0810